本书的出版获得瑞典罗尔·瓦伦堡人权与人道法研究所（Raoul Wallenberg Institute of Human Rights and Humanitarian Law，RWI）的协助。本书的出版是“瑞典发展合作”的一部分，资金来源于瑞典国际发展合作署（Swedish International Development Cooperation Agency，
本书中所示数据和信息以及其中所表达的观点，不代表RWI和Sida的观点和立场。

残障权利研究

DISABILITY RIGHTS STUDIES IN CHINA Vol.10

(第十辑)

主　　编　张万洪
执行主编　丁　鹏

WUHAN UNIVERSITY PRESS
武汉大学出版社

图书在版编目(CIP)数据

残障权利研究,第十辑/张万洪主编;丁鹏执行主编 .—武汉：武汉大学出版社,2022.12

ISBN 978-7-307-23450-5

Ⅰ.残…　Ⅱ.①张…　②丁…　Ⅲ.残疾人保障法—研究—中国
Ⅳ.D922.182.34

中国版本图书馆 CIP 数据核字(2022)第 217516 号

责任编辑:胡　荣　　　责任校对:汪欣怡　　　版式设计:马　佳

出版发行：**武汉大学出版社**　(430072　武昌　珞珈山)
(电子邮箱:cbs22@ whu.edu.cn　网址：www.wdp. com.cn)
印刷:武汉市金港彩印有限公司
开本:720×1000　1/16　印张:18.75　字数:302 千字　插页:2
版次:2022 年 12 月第 1 版　2022 年 12 月第 1 次印刷
ISBN 978-7-307-23450-5　定价:88. 00 元

编 者 弁 言

本书共收录15篇文章。在“残障、法治与社会”栏目下，第一篇文章是张万洪和刘逸君合著的《〈残疾人权利公约〉履约：中国的实践和经验》。这篇文章用《残疾人权利公约》的理念和要求审视中国在残障模式、反歧视、教育、就业等方面的履约成就和不足。中国于2008年批准《残疾人权利公约》，2010年向残疾人权利委员会递交了第一次履约报告，2018年递交了第二次和第三次合并定期报告。中国的履约在诸多方面取得了明显的进步，但残障人士平等参与社会活动仍面临着一些障碍。这篇文章对中国未来的履约方向予以展望，比如希望对残障歧视做出明确的法律界定。

刘佳佳的《残障人士家庭暴力人身安全保护令数据统计分析报告》聚焦人身安全保护令的情况，对17份残障人士相关的人身安全保护令裁定书进行统计分析。虽然样本数量较少，但也反映出残障人士对人身安全保护令的使用率过低的情况，其背后的原因值得思考。如何提升残障人士对于人身安全保护令的知晓度和使用率，需要更进一步的研究。

姚天冲和周自达合著的文章《环境正义视角下的无障碍环境权研究》应用环境正义理论来研究无障碍环境权。作者指出，无障碍环境权是应然权利，也是法定权利，既具有人权属性，又具有社会权属性，还有着环境权属性。作者进一步提出，在中国，无障碍环境权被侵犯的案件，应该受到《环境保护法》调整，适用环境侵权予以救济。

《残障人无障碍生活法律保障的逻辑与反思》一文中，作者李群弟认为，罗尔斯正义论的差别原则和短板理论是残障人无障碍生活法律保障的理论根基。李群弟指出，残障人无障碍生活权益在法律救济上存在障碍，需要在立法上强化制度保障，以及畅通残障人具体权利救济途径。

“残障与教育”栏目下收录了王勇智和帅宗琪合著的《立于“缝·隙”之中：一所技职院校无障碍环境改善路径的反思》一文。该文的研究方法属于行动研究，在自身实际工作过程中进行研究，并让研究成果为实际工作所用。该文的主题是学校无障碍环境改造。作者从事身心障碍学生辅导和支持工作，在工作中对所在学校物理环境和态度上的无障碍改善提出建议，反映学生的无障碍需求。文章用“缝·隙”隐喻在现有环境中见缝插针，寻找可以突破之处。

“残障与就业”栏目收录了三篇文章，分别是李学会的《我国残障者按比例就业制度的异化及优化方向》，张倩昕、卓彩琴的《生态系统视角下残障者就业支持体系的不足与完善》，以及孙依婷的《正式制度与生活实践逻辑——社会模式视角下上海青年残障者就业问题初探》。

按比例就业制度是我国残障者就业领域的重要制度之一。李学会的文章对按比例就业制度的实践情况进行评估，通过安徽省霍邱县、广东省东莞市和山东金乡县三个地方的数据，分析该制度在实践中的异化表现。作者发现，按比例就业制度的异化现象包括多数单位并未安置残障者就业，已安置残障者就业的多数单位并未达到规定比例以及虚假就业（用人单位与残障者签劳动合同但残障者不在就业岗位的“挂靠”现象）。作者进一步指出了异化现象背后的原因和按比例就业的优化方向。李学会认为，按比例就业制度重在就业机会的提供，但更为重要的应该是就业场所支援服务的提供。

张倩昕和卓彩琴的文章从残障者就业支持体系入手，讨论该体系的不足与完善。作者通过对残障者、残障者家庭、残障者服务机构和用人单位进行访谈，发现就业服务机构对残障者职业胜任力缺乏关注，残障者家庭容易对残障者过度保护，民办服务机构经费有限，用人单位对残障者了解不足，上述主体之间也缺乏协同。作者认为，残障者就业需要多方协同支持，提升残障者职业胜任力。作者建议从宏观层面上创建更科学合理的法律法规和公平包容的社会文化。

孙依婷的文章采用社会模式的视角，思考现行社会机制如何造成残障者职业发展的困境。该文选取了上海地区处于就业状态的 6 位残障青年作为访谈对象。通过访谈发现，对残障者污名化和无能化的社会观念是限制青年残障者职业发展的根源之一。而这种社会观念也对青年残障者的自我认同造成负面影响，加深了残障者的自我否定和自卑心态。

“精神与智力障碍”栏目下收录了范晓红和黄家声合著的《从鄢成事件看我国监护制度的不足与完善》一文。2020 年 1 月，湖北省黄冈市红安县华家河镇脑瘫少年鄢成的父亲鄢小文因为被确诊为新冠病毒肺炎患者而被隔离治疗，鄢小文委托亲属、村干部和村医照顾鄢成。不幸的是，鄢成在密切接触者集中观测点房间死亡。华家河镇党委书记、镇长随后被免职。范晓红和黄家声的文章从鄢成事件出发讨论我国的监护制度，指出目前的监护制度对被监护人的保护尚不充分，希望能明确监护人确认程序，培育社会监护人，建立监护监督制度。值得一提的是，鄢成事件引发了国家和社会的广泛关注。3 月，国务院联防联控机制印发《因新冠肺炎疫情影响造成监护缺失儿童救助保护工作方案》，要求各地落实监护照料措施，加强对困难儿童及家庭救助帮扶。2020 年 5 月通过的《民法典》中设立了关于临时生活照料措施的条款，即“因发生突发事件等紧急情况，监护人暂时无法履行监护职责，被监护人的生活处于无人照料状态的，被监护人住所地的居民委员会、村民委员会或者民政部门应当为被监护人安排必要的临时生活照料措施”。

“残障、性与性别”栏目下的两篇文章分别是任真真和彭玉娇合著的《残障女性需求状况调查报告》，以及冯媛的《发声和使能：残障妇女应对家庭暴力的经历和启示》。任真真和彭玉娇的文章通过调查 535 名残障女性在生活处境、社群参与、社会交往、性别观念、就业等领域的基本情况及需求，指出残障女性面临的困境，建议推动针对残障女性的公益服务。其中提到，部分残障女性遭遇过被阻止生育的情况，部分残障女性在亲密关系中不被对方家人接纳，这都反映了残障女性在性别和残障的双重身份下受到的歧视。而社会的歧视又进一步影响了残障女性的自我认知，比如残障女性对自己身为“女性”或身为“母亲”的不自信。目前，国内对于残障女性需求的调研较少，这篇文章对我们了解残障女性的需求和困境有重要的参考价值。

冯媛的文章进一步关注残障女性在“家庭暴力”问题下的经历和启示。文章中对于一些家庭暴力案例的描述让人触目惊心，比如残障妇女腹中的胎儿被丈夫一脚踢掉，比如残障妇女的家人认为女儿即使遭受家庭暴力，有一个完整的家也比没有强。依据 15 个残障妇女遭受家庭暴力的故事，作者发现，残障妇女遭受家庭暴力的根源，不仅在于家庭，更在于人际、社区、社会、国家等多因素的交叉作用。这也启示我们要从家庭及家庭之外的方面着手解决家庭暴力。

“译介”栏目下包含三篇译文，分别是《自由与障碍权利：依赖、独立与相互依赖》《传播信息：用电影分享有关瓦努阿图和巴布亚新几内亚残障儿童的研究成果和知识》《查姆诉土耳其案》。这三篇文章分别涉及对哲学层面“自由”的重新思考、发展中国家残障儿童的研究参与、视力障碍者受教育权等不同方面的内容，有助于读者开拓视野。

“评论”栏目下，尤梦菲的《浅谈天宝·葛兰汀的成才之路对支持性就业发展的启示——观电影〈自闭历程〉有感》一文通过天宝·葛兰汀的故事思考支持性就业的具体方式。

本书收录文章百花齐放，异彩纷呈。相信对残障议题感兴趣的读者都能从中有所收获。

CONTENTS 目录

CONTENTS

残障、法治与社会

《残疾人权利公约》履约：中国的实践和经验

张万洪　刘逸君*

摘　要：用《残疾人权利公约》的理念和要求审视中国的履约实践，可以总结出中国的履约经验：在残障模式方面，中国处于从残障医学模式向残障社会模式的转型阶段。在反歧视和合理便利领域，中国确立了“禁止基于残疾的歧视”的原则，但缺乏对歧视的具体规定，并有待将高考合理便利的成功经验广泛运用。在法律面前获得平等承认方面，中国改善了替代决策的问题，并在协助决策上有所起步。在教育领域，中国大力发展特殊教育，开始关注融合教育，积极提升残障儿童的入学率。在工作和就业领域，中国完善按比例就业制度，开始探索支持性就业。

关键词：《残疾人权利公约》　中国　残障

中国从2008年批准《残疾人权利公约》（以下简称《公约》）至今，已经走过了十余年的履约历程。在这期间，中国不断发展和完善残障事业。本文选取了残障模式、反歧视和合理便利、法律面前获得平等承认、教育、工作和就业等重要领域，用《公约》的理念和要求审视中国的履约实践，总结中国的履约经验，简述中国残障事业的已有成就和未来进步的空间。

---

* 张万洪，武汉大学法学院教授，博士生导师，武汉大学人权研究院院长；刘逸君，武汉市武昌区东湖公益服务中心研究员。

一 残障模式

不同的残障模式体现了人们对残障及残障者的不同看法。残障医学模式将残障者视为医学治疗和矫正的对象，生物医学上的异常被视为导致残障的主要原因或唯一原因。在这种模式下，社会通过对残障者的治疗康复和慈善照顾来解决残障问题。① 残障社会模式认为残障是损伤和社会环境互动的结果。所以，社会应该移除对残障者的限制和障碍。残障人权模式则首先关注的是人的固有尊严，残障者作为人权的主体，有权充分和平等地享受一切人权。

（一）《公约》的理念和要求

《公约》的哲学基础是残障社会模式，《公约》的很多规定则体现了残障人权模式，例如《公约》的宗旨是“促进、保护和确保所有残疾人充分和平等地享有一切人权和基本自由，并促进对残疾人固有尊严的尊重”。《公约》的一大进步意义在于，促进缔约国残障模式的转型，用先进的残障人权模式推动缔约国关于残障的法律和政策的根本变化。

曾任联合国残疾人权利委员会副主席的特里西亚·德格纳指出，残障社会模式和残障人权模式的重要区别在于，“社会模式仅仅对残障提供了解释，但人权模式包含了残障政策的价值内核，即承认残障者的尊严。只有人权模式能解释，为什么享有和行使人权并不以权利的主体‘毫无损伤’为前提”②。

（二）中国的实践与经验

中国目前处于从残障医学模式向残障社会模式的转型阶段。这一部分将从表述、定义和态度三方面予以说明。

---

① 曲相霏：《〈残疾人权利公约〉与中国的残疾模式转换》，载《学习与探索》2013 年第 11 期。

② Theresia Degener：《残障的人权模式》，陈博译，载张万洪主编：《残障权利研究》（第三卷第一期），社会科学文献出版社 2016 年版，第 171 页。

1. 表述

在表述上，从“残废”到“残疾”是中国对残障认识的一次重要转变。1984年以前，中国将残障者表述为“残废”，并在1981年发行了一款印有“国际残废人年”的邮票。1984年，中国残疾人福利基金会的邓朴方提出“残疾人”不是社会的负担，不是“废人”。① 此后，中国总体上摒弃了“残废人”的提法②（但2018年通过的《宪法修正案》仍然沿用了“残废军人”的表述）。目前，中国主要的法律和政策文件使用的是“残疾”的提法。

虽然将“残废”改为“残疾”体现了中国对残障认识的进步，但“残疾”一词仍然强调“损伤”，并将“损伤”视为一种“疾病”，带有残障医学模式的痕迹。而“残障”一词强调社会上的障碍，更符合残障社会模式的理念。

近年来，一些官方文件开始使用“残障”，例如《国务院关于印发“十三五”国家信息化规划的通知》（2016）的表述方式是“残障人士”而非“残疾人”。

2. 定义

在定义上，中国对残障的定义主要采取的是“残障医学模式”。依据《公约》，“残疾人包括肢体、精神、智力或感官有长期损伤的人，这些损伤与各种障碍相互作用，可能阻碍残疾人在与他人平等的基础上充分和切实地参与社会”。中国的《残疾人保障法》（2008年修订）使用的定义则是“残疾人是指在心理、生理、人体结构上，某种组织、功能丧失或者不正常，全部或者部分丧失以正常方式从事某种活动能力的人”。该定义与1990年版《残疾人保障法》的定义相同。对此，残疾人权利委员会在2012年审议中国首次履约报告通过的结论性意见中指出：“中国残疾的定义以及残疾人身份论述中长期惯用的术语和行文中广

---

① 《中国残疾人事业大事编年：1949～2008》编写组：《中国残疾人事业大事编年：1949～2008》，华夏出版社2008年版，第25页。

② 一加一（北京）残障人文化发展中心：《一加一报告：联合国〈残疾人权利公约〉中国实施情况》，2012年3月。

泛采用残疾医学模式。”①

虽然《残疾人保障法》仍然使用原来的定义，但是民航局发布的《残疾人航空运输管理办法》（2015）受《公约》的影响，兼采了《残疾人保障法》和《公约》对残障的理解。《残疾人航空运输管理办法》第4条第1项规定：“‘残疾人’是指在心理、生理、人体结构上，某种组织、功能丧失或者不正常，全部或者部分丧失以正常方式从事某种活动能力的人。残疾人包括肢体、精神、智力或感官有长期损伤的人，这些损伤与各种障碍相互作用，可能阻碍残疾人在与他人平等的基础上充分和切实地参加社会活动……”

3. 态度

在态度上，中国对残障者更多展示的是“帮助”和“关爱”的态度。例如，每到残障相关节日，主流媒体报道的往往是对残障者走访慰问的活动。中国残联的王治江表示：“仅有这些关爱活动还是不够的，毕竟‘关爱’代替不了‘尊重’。”② 自2013年起，“助残社会组织”代替“残疾人社会组织”，成为正式用语。③

近年来，中国主流媒体出现了一些带有权利或人权视角的报道，能够在一定程度上引起社会公众的思考和认识转变。例如，2014年，中国青年网报道了“中国残障发声月”活动，该活动由一加一残障人文化集团发起，用一个月的时间，遍及22个省市，31座城市，倡导平等、融合、尊重、支持等理念。④ 该活动也是第一次残障社群集体制造的传播事件。⑤ 2017年，《人民日报》（海外版）

---

① 残疾人权利委员会：《委员会第八届会议（2012年9月17日至28日）就中国初次报告通过的结论性意见》，CRPD/C/CHN/CO/1。

② 王治江：《尊重残疾人，纸上权利要成现实权利》，载《法制日报》2012年12月1日。

③ 解岩、蔡聪、傅高山：《中国残障人观察报告（2014—2015）》，中国言实出版社2016年版，第5页。

④ 初秋：《2014中国残障发声月闭幕式成功举行》，载中国青年网：http://renwu.youth.cn/qnsh/201412/t20141203_6153634.htm，2014年12月3日。

⑤ 解岩、蔡聪、傅高山：《中国残障人观察报告（2014—2015）》，中国言实出版社2016年版，第19页。

等媒体对视力残障者蔡聪进行报道，称盲人蔡聪以自身经历告诉大家，残障者不过是换一种生活方式生活的人，呼吁全社会不要以“残疾”的眼光看待他们。① 同年，《新京报》以“穿短裙露假肢：我不希望成为‘励志’偶像”为题对肢体残障者谢仁慈进行了报道，呼吁社会不要把残障者作为励志偶像。②

二　反歧视和合理便利

《公约》第5条规定缔约国应当禁止一切基于残障的歧视，以及采取一切适当步骤，确保提供合理便利。

（一）《公约》的理念和要求

对于“基于残疾的歧视”，《公约》第2条定义为：“基于残疾而作出的任何区别、排斥或限制，其目的或效果是在政治、经济、社会、文化、公民或任何其他领域，损害或取消在与其他人平等的基础上，对一切人权和基本自由的认可、享有或行使。基于残疾的歧视包括一切形式的歧视，包括拒绝提供合理便利。”

对于“合理便利”，《公约》第2条定义为：“根据具体需要，在不造成过度或不当负担的情况下，进行必要和适当的修改和调整，以确保残疾人在与其他人平等的基础上享有或行使一切人权和基本自由。”

（二）中国的实践和经验

在反歧视方面，中国确立了“禁止基于残疾的歧视”的原则，但由于中国缺乏对歧视的具体规定，也没有专门的反残障歧视立法，使得实务中反残障歧视案件难以操作。在合理便利方面，中国虽在高考合理便利领域取得了突出成绩，但有待把高考领域提供合理便利的范式推广到更多其他领域。下文将分别作出具体说明。

---

① 郑娜：《〈奇葩大会〉：用趣味方式呈现当代青年多样人生》，载《人民日报》（海外版）2017年2月9日，第7版。

② 罗芊：《穿短裙露假肢女孩：我不希望成为“励志偶像”》，载《新京报》2017年5月22日，第A12版。

1. 反歧视

中国在制定、修订残障相关法律法规时增加了“禁止基于残疾的歧视”的原则性规定。早在 2008 年，中国就在修订《残疾人保障法》时，第一次引入“禁止基于残疾的歧视”内容。随后，与残障相关的《精神卫生法》（2012）、《残疾人教育条例》（2017 年修订）、《残疾预防和残疾人康复条例》（2017）等均包含反残障歧视的规定。①

残疾人权利委员会在 2012 年的结论性意见中，既赞赏中国法律禁止基于残障的歧视，也明确鼓励中国对歧视残障者的行为作出法律界定，并在其中列入禁止间接歧视的规定，以及在法律中明确承认，拒绝给予合理便利构成基于残障的歧视。②

中国目前未对“基于残疾的歧视”作出明确定义，因此司法实践中往往难以认定残障歧视。2012 年，视力障碍者宣海向法院提起行政诉讼，该案被称为“全国公务员考试残障歧视第一案”，法院驳回了宣海的诉讼请求。2014 年，视力障碍者林森起诉山东省荣成市人力资源和社会保障局涉嫌视障歧视，法院驳回了林森的起诉。2016 年，在吉祥航空拒载案中，作为肢体残障者的原告认为被告吉祥航空侵犯其人格尊严权，一审法院不予认同，判决驳回原告的诉讼请求，二审法院以调解的方式结案。2017 年，一名视力障碍者起诉浙江金华市教育局和义乌市教育局，这个案件作为“教师资格残障歧视第一案”虽得到了法院的支持，但是判决书并未提及残障歧视。

根据《“十三五”加快残疾人小康进程规划纲要》（2016），中国将开展反残障歧视立法研究。

2. 合理便利

中国于高考合理便利领域取得了突出的进步。2014 年，教育部门首次用盲

---

① 《精神卫生法》第 5 条规定，任何组织或者个人不得歧视、侮辱、虐待精神障碍患者。《残疾人教育条例》第 2 条规定，禁止任何基于残疾的教育歧视。《残疾预防和残疾人康复条例》第 3 条规定，禁止基于残疾的歧视。

② 残疾人权利委员会：《委员会第八届会议（2012 年 9 月 17 日至 28 日）就中国初次报告通过的结论性意见》，CRPD/C/CHN/CO/1。

文试卷为盲人安排了一次高考，这是高考合理便利上的破冰。随后，《残疾人参加普通高等学校招生全国统一考试管理规定（暂行）》（2015）和《残疾人参加普通高等学校招生全国统一考试管理规定》（2017）明确要求为残障者参加高考提供合理便利。2017 年，共有 5626 名残障考生申请了高考合理便利。

虽然中国在高考合理便利上有较大进步，但在其他领域的合理便利上还有待向高考合理便利看齐。例如，中国残联的王治江指出残障者在公务员考试招录中面临较大困难，建议为残障者打开公务员考试大门，为残障者参加公务员考试提供便利。① 2017 年，网友给政府留言，要求参考高考模式，给残障中考考生提供更多合理便利。② 2017 年，一名视障考生给司法部写信，表示自己在报名司法考试的时候，找不到申请合理便利的具体流程，建议司法部考虑在今后的司法考试中事先公开残障人申请合理便利的流程和要求。③

三 法律面前获得平等承认

残障者享有在法律面前获得平等承认的权利。这个权利是一项基本的、原则性的权利。这一权利涉及从“替代决策”到“协助决策”的范式转变。

（一）公约的理念和要求

《公约》第 12 条重申残障者在法律面前获得平等承认的权利。残疾人权利委员会在审查各缔约国提交的首次报告时，认为缔约国对这一条应承担的义务的确切范围存在误解。因此，残疾人权利委员会于 2014 年发布了《残疾人权利公约第 1 号一般性意见》，专门对这一条作出解释，要求缔约国充分意识到要将“替代决策范式”转变为“协助决策范式”。

常见的“替代决策范式”是监护制度和允许强制性治疗的精神卫生法。基于

---

① 王治江：《为残疾人打开公考大门》，载《法制日报》2013 年 1 月 19 日。

② 《网友留言：残疾考生盼中考能提供更多合理便利》，载中国政府网：http://www.gov.cn/hudong/2017-10/08/content_5230041.htm，2017 年 10 月 8 日。

③ 王瑞：《司法考试视障考生给司法部的感谢信》，载微信公众号“残障之声”，2017 年 9 月 20 日。

心智障碍者尤其容易被剥夺法律能力的现象，残疾人权利委员会强调，法律能力与心智能力是完全不同的概念，感觉上或事实上的心智能力缺陷不得作为剥夺法律能力的理由。①

“协助决策范式”的具体表现形式是多种的。一个例子是，银行和金融机构等提供通用设计和无障碍，有助于残障者采取金融方面的法律行动。②

（二）中国的实践和经验

对于“替代决策范式”，在监护制度方面，中国虽然并未废止成年监护制度，但对成年监护制度进行了立法修缮，要求尊重被监护人的真实意愿，限制监护人的权利。在精神卫生法方面，中国通过《精神卫生法》，保障精神障碍者自愿住院治疗的权利和提起诉讼的权利，符合《公约》第 12 条“法律面前获得平等承认”的精神（当然，中国在强制治疗决定权问题上仍需进一步规范）。因此，可以总体认为中国改善了替代决策的问题。

对于“协助决策范式”，中国已在该领域有所起步，未来中国有待对“协助决策范式”进行更多的理论研究和实践探索。

1. “替代决策范式”

（1）成年监护制度。在成年监护制度方面，2009 年修订的中国《民法通则》规定，不能辨认自己行为的精神病人是无民事行为能力人，不能完全辨认自己行为的精神病人是限制民事行为能力人。无民事行为能力人、限制民事行为能力人的监护人是他的法定代理人。也就是说，对于成年精神病人，只要是属于不能辨认或者不能完全辨认自己行为的情况，其监护人就是他的法定代理人。

对于中国当时的成年监护制度，残疾人权利委员会在 2012 年的结论性意见中，认为该制度不符合《公约》第 12 条的规定，敦促中国废止那些允许对成年人进行监护的法律、政策和做法。③

---

① 残疾人权利委员会：《残疾人权利公约第 1 号一般性意见（2014）》，CRPD/C/GC/1。

② 残疾人权利委员会：《残疾人权利公约第 1 号一般性意见（2014）》，CRPD/C/GC/1。

③ 残疾人权利委员会：《委员会第八届会议（2012 年 9 月 17 日至 28 日）就中国初次报告通过的结论性意见》，CRPD/C/CHN/CO/1。

2017 年，中国通过了《民法总则》。对比《民法通则》和《民法总则》的成年监护制度，可以发现，《民法总则》的重大变化在于：第一，对于被监护人，《民法通则》规定的是“成年精神病人”，《民法总则》规定的是“成年人”。虽然《民法总则》这一表述的变化，使得精神病人不再成为被强调的对象，一定程度上区分了医学和法学的概念，但是也同时意味着扩大了成年被监护人的范围；第二，《民法总则》的规定更多地体现了对于被监护人的真实意愿的尊重，比如新增了意定监护①的规定；第三，《民法总则》将民政部门纳入监护人范围，体现了国家对监护责任的分担；第四，《民法总则》规定监护人应当保障并协助被监护人实施与其智力、精神健康状况相适应的民事法律行为，对被监护人有能力独立处理的事务，监护人不得干涉。这一规定削弱了此前的监护人替代决策权。

2020 年，中国通过了《民法典》，规定不能辨认自己行为的成年人为无民事行为能力人，不能完全辨认自己行为的成年人为限制民事行为能力人。

（2）精神卫生法。在精神卫生法方面，2011 年，中国公布了《精神卫生法（草案）》。对于《精神卫生法（草案）》，中国社会内部褒贬不一。支持方认为，该草案解决“被精神病”的问题，重视患者权益保护。② 而反对方提出，非自愿住院治疗应当按照司法程序由法官裁决。③

2012 年，残疾人权利委员会在结论性意见中指出，《精神卫生法（草案）》不尊重残障者的个人意愿，建议中国废止允许非自愿治疗和拘禁的法律，包括允许在获得第三方决策人（例如家属或监护人）授权的情况下实施非自愿治疗和拘禁的法律。④ 在残疾人权利委员会看来，未征得残障者的同意或只征得替代决定

---

① 《民法总则》第 33 条规定：“具有完全民事行为能力的成年人，可以与其近亲属、其他愿意担任监护人的个人或者组织事先协商，以书面形式确定自己的监护人。协商确定的监护人在该成年人丧失或者部分丧失民事行为能力时，履行监护职责。”

② 傅达林：《媒体称精神卫生法或将解决公民“被精神病”问题》，载《京华时报》2011 年 10 月 26 日。

③ 马钰朋：《精神卫生法草案获实质性突破 掌声背后尚存隐忧》，载《人民法院报》2011 年 7 月 11 日。

④ 残疾人权利委员会：《委员会第八届会议（2012 年 9 月 17 日至 28 日）就中国初次报告通过的结论性意见》，CRPD/C/CHN/CO/1。

者的同意就将残障者关在机构中，违反了《公约》第 12 条（法律面前获得平等承认）和第 14 条（自由和人身安全），甚至在一些情况下，还违反了《公约》第 15 条（免于酷刑）和第 25 条（健康权）。①

2013 年，中国正式施行《精神卫生法》。根据《精神卫生法》的规定，精神障碍的住院治疗实行自愿原则。诊断结论、病情评估表明，就诊者为严重精神障碍患者并有下列情形之一的，应当对其实施住院治疗：（1）已经发生伤害自身的行为，或者有伤害自身的危险的；（2）已经发生危害他人安全的行为，或者有危害他人安全的危险的。精神障碍的诊断应当由精神科执业医师作出。精神障碍患者或者其监护人、近亲属认为行政机关、医疗机构或者其他有关单位和个人违反本法规定侵害患者合法权益的，可以依法提起诉讼。

上述规定的正面意义在于：第一，明确自愿住院治疗原则，有助于在一定程度上减少"被精神病"情况的发生，并且修正了中国过去精神病医疗上"病人无权拒绝住院治疗"的观念②；第二，承认精神障碍患者的诉权，为其打开司法救济渠道。

上述规定局限之处在于："非自愿住院治疗"作为一种限制人身自由的方式，《精神卫生法》将其决定权交给医院而非法院，有悖法理。此外，深圳衡平机构负责人黄雪涛认为，精神障碍患者长期以来遭遇制度性歧视的根源，大多是近亲属滥用监护权，而《精神卫生法》没能解决这一问题。③

2. "协助决策范式"

对于协助决策范式，2012 年，残疾人权利委员会对中国的评价是"完全缺乏一套承认残疾人有权自行作出决定，且其自主性、意愿和喜好有权得到尊重的协助决策措施"④。如前所述，协助决策措施也体现在银行和金融机构的无障碍方面。依据一加一（北京）残障人文化发展中心 2012 年的报告，"盲人办理有

① 残疾人权利委员会：《残疾人权利公约第 1 号一般性意见（2014）》，CRPD/C/GC/1。

② 王健：《精神卫生法 27 年破茧》，载《民主与法制》2012 年第 34 期。

③ 王健：《精神卫生法 27 年破茧》，载《民主与法制》2012 年第 34 期。

④ 残疾人权利委员会：《委员会第八届会议（2012 年 9 月 17 日至 28 日）就中国初次报告通过的结论性意见》，CRPD/C/CHN/CO/1。

关银行业务的平等权利无法得到有效保障”①。实践中，盲人在办理银行业务时经常被银行工作人员以盲人不能签字、无法阅读风险提示②等为由拒绝。

自2012年以后，中国银行业协会发布了一系列文件，改善金融无障碍的情况，如《关于进一步改进无障碍银行服务的自律约定》(2013)、《中国银行业电子渠道无障碍服务建设自律指引》(2014)和《银行无障碍环境建设标准》(2018)。特别是2018年最新发布的《银行无障碍环境建设标准》，涵盖了银行外部环境、内部环境和信息无障碍等多个方面，其具体规定比如，银行营业网点应为视力残障者提供助盲签名卡，银行应设有盲文版银行业务指南、语音版无障碍服务导读机等。该标准推动中国在协助决策范式上有所前进。

四 教　育

残障者享有受教育的权利。包容性教育制度是这一权利的重要内涵。

（一）公约的理念和要求

《公约》第24条规定的是残障者的受教育权。《公约》要求缔约国确保在各级教育实行包容性教育制度，并按照有教无类的包容性目标，在最有利于发展学习和社交能力的环境中，提供适合个人情况的有效支助措施。《公约》还要求缔约国确保残障者不因残障而被排拒于普通教育系统之外。

虽然《公约》本身并没有明文反对或要求废除“特殊教育”，但是相对于“包容性教育”而言，“特殊教育”是带有排斥和隔离意味的，不利于残障学生和非残障学生的融合，还可能导致残障歧视的加深。如《萨拉曼卡宣言》所言，“有特殊教育需要的儿童必须有机会进入普通学校”③。如果强制某种残障类别的

---

① 一加一（北京）残障人文化发展中心：《一加一报告：联合国〈残疾人权利公约〉中国实施情况》，2012年3月。

② 吴力权：《我们要毫无障碍地办理银行业务》，载微信公众号“残障之声”，2018年7月19日。

③ 联合国教科文组织：《萨拉曼卡宣言》，1994年。该宣言标志着包容性教育成为世界残障者教育的主流方向。

学生就读特殊学校，无疑侵犯了残障者的受教育权。

（二）中国的实践和经验

在残障教育领域，中国很长一段时间主要投入的是对特殊教育的发展，但根据《公约》的要求，中国也应逐渐加大对融合教育的重视。此外，中国一直积极提升残障儿童的入学率。

1. 特殊教育

中国对特殊教育的发展由来已久。1986 年的《义务教育法》规定，“地方各级人民政府为盲、聋哑和弱智的儿童、少年举办特殊教育学校（班）”。① 根据 1994 年的《残疾人教育条例》，残障学生接受义务教育的形式主要分为在普通学校随班就读、在特殊教育班就读和在特殊教育学校就读三种。

自中国批准《公约》后，中国也积极推进特殊教育。2009 年，国务院办公厅下发《关于进一步加快特殊教育事业发展的意见》，提出完善特殊教育经费保障机制，加强特殊教育师资队伍建设等要求。截至 2009 年年底，中国设立特殊教育学校 1672 所，特殊教育学校专任教师达 3. 5 万人。② 2014 年和 2017 年，中国分别发布《特殊教育提升计划（2014—2016 年）》《第二期特殊教育提升计划（2017—2020 年）》。根据《2019 年残疾人事业发展统计公报》，2019 年，全国共有特殊教育普通高中班（部）103 个，在校生 8676 人。另外，2016 年，教育部发布了盲、聋和培智三类特殊教育学校义务教育阶段的课程标准，该标准是中国第一次专门为残障学生制定的一整套系统的学习标准。

对于中国发展特殊教育的思路，残疾人权利委员会提出异议：“委员会感到关切的是，特殊学校数量众多，且缔约国有积极发展这些学校的政策……建议缔

---

① 2015 年，中国修订《义务教育法》，将相关表述改为：县级以上地方人民政府根据需要设置相应的实施特殊教育的学校（班），对视力残疾、听力语言残疾和智力残疾的适龄儿童、少年实施义务教育。

② 《缔约国按照〈残疾人权利国际公约〉第三十五条提交的初次报告：中国》，2010 年 8 月 30 日。

约国将特殊教育体系中的资源转用于促进主流学校中的包容性教育。”①

2. 融合教育

在残疾人权利委员会的异议声中，中国继续发展特殊教育，但也开始关注融合教育。

《特殊教育提升计划（2014—2016 年）》提出：“全面推进全纳教育，使每一个残疾孩子都能接受合适的教育。”《第二期特殊教育提升计划（2017—2020 年）》要求“全面推进融合教育”。

2017 年，中国修订《残疾人教育条例》，规定“积极推进融合教育”。该条例还规定：“在特殊教育学校学习的残疾儿童、少年，经教育、康复训练，能够接受普通教育的，学校可以建议残疾儿童、少年的父母或者其他监护人将其转入或者升入普通学校接受义务教育。”

中国很早就有关于残障学生随班就读的规定和实践。需要指出的是，残障学生随班就读并不当然等同于融合教育。要实现融合教育，还需要普通学校在班级设置、师资建设、学校管理和教育评估等方面进行全方位改革。②

并且，中国随班就读的支持措施还存有不足。优质的随班就读应该给残障学生提供适合个人情况的有效支持，如提供教育领域的合理便利。然而，根据《特殊教育专题评估报告》（2016），中国的随班就读呈萎缩态势，质量堪忧。③ 全国政协委员孙惠玲也在调研中发现，中国随班就读的支持条件不足，随班就读很容易变成“随班混读”和“随班陪读”。④

---

① 残疾人权利委员会：《委员会第八届会议（2012 年 9 月 17 日至 28 日）就中国初次报告通过的结论性意见》，CRPD/C/CHN/CO/1。

② 庞文：《〈残疾人权利公约〉框架下我国残障者教育发展研究》，载张万洪主编：《残障权利研究》（第三卷第一期），社会科学文献出版社 2016 年版，第 60 页。

③ 教育部：《特殊教育专题评估报告》，载中国特殊教育网：http：//www. spe-edu. net/Html/jiaoyuguanli/201603/44213. html，2016 年 3 月 2 日。

④ 温丽娟：《莫让“随班就读”成了“随班混读”》，载中国特殊教育网：http：//www. spe-edu. net/Html/peizhijiaoxue/201801/49907. html，2018 年 1 月 29 日。

3. 残障儿童入学率

中国目前的残障儿童入学率比起中国成立初期时有着显著提高。这是中国发展残障教育取得的重要成就。

中华人民共和国成立初期，大量的残障儿童无法接受学校教育，其教育主要依靠父母或其他监护人。① 到 1989 年，中国盲、聋学龄儿童入学率还不足 6%。② 而随着中国采取诸多措施保障残障儿童的入学，截至 2016 年年底，视力、听力、智力三类残障儿童少年义务教育入学率已经达到 90%以上。③ 到 2020 年，适龄残障儿童少年义务教育入学率达到 95%以上。④

五 工作和就业

残障者在与其他人平等的基础上享有工作权。

（一）公约的理念和要求

《公约》第 27 条规定了残障者工作和就业的权利。《公约》要求缔约国确认残障者在与其他人平等的基础上享有工作权，包括有机会在开放、具有包容性和对残障者不构成障碍的劳动力市场和工作环境中，为谋生自由选择或接受工作的权利。

（二）中国的实践和经验

在工作和就业领域，中国完善按比例就业制度，规范残疾人就业保障金的征收使用。并且，中国开始探索针对智力和精神障碍者的支持性就业制度。下文将

---

① 刘璞：《中国残障人教育立法 30 年：轨迹、问题与方向》，载张万洪主编：《残障权利研究》（第二卷第二期），社会科学文献出版社 2016 年版，第 121 页。

② 《国务院办公厅转发国家教委等部门关于发展特殊教育若干意见的通知》，国办发〔1989〕21 号，1989 年 5 月 4 日发布。

③ 王启慧：《特殊教育：2020 年，残疾儿童少年义务教育入学率达到 95%以上》，载央广网：http：//edu. cnr. cn/list/20170728/t20170728_523873956. shtml，2017 年 7 月 28 日。

④ 姚晓丹：《让残疾儿童少年入学难成为过去式》，载《光明日报》2020 年 12 月 8 日。

分别论述这两种就业制度。

1. 按比例就业

按比例就业制度是中国残障者就业制度中的重要内容。根据《残疾人就业条例》（2007），用人单位安排残障者就业的比例不得低于本单位在职职工总数的1.5%，达不到规定比例的，应当缴纳残疾人就业保障金。

对于中国的按比例就业制度，残疾人权利委员会在2012年结论性意见中表示，担心这一制度不能有效解决残障人群中长期存在的失业问题，也不能解决就业歧视的深层原因。用人单位提供的就业机会往往只有象征价值，或者公司和政府机关往往宁可支付就业保障金，也不愿意雇用残障者。①

亦能亦行身心障碍研究所指出，按比例就业的问题包括：可能引发更多残障歧视，存在监管漏洞，以及政府部门未以身作则。② 其中，人们尤其关注残疾人就业保障金的征收使用问题。有数据显示，2005年到2013年，残疾人就业保障金征收增长了10倍，按比例就业的残障人比例却从28%减少到了25%。③ 2005年至2014年，深圳残疾人就业保障金累计征收近50亿元，却从未公开支出情况。④

2015年，中国发布《残疾人就业保障金征收使用管理办法》，规范残疾人就业保障金的征收使用。根据《残疾人就业促进"十三五"实施方案》（2016），中国将建立各类用人单位按比例安排残障者就业情况公示、残疾人就业保障金征收使用情况公示、各级党政机关残障者公务员实名统计等制度，并推进各类党政机关招录残障者工作。残疾人就业保障金制度的改革是一项重大突破。这些改革内容在一定程度上回应了人们对按比例就业制度提出的质疑。

---

① 残疾人权利委员会：《委员会第八届会议（2012年9月17日至28日）就中国初次报告通过的结论性意见》，CRPD/C/CHN/CO/1。

② 亦能亦行身心障碍研究所：《亦能亦行身心障碍研究所对中国实施〈残疾人权利公约〉的观察》。

③ 解岩、蔡聪、傅高山：《中国残障人观察报告（2014—2015）》，中国言实出版社2016年版，第5页。

④ 陈盟、王嘉伟：《深圳残保金累计征收近50亿 从未公开支出情况》，载《人民日报》2014年6月3日。

根据《2019年中国残疾人事业发展统计公报》，2019年，中国城乡持证残障者就业人数为855.2万人，其中按比例就业74.9万人。需要说明的是，残障者在就业中往往会面临招聘歧视、工作待遇不平等、缺乏无障碍设施及合理便利以及职业隔离等问题。① 按比例就业制度虽然能在一定程度上促进残障者就业，但难以解决残障者就业的深层次问题。

2. 支持性就业

在所有残障类型中，心智障碍是被用人单位接受程度最低的残障类型。根据广州慧灵心智障碍人士服务机构等于2012年8月至2013年5月作出的一项调查报告，在接受调查的203个心智障碍者家庭中，只有2%的心智障碍者真正实现就业。②

支持性就业是改善心智障碍者就业问题的重要途径。在支持性就业模式下，就业辅导员在竞争性工作场所（而不是庇护工场等专门雇用特殊群体的工作场所）持续辅导和监督心智障碍者的实际工作。等心智障碍者能胜任工作后，就业辅导员逐渐退出工作场所，改为以追踪的方式提供服务。

近年来，中国开始对支持性就业模式的探索。2014—2016年，中国智力残疾人及亲友协会在国际劳工组织的支持下，在中国7个地区开展支持性就业的试点工作，培养了240多名就业辅导员，积累成功案例100多例。③ 2016年，“支持性就业”被纳入《残疾人就业促进“十三五”实施方案》。方案要求以智力、精神残障者为主要对象，积极探索支持性就业，并扶持建设残障者就业辅导员培训专业机构（基地），培训就业辅导员，帮助更多残障者实现支持性就业。

由于中国的支持性就业实践才刚起步，实践中尚面临着如何培训就业辅导员、如何给用人单位提供更系统的支持等问题。

---

① 黄诗欣：《无法摆脱的边缘困局？——残障者职业状况调查》，载张万洪主编：《残障权利研究》（第二卷第二期），社会科学文献出版社2016年版，第168页。

② 何慧君、李海英、戴榕：《广州市成年心智障碍人士就业状况、就业需求和就业可行性调研报告（节选）》，载《有人》2014年第8期。

③ 艾诚：《做一个真正的劳动者——中国支持性就业探索纪实》，载《中国残疾人》2017年3月16日。

结　语

回顾中国履行《公约》的历程，可以发现，中国取得了诸多显著成就。例如，中国规定并落实高考合理便利，在《精神卫生法》中明确残障者自愿住院治疗原则，将“融合教育”写入《残疾人教育条例》，残障儿童入学率大幅提升，规范残疾人就业保障金的征收使用，等等，但中国距离《公约》的理念和要求还有一段距离。

展望中国未来的履约方向，中国有待继续完成残障模式的转型，开展反残障歧视立法研究，探索“协助决策”，改革融合教育配套制度，以及发展支持性就业。

残障人士家庭暴力人身安全保护令数据统计分析报告

刘佳佳*

摘　要：《中华人民共和国反家庭暴力法》实施四年以来，在已公开的人身安全保护令裁定书中，与残障人士相关的人身安全保护令裁定书为17份。我们针对17宗有效案例，从案由、申请人性别、申请人与被申请人关系、申请人残障类型、家暴与残障关系、报警次数、是否取得公安机关告诫书、家暴证据类型、裁定结果、裁定措施十个方面进行具体统计分析，发现残障人士在申请人身安全保护令方面形势较为严峻，需要更多残障与家庭暴力的交叉研究。

关键词：残障　家庭暴力　人身安全保护令

2020年3月1日是《中华人民共和国反家庭暴力法》（以下简称"《反家暴法》"）实施满四周年。这四年来，《反家暴法》的推广与实施情况究竟如何、对防治家庭暴力的推动效果怎样，自然是关注家庭暴力与性别平等问题的媒体、律师及学术研究人员都在追踪和探索的问题。

残障人士在身体、感官、智能或精神方面本身存在一定障碍，又是被社会高度边缘化的弱势群体，遭遇家庭暴力的整体风险比非残障人士更高。联合国消除对妇女的暴力信托基金（The UN Trust Fund to End Violence against Women）的统计数据显示，相比非残障妇女而言，残障妇女遭受性暴力的概率是非残障妇女的3倍，遭受家庭暴力的概率是其2倍，并且暴力持续时间普遍更长、暴力造成的

---

* 刘佳佳，北京市隆安（深圳）律师事务所专职律师。

损伤后果也更严重。①

我国《反家暴法》第 5 条第 3 款明确指出："未成年人、老年人、残疾人、孕期和哺乳期的妇女、重病患者遭受家庭暴力的，应当给予特殊保护。"但就目前而言，防治家庭暴力的法规规章政策尚未针对弱势群体的需要设置有针对性的保护措施，仅在《民政部 全国妇联关于做好家庭暴力受害人庇护救助工作的指导意见》（民发〔2015〕189）中提到了对未成年人提供特殊、优先保护的原则，针对残障群体的保护措施更是无从谈起。

目前从残障人士权利与家庭暴力防治的交叉角度进行的研究和探讨也非常少见，除了黑龙江 2011 年发布的该省第三期中国妇女社会地位调查结果曾对残障女性遭受家庭暴力做过专项统计之外，无论是地方层面还是全国层面都很难再找到其他相同或类似主题的统计数据。因此，本文通过搜集残障人士获得核发家庭暴力人身安全保护令（以下称"人身安全保护令"或简称"保护令"）的裁判文书，进行案例数据统计分析，希望为这个领域仍然缺失的交叉研究投石问路，让更多人关注到残障人士遭受家庭暴力的问题。

具体而言，本文将回顾人身安全保护令的内容及其对于防治家庭暴力的价值，介绍残障人士申请人身安全保护令的概况，并针对有效样本，从案由、性别、家暴与残障关联、证据、裁定结果及措施等角度进行统计分析，得出初步结论。

一 研究背景：人身安全保护令的内容及其对于防治家庭暴力的价值

《反家暴法》作为我国第一部全国层面的反家庭暴力立法，在法律制度上有不少亮点，例如家庭暴力告诫制度、强制报告制度、人身安全保护令制度等。其中，《反家暴法》以第四章一整章的篇幅，从受理、申请、管辖、裁定形式、申请条件、审理期限、具体措施、有效期、复议程序等方面对保护令作出了较为系

---

① The UN Trust Fund to End Violence against Women, *Ending Violence against Women and Girls with Disabilities*, 2017, https://untf.unwomen.org/en/digital-library/publications/2017/08/ending-violence-against-women-and-girls-with-disabilities#view.

统化和全面的规定。

简单而言，人身安全保护令是在发生了家庭暴力或有家庭暴力现实危险的情况下，由基层人民法院依申请签发的禁止被申请人实施家庭暴力或禁止被申请人骚扰、跟踪、接触申请人的民事裁定书，有效期一般为六个月，当事人仅有一次申请复议的机会。

尽管只是一纸裁判文书，人身安全保护令却是家暴受害人在报警、求助妇联残联、求助村民委员会居民委员会等之外的一个非常重要的求助途径，也是司法机关在刑事救济措施之外为广大受害人提供的一条民事救济途径，其重要性不言而喻。

就其有效性而言，目前还没有全国范围的针对人身安全保护令有效性的调研。但广州中院相关负责人在接受《南方日报》采访时曾提供下列区域性数据：2016 年至 2019 年 10 月，广州市各基层法院共受理人身安全保护令申请 170 件，其中有 43 件申请被驳回，就已批准的 127 件申请而言，仅有 6 件当事人提出了延长人身安全保护令申请。另外，负责人还指出，从回访情况看，当事人普遍反映人身安全保护令给了受害人较为有效的安全感，对加害人威慑作用较为明显，加害人普遍停止了家暴行为的施行。①

保护令虽是一纸文书，却有比较普遍的威慑力，这与笔者作为专职律师的实际工作经验也较为吻合——尤其是受过一定教育、享有体面职业与收入的被申请人，担心违反保护令会影响自己的工作和收入，比较看重法院签发的这纸文书。

另外，保护令在形式上也属于民事裁定书，部分属于应当在互联网公布的信息，我们可以通过公开渠道检索到部分案例。因此，本文选取了人身安全保护令作为切入点，研究残障人士获得《反家暴法》保护的实际情况。

二　统计范围与对象：残障人士获得核发人身安全保护令的概况

根据最高人民法院民一庭负责人接受《中国妇女报》采访时提供的信息，

---

① 尚黎阳：《因当事人遭受家暴后证据收集能力不足，43 件人身安全保护令申请被驳回》，载《南方日报》2019 年 11 月 26 日，第 A08 版。

《反家暴法》实施四年以来，全国每年颁发人身安全保护令的数据逐步增加，截至2019年12月底，全国法院共发出人身安全保护令5749份。① 由于涉及离婚诉讼或者涉及未成年子女抚养、监护的裁判文书属于不宜在互联网公布的文书，截至2020年3月8日通过“无讼”“Alpha”等互联网案例系统可检索到的人身安全保护令数量仅为2331宗。我们以这2331宗人身安全保护令裁定书为基础数据库，从中筛选出涉及残障人士的相关数据，希望由此了解残障人士对人身安全保护令的使用情况以及获得相应司法保护的概率。

然而，在“无讼”“Alpha”等互联网案例系统加入“残疾”一词作为关键词进行检索后，出现的结果仅为26份文书。对这26份裁判文书进行仔细阅读和统计之后，剔除了不相关的裁判文书（比如非人身安全保护令裁定、非残障者案件），最终筛选出与残障人士相关的人身安全保护令裁定书仅17份。也就是说，在已公开的人身安全保护令裁定书中，仅有0.73%与残障人士相关。这与残障人士在全国总人口中所占的比例极不相称。据2010年第六次全国人口普查结果，全国总人口约13.7亿人，推算残障人士总人数8502万人，残障人士占比为6.2%。如果按照人口数量占比计算，已公布保护令数量应当为145宗，远多于17宗。

从绝对数量上来看，4年仅17份已公布保护令也与8502万残障人士总人数极不匹配，犹如大海里的一滴水，不及沧海一粟。

因此，在对这极少量的已公布保护令进行统计分析之前，我们必须看到“房间里的大象”，即残障人士实际申请保护令的情形少得几乎可以忽略不计。这其中的原因必然多种多样，法律从宣传、推广、普及进入个人视野，为个体所运用、申请，再到执行，可能每个环节都存在障碍。没有使用的原因可能是不知道、不了解，也可能是不信任、觉得没用，还有可能是存在实际困难，比如立案方式、审理方式对残障人士不友好，缺乏无障碍设施或通信方式。调查研究残障人士对保护令制度的运用率为何如此之低、提升残障人士对保护令制度的知晓率，会是打破坚冰的第一步也是极为关键的一步。

---

① 王春霞、田珊檑：《反家庭暴力法实施四年来成效显著——中国妇女报专访全国妇联、最高法、公安部相关部门负责人》，载《中国妇女报》2020年3月3日，第1版。

也正因为如此，以下针对 17 宗已公布保护令的数据统计分析，由于样本数量太小，参考价值有限，更重要的价值在于弥补信息缺失，抛砖引玉。

三 统计结果与十项具体问题分析

以下针对 17 宗有效案例，从案由、申请人性别、申请人与被申请人关系、申请人残障类型、家暴与残障关系、报警次数、是否取得公安机关告诫书、家暴证据类型、裁定结果、裁定措施十个方面进行具体统计分析。

（一）案由选择

表 1 残障人士申请人身安全保护令案由统计

选项	小计	比　例
离婚纠纷	3	17. 65%
民事（其他）	10	58. 82%
其他	4	23. 53%

2016 年 7 月最高人民法院出台《关于人身安全保护令案件相关程序问题的批复》等指导性文件，将申请人身安全保护令确立为独立案由，为人身安全保护令案件制定统一的“民保令”案号。统计结果显示以“民事（其他）”为案由的占据了 58. 82%的主流，另有少量使用“离婚纠纷”案由。剩余 23. 53%的其他情形包括：一般人格权纠纷、申请诉中证据保全纠纷、人身自由权纠纷。这说明在民事诉讼案由的确定上仍存在着一定程度的混乱，《反家暴法》及相关规定仍有在基层法院继续普及的空间。

（二）一半以上申请人为女性

统计结果显示，52. 94%的申请人为女性，23. 53%的申请人为男性，另外还有 23. 53%的其他情形，包括父母双方共同申请、父母和子女共同申请或是裁定书中没有说明性别。在 9 宗以女性为申请人的案例中，被申请人全部为其配偶。

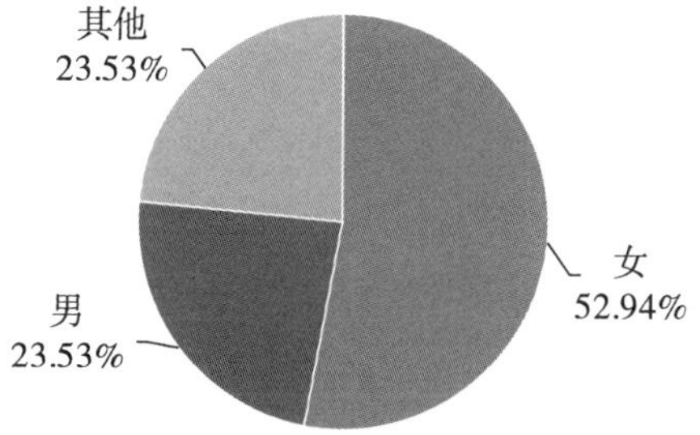

图 1　残障人士申请人身安全保护令申请人性别统计

在 4 宗以男性为申请人的案例中，有 2 宗被申请人为其配偶，另有 1 宗为成年子女、1 宗为兄弟。尽管样本数量稀少，但也可看出在残障人士群体中存在显著的性别不平等，女性是弱势中的弱势，男性控诉家暴的比例不到女性的一半，而且男性控诉家暴仅有一半来自女性，女性控诉家暴却全部来自男性。

（三）以配偶之间的家暴为主，父母被成年子女家暴的接近 1/4

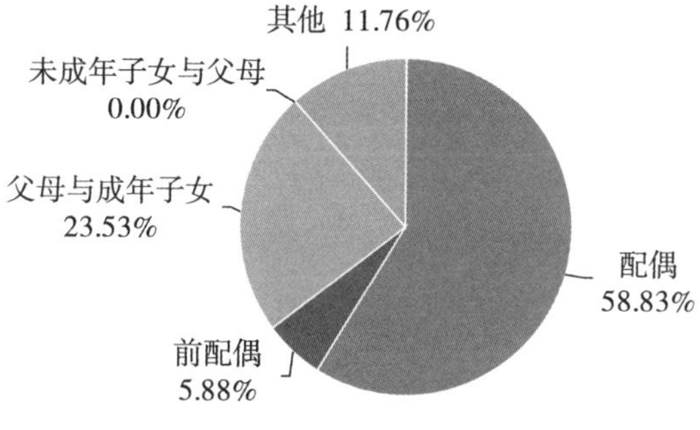

图 2　残障人士申请人身安全保护令申请人与被申请人关系统计

在 17 宗已公布保护令中，58. 82%的家暴发生在配偶之间（结合上一项统计结果，可见主要是丈夫对妻子家暴）。与此同时，父母被成年子女家暴的比例为 23. 53%，说明残障老年人被儿女家暴的现象可能也十分严重，应当引起注意。这里的其他情形是兄弟姐妹之间施暴（2 宗），而且均被法院驳回。由于《反家暴法》的适用对象是家庭成员（《反家暴法》第 2 条）或家庭成员以外共同生活的人（《反家暴法》第37条），兄弟姐妹如未共同生活在一起，会无法得到《反家暴法》的保护。

（四）申请人的残障类型

表2　　**残障人士申请人身安全保护令申请人残障类型统计**

选项	小计	比　例
肢体残障	5	29.41%
精神残障	3	17.65%
多重残障	1	5.88%
其他	8	47.06%

17位申请人中有5位属于肢体残障，3位属于精神残障，1位属于肢体合并精神残障。另外8宗案件，有4位未说明具体残障类型，有4位则是被申请人为残障者。也就是在有限的样本中，23.5%的案件的家暴施暴人为残障者，这可能也有助于打破对残障人士的刻板印象。当然，与所有其他家暴案件一样，施暴原因同样值得探究，对任何群体贴标签都无助于彻底防治家庭暴力。

（五）家庭暴力与残障的关系

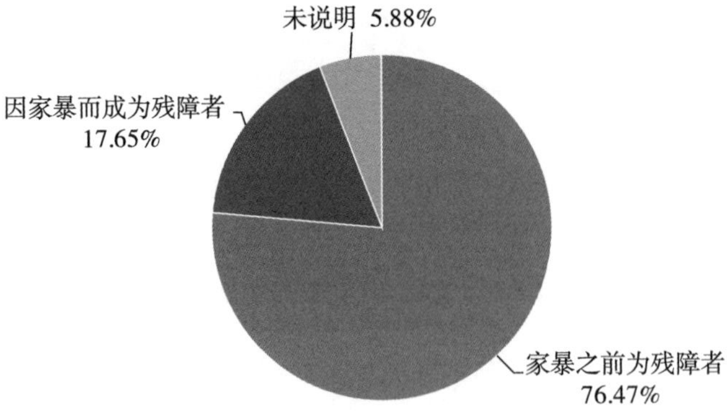

图3　残障人士申请人身安全保护令家暴与残障关系统计

如图 3 所示，76.47%的案件中，申请人或被申请人在家暴发生之前已经是残障者。意料之外又在情理之中的是，有 17.65%的案例是由于家暴导致了申请人的伤残，充分说明部分案件家暴情节之严重，令人发指。

（六）报警次数统计

表 3　　残障人士申请人身安全保护令报警次数统计

选项	小计	比　例
0 次	1	5.88%
1~3 次	5	29.41%
4 次及以上	1	5.88%
未说明	10	58.82%

遭遇家暴应当第一时间拨打 110 报警，这一点可能已经成为常识。多份家庭暴力大数据统计报告显示，公安机关是家暴受害人最信赖、最常求助的对象。目前公安机关接收报警求助的渠道多种多样，例如电话、短信、上门，但不一定能覆盖所有类型的残障群体。另外，公安机关及时出警并制止家暴的效率值得研究。此次统计案例中大部分都有过报警经验：报警 1~3 次为 5 宗，报警 4 次以上为 1 宗，报警多次但未注明具体次数的有 4 宗。令人印象最为深刻的是一位已婚数十年被丈夫殴打至肢体残障的申请人，在申请保护令之前已经报警三十余次。多次报警而未能制止家暴，原因也是多种多样，其中一个原因就是公安机关出具告诫书的比例相当之低，详见下文。

（七）是否取得公安机关的家庭暴力告诫书

在上文所统计到的 10 宗明确提及报警经验的案例中，根据本题统计结果，仅有 1 宗取得了公安机关出具的家庭暴力告诫书，出具率仅为 10%。根据最高人民法院副院长黄尔梅提供的数据，受害人平均遭受 35 次家暴后才会选择报警。而报警之后获得告诫书的概率又如此之低。因此也不难想象受害人的处境如何之

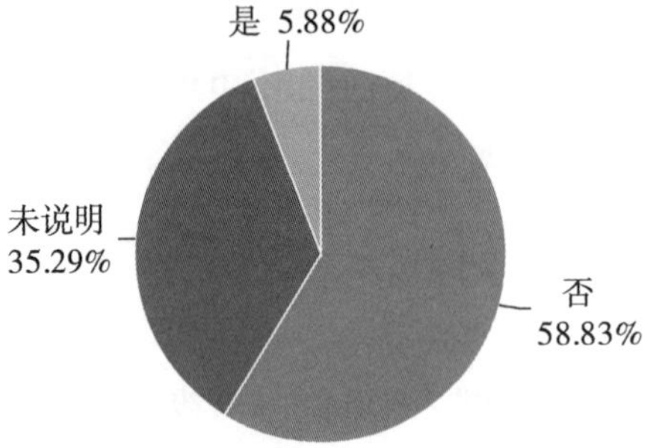

图 4　残障人士申请人身安全保护令是否获得公安机关告诫书统计

艰难，以及已经浮现出来的案例只是冰山一角。

（八）证明家暴证据类型

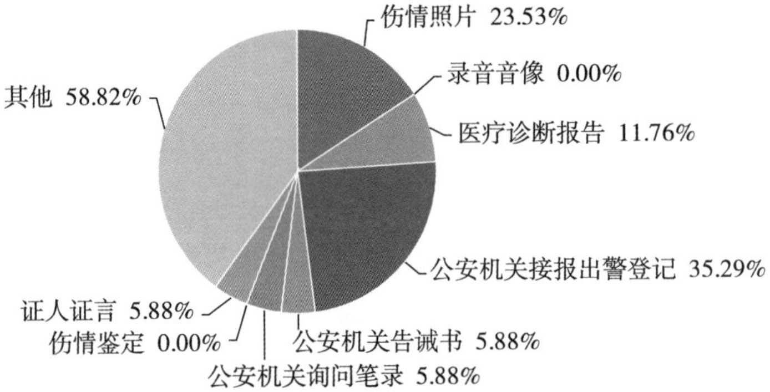

图 5　残障人士申请人身安全保护令家暴证据类型统计

对于证明家暴事实而言，申请人提交的证据以及法院依职权调取的证据主要类型是本人保留的伤情照片（23.53%）和公安机关接（报）处警登记（35.29%）。需要注意的是，并不是所有照片都能作为证据，本人提供的照片有可能因为无法证明来源而不被法院采信。另外，占据较大比重（58.82%）的其他情形是裁定书中没有说明提交或调取了哪些证据。

（九）保护令裁定结果

表 4　　　　残障人士申请人身安全保护令裁定结果统计

选项	小计	比　例
签发保护令	13	76.47%
不予签发保护令	4	23.53%

就此次所统计的 17 份裁定书而言，其中 13 宗案件得到法院签发的保护令，占比 76.47%，与其他渠道的人身安全保护令大数据报告统计结果相当，在有限范围内或许可以说明法院对于残障者、非残障者的保护令案件基本上一视同仁，并未区别对待，没有为残障者设置更高或更低的门槛。

（十）已签发保护令的裁定措施

表 5　　　　残障人士申请人身安全保护令裁定措施统计

残障人士申请人身安全保护令裁定措施	比　例
禁止被申请人实施家庭暴力	100%
禁止骚扰、跟踪或接触申请人及相关近亲属	46.15%
责令迁出申请人住所	0%
其他	0%

如上表所示，对于已签发的人身安全保护令，“禁止被申请人实施家庭暴力”已经成为标准配备，100%的保护令都包含了这项裁定。另外，接近一半的裁定也支持禁止被申请人骚扰、跟踪或接触申请人及相关近亲属。但是，责令迁出申请人住所及其他措施的签发数量为 0。说明裁定基本上只支持对被申请人作出禁止性规定，但对于需要法院不仅签发文书还要采取积极措施的——例如责令迁出住所——法院缺乏支持这类诉讼请求的动力，毕竟会给裁定执行带来麻烦。

因此，总体而言，法院签发人身安全保护令的意愿较强，制止家庭暴力的意识也不弱，但受限于制度约束，目前仍然以消极的禁止为主要措施，很少使用到需要法院采取强制措施的方案。

四　结　论

以上是对目前所检索到的涉及残障人士的17份人身安全保护令的数据统计分析。尽管样本数量稀少，我们仍然可以管中窥豹，从中发现残障人士在申请人身安全保护令、获得《反家暴法》保护方面存在的一些问题。

第一，样本数量稀少这个事实本身已经是一个最重要的数据和最惊人的事实。这说明在《反家暴法》已经实施四年之后，残障人士很可能被完全隔绝在《反家暴法》的保护之外。残障人士对《反家暴法》的知晓率目前达到什么程度？为什么基本没有残障人士使用过保护令？我们应该采取哪些措施，提高残障人士对《反家暴法》的知晓率和使用率？希望能有更多人关注残障人士遭遇家庭暴力的司法保护缺失问题，也希望等到《反家暴法》实施五周年、六周年时，我们会有更多的保护令样本可供研究。

第二，仅从裁定结果来看，76.47%的保护令申请得到了法院的支持。在这方面，我们没有全国性的针对所有人的统计数据，仅就上文中提到的《南方日报》报道所引述的广州中院数据而言，广州市的保护令申请成功率为74.7%，与残障人士申请保护令获核发比例基本持平。因此，仅从裁定结果和局部数据来看，残障人士与非残障人士申请保护令的成功率是大体相当的。

第三，家庭暴力既是一个违法犯罪问题，也是性别不平等问题在家庭领域的呈现，这是我们在以往的研究与报道中已知的信息，也被这次小样本调研所印证。另外，这次统计还揭示了一个关注度较低的社会问题，就是老年人被成年子女实施家庭暴力的比例，几乎占到四分之一。综合多个数据可见，残障老年女性遭受家庭成员实施暴力的实际情形可能令人触目惊心，但这更是一个不被主流视野所关注的领域。

第四，家暴是一种行为模式，残障则是人的状态，并且是可流动的状态，家庭暴力与残障的关系错综复杂：不仅仅有残障人士申请家暴人身安全保护令，也有一定数量的家暴施暴者是残障者，更有一部分受害人原本并非残障者，残障是其遭受家庭暴力的结果，因此，对家庭暴力及《反家暴法》实施情况的研究，不应当忽略残障视角，反之亦然。

第五，从残障人士权利保护的实务角度来看，尽管多名申请人都有多次报警的经历，但从报警和其他求助渠道获取正式法律文书的证据意识非常薄弱，不利于获得法院核发保护令，也不利于申请人在其他法律程序中寻求保护。例如，10宗明确提及报警经验的案例中，仅有1宗取得了公安机关出具的家庭暴力告诫书，申请人提交的证据类型也以自己拍摄的照片、去医院诊断的病例为主。因此，在提升残障人士对《反家暴法》知晓率的过程中，还应进一步丰富公安机关接受报警和求助的渠道，强化大家的证据意识，鼓励申请人在报警及其他求助过程中，尽量争取拿到或申请调取到告诫书、伤情鉴定书、调解书、公安机关询问笔录等证明力更强的材料。

谨以此文作为残障与家庭暴力交叉研究的垫脚石，希望将来有更多这方面的社群培训、学术研究，也希望能出现更多残障人士申请人身安全保护令的实际案例。

环境正义视角下的无障碍环境权研究

姚天冲　周自达*

摘　要： 无障碍环境权是为残障群体等广义主体在社会生活的各方面提供物质设施、信息数据、公共服务等便利，使残障群体能够更好地融入社会生活而享有健康、舒适环境的权利。无障碍环境权作为一项应然权利，在保障残障群体独立地、无障碍地生活在社会环境中发挥着突出的作用。环境正义理论旨在解决社会生活中的公平、正义问题，将环境正义理论运用于残障群体的权利保障领域，既夯实了无障碍环境权作为应然权利的理论基础，又解决了无障碍环境权成为法定权利的现实困境。因此，可通过环境正义理论的人权化和环境权化来实现残障群体的再生权利保障。

关键词： 环境正义　无障碍环境权　人权　权利属性

由于环境正义理论最早提出于西方国家，这使得西方发达国家特别注重残障群体的权益保障，而中国残障群体权益保障相关理论滞后，在福利制度建设和权利保障方面存在许多不足。发达国家正是通过环境正义理论、信托理论和人权理论，从法律制度、社会实践、教育培训等方面保障残障群体与非残障人一样融入社会，使他们能够为社会创造财富和实现人生价值。我国也应该加强无障碍环境权的理论研究，通过制度、教育、媒体多方面创造健康、舒适的无障碍物质环境，营造良好的信息、服务环境。同时，创新环境正义理论和人权价值，将无障

* 姚天冲，东北大学文法学院副教授，硕士生导师；周自达，东北大学文法学院硕士研究生，甘肃省东乡县人大办秘书。

碍环境权上升为一项社会性权利和环境权，从而使特殊人群享有政府物质帮助的权利以及便捷、舒适的社会环境权。

一 无障碍环境权概述

“无障碍”相关概念在建筑学研究领域非常兴盛，许多论文专注于无障碍设施、无障碍设计理念及无障碍建筑等内容。对“无障碍”概念的追本溯源，可为无障碍环境权提供权利内涵和属性的支撑，让无障碍环境及无障碍环境权成为法学中的概念，更好地保护残障群体享有无障碍的环境权利，从而实现社会公平正义。

（一）“无障碍环境”概念的产生

“无障碍环境”一词最初来源于北欧地区一些国家的建筑学专业。19 世纪，北欧国家将无障碍理念融入建筑物设计中。随着社会对残障群体的关注越来越高，无障碍环境概念也在建筑学、管理学等领域成为一个热词。无障碍环境相似的理念在中西古代都有，但是将其引入法学中并明确加以规定的还是欧盟的前身欧共体，其通过的《方便残疾人使用的公共建筑设计建设的决议》中明确使用了“无障碍环境”概念。如果说欧共体是首先在法律规范中提出了“无障碍”一词，那么美国国家标准学会首先确立了无障碍设计标准。这一标准就如国家层面的环评标准，成为美国联邦及各州政府和企业都需要普遍遵守的强制性标准。

在中国，“无障碍”概念很早就有之，而法律中，“无障碍环境”概念最早出现在 1994 年天津市人大常委会通过的《天津市实施〈中华人民共和国残疾人保障法〉办法》第 23 条规定中，反而 1990 年 12 月 28 日第七届全国人大常委会通过的《残疾人保障法》中没有使用“无障碍环境”概念。2008 年，我国对《残疾人保障法》进行修订时才使用了“无障碍环境”概念，并以专章形式对无障碍环境设施、信息、设备及导盲犬等内容进行翔实的规定。但是该法规定的无障碍环境的内涵非常狭窄，很难保障残障群体对于无障碍环境设施、信息、服务的需要。2012 年 6 月 28 日，国务院出台《无障碍环境建设条例》，含总则、无障碍设施建设、无障碍信息交流、无障碍社区服务、法律责任、附则 6 章 35 条内容，于2012年8月1日施行。① 2012年8月，国家法制办、住建部、工信部、中国残联联合编制了《无障碍环境建设条例释义》，对条例内容进行了解读，这表明我国无障碍环境立法趋于完善。

（二）无障碍环境权的内涵

无障碍环境有广义和狭义之分。从狭义上讲，无障碍环境是给残障人等障碍群体提供便利，削减和消除物质因素、信息因素及服务方面存在的环境障碍，使他们像非残障群体一样参与到社会生活中。从广义上讲，无障碍环境是指除了提供便捷和消除有障碍的环境外，还要为孕妇、儿童、老人和农民工等广义主体创造健康、舒适、和谐的整体环境。② 从广义的无障碍环境概念出发，可以给无障碍环境权下一个宽泛的定义，其特指人在先天的生理缺陷（先天盲、聋、哑和残疾）或周期性生理阶段（年老、疾病、怀孕）在出行、旅游、就业等社会生活的各方面提供无障碍的环境，或者在人为的地域性歧视、肤色偏见的社会环境中营造一种平等、和谐的无障碍环境，使他们能够无障碍地使用物质设施和信息服务的权利。

无障碍环境权具体包括无障碍物质环境权、无障碍信息环境权、无障碍服务环境权等。③ 其一，无障碍物质环境权，是指为老、弱、病、残、孕和其他残障群体在城市道路、城市交通工具及城市公共场所等为他们提供各种无障碍的物质环境，从而使这些残障群体能够像健全人一样独立地参与社会生活的权利。这主要强调的是为残障群体提供有形的无障碍物质的环境，如建立建筑物通道、提供辅助工具和导盲犬等。其二，无障碍信息环境权，是指视觉障碍者、听觉障碍者、语言障碍者、读写障碍者等在望、闻、问、听等输入信息方面以及表达、读写等输出信息方面存在障碍而提供无障碍的环境，从而使其能够更加平等、有效和方便地参与到信息传递和交流方面的权利。其三，无障碍服务环境权，是指面向公众开放的场所或提供的服务应当无差别地向所有人（包括容貌尽毁者、残障

---

① 张高华：《安徽省无障碍环境建设立法》，载《安徽建筑》2019年第11期。

② 胡波：《无障碍环境权的私法建构》，武汉大学2018年硕士学位论文。

③ 马卉、张直：《略论无障碍环境权之构思》，载《建设科技》2019年第13期。

人）开放或提供，使所有人都能无障碍地获取面向所有公众开放物质设施或提供的服务（具体内容，见图1）。

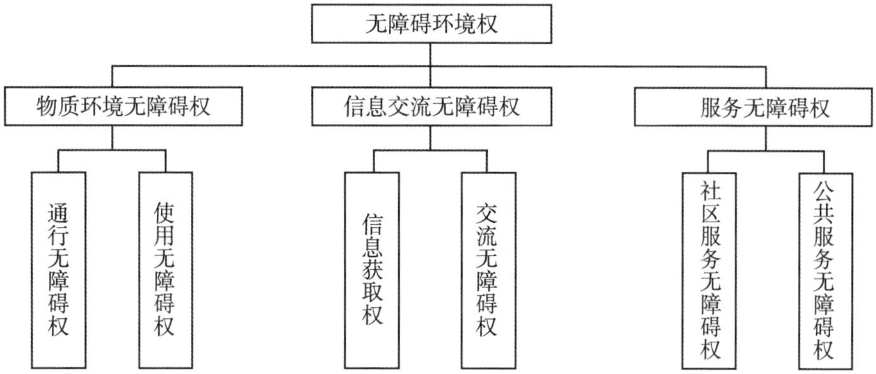

图1　无障碍环境权的权利体系

（三）中国无障碍环境权的保障

据统计，我国残障群体大约有8500万人，占全国总人口的6.21%，直接影响到2.6亿人口的家庭生活。① 因此，为了提高残障群体的生活水平，福利制度的落实和法定权利的保障是毋庸置疑的，仍需要学者的深入探讨和政府的切实供给。

在学理层面，我国学者加强了残障群体的权利保障研究，具体途径主要通过两部分来实现，一是原生权利保障，二是再生权利保障。所谓原生权利，就是残障群体基于自然身份（出生）而享有的与非残障群体相同的权利，例如受教育权、工作权、生育权和体育权等。我国多数学者仍然主要研究残障群体的原生权利，这说明残障群体原生权利保障仍存在不足。有学者认为，残障群体的原生权利原本无须法律规定，由于社会中充满对残障群体的歧视，使得法律重复规定很有必要，例如，法律明文规定残障群体享有平等受教育权。而再生权利是残障群

① 刘雪斌、王志伟：《“差别原则”视域下的我国残疾人无障碍权利保障》，载《人权》2018年第5期。

体基于特殊身份（生理缺陷）而享有的经法律承认的权利，例如，视力障碍者获得经法律认可的无障碍阅读权等。再生权利是为了使残障群体更好地享有原生权利起辅助作用的权利，但是这些权利对于残障群体而言更具有基础和现实意义。本文研究的无障碍环境权正是各种具体再生权利的总称。近年来，我国学者也开始加强了残障群体的再生权利研究，其中特别注重研究残障群体的无障碍信息权和服务权。

在实践层面，经过多年的发展，我国各大城市无障碍物质设施、信息数据建设取得了长足的进步。北京、上海等各大城市为残障群体在出行方面提供了一体化的残障人通道和洗手间设施；其他相应的配套设施也得到了改善，残障群体像非残障人一样舒适、便捷地购物、散步。为了迎接残奥会，北京市健全了残障群体一体化服务机制。北京市发布《北京市进一步促进无障碍环境建设 2019—2021 年行动方案》，在市残联的牵头和其他部门的配合下建立了统一的“北京市无障碍环境建设信息管理系统”，为北京市残障群体提供了完善的无障碍服务，提升了北京市作为首都的形象。最近，上海市入选为“智慧无障碍城市示范区”，为了提高残障群体的服务水平，上海市将无障碍信息建设融入城市信息化全局，为残障群体提供各种类型的个性化服务。深圳市也入选为“智慧无障碍城市示范区”，所以政府加快了无障碍环境设施建设，进一步消除残障群体生命全周期障碍，这项目还进一步为全体市民服务，从而构建全时全链全网全方位的无障碍环境。

二 环境正义理论下的无障碍环境权发展

随着环境正义理论的社会化，该理论所关注的现实问题与残障群体权利保障之间存在很大的契合点，这一趋势使得环境正义理论既能够为残障群体权利保障提供理论支撑，也能拓宽无障碍环境权的适用范围，让更多的残障群体享有法定权利成为可能。

（一）环境正义理论的发展

19 世纪 90 年代，环境正义首次提出时并非是为了保护生态环境本身，而是为了解决美国富人对少数族群的偏见和歧视。当时，美国很多市区将有害的垃圾处理厂专门建立在少数族群聚集的地区，这种专门在少数族群聚集区有计划地安置有毒垃圾厂的做法激起了少数族群的强烈抗议。进入 21 世纪，克林顿政府及环保署迫于压力，对这种严重践踏人权的社会歧视行为进行法律规制和保护，并在相关法案中明确界定了环境正义的内涵。

所谓环境正义，通常是指所有人不论种族、国别、肤色或地位，皆应受到公平公正的对待，同时有权能够参与到环境保护法案的制定和实施过程。① 这种环境正义主要强调人与人之间的不分种族、身份的社会正义，尤其是注重保护美国黑人等群体的人格尊严、自由以及健康权，因为兴建有害垃圾厂必然对他们的对人格尊严造成侵害。正如菲罗米娜·C. 斯贷迪（F. C. Steady）认为的，“所有人和所有社区在环境、健康、就业、居住、迁徙和人权法律方面都享有平等的被保护的权利”②。环境正义已经超越了自然环境正义的界限，将人类视野带入了人文社会环境之中，更加重视人与人之间的平等、健康、自由和人权的保障。

环境正义理论的发展促进了残障群体的保护，使他们在没有障碍的环境中生活成为可能。其一，环境正义理论的社会化拓宽了该理论的适用范围和保护群体。环境正义理论从刚开始的种族人群保护扩大到社会生活中处于任何劣势地位人群权益保障，这使得环境正义理论的外延映射到残障群体这一主体。其二，环境正义理论的人权化使得无障碍环境权成为一项包括社会性权利在内的宪法人权(多数学者认可社会性权利发轫于第二代人权)。其三，环境正义理论也拓宽了人权的理论边界，使环境正义理论可以适用到残障群体的集体发展权和环境权保护(环境权和发展权发轫于第三代人权)，而环境侵权案例也为环境正义理论下无障碍环境权成为环境权提供事例证明。

（二）环境正义理论的社会化

环境正义理论能够为残障群体提供权益保障，是由于环境正义理论自身的不

---

① 马道明：《环境正义视角下居民的角色困境——以太湖污染治理为例》，载《浙江学刊》2015 年第 5 期。

② 虞新盛、陈世润：《再论环境正义》，载《自然辩证法研究》2017 年第 9 期。

断发展以及关注社会实际问题。二十世纪八九十年代，随着社会矛盾和生态危机的愈演愈烈，环境正义理论得到了迅速的发展，这为残障群体无障碍环境保障提供契机，也为无障碍环境权成为一项法定权利奠定了基础。首先，环境正义理论得到发展的表现之一就是各种环境正义学说的兴起和正义理论的泛化，具体包括环境正义义务论、环境正义后果论、功利主义正义论、生态主义正义论和现象学环境正义等。其次，环境正义理论得到发展的表现之二就是关注点的转移，环境正义理论关注点已从最初的美国种族歧视转移到跨国环境污染、社会分配公平和社会承认等问题。

环境正义理论在泛化和内涵不断丰富的同时也存在社会化趋向，环境正义理论与分配公平、差别对待、性别歧视和残障群体权益保障等社会问题进行了深度融合。自提出至今，环境正义理论已经有 100 多年的历史，该理论关注的社会问题也越来越普遍，就如国际环境正义运动的先驱者 R. 布莱德（R. Bullard）指出的“环境问题若不与社会正义联系起来便不会得到有效的解决”。此外，环境正义理论旨在解决社会生活中的公平、正义和权利问题，虽然环境正义理论不仅关注残障群体权利保障，但这种人文关怀使得环境正义理论在人与人之间和人与自然之间架起了沟通桥梁。

更重要的是，环境正义理论在社会化的过程中，通过各个国家宪政运动得到了宪法和法律的部分承认，① 而各个国家残障群体社会福利保障和公民社会性权利的宪法化就是集中体现。而社会性权利最具特色的一点就是兼具公法和私法属性，它既赋予了政府对公民（包括残障群体）具有社会保障职责和义务，也赋予了公民集体享有的一项社会性权利，公民对合理诉求可通过合法的途径予以救济。

（三）环境正义理论的人权化

科技的发展是一把双刃剑，在衣、食、住、行方面方便了残障群体的生活方式，但也在就业、教育方面筑高了残障群体适应社会的能力和融入程度。因为科

---

① 薛勇民、张建辉：《环境正义的局限与生态正义的超越及其实现》，载《自然辩证法研究》2015 年第 12 期。

技的发展使得部分工作对技术和能力的要求越来越高，而残障群体由于种种限制而很难胜任。而环境正义理论的人权化重在关注这些社会问题，虽然科技的发展为残障群体就业、教育带来了挑战，但是更多是政府和整个社会缺乏对残障群体的照顾和关怀，国家应该投入一定比例的资金支持残障群体本身所需和起辅助的无障碍设施，使残障群体也能胜任技术性很强的工作，也能得到相应的教育培训。

正义和人权问题聚焦于某一点，往往为一体两面，终难分清。残障群体权利保障亦如此，它既是一项保护弱势群体生活在舒适环境的正义问题，也是保护弱势群体且彰显人的尊严和价值的人权问题。如果残障群体的其他权利得到保护，而缺乏对基本人权的保障，那么其他权利保护显得形同虚设，亦无正义可言。

“三代”人权理论的发展也促进了环境正义理论的人权化，只是世界各国更加注重人权价值的现实意义，反而忽略了环境正义理论的突出作用。但不可争辩的是，人权价值和正义理论都强调和关注于人类普遍追求的终极目的，也致力于解决人类社会的公平、幸福问题。人权价值和环境正义理论在社会问题上关注点的融合使得残障群体权益保障成为两个理论共同努力的方向。

党的十九大报告强调，我国社会主要矛盾已经转化为美好生活需要与发展不平衡之间的矛盾。作为新时代的中国公民，我们有权利追求更加美好的生活，那么作为社会弱势一方的残障群体，政府也应该通过制度设计和权利保障使残障群体享受更加美好的生活，只有他们的社会权益得到保障而过上幸福、舒适的生活，环境正义理论和人权价值才会得到最大程度的彰显。

三　环境正义理论下的无障碍环境权属性

根据新型权利束的研究，新型权利一般具有多重属性，无障碍环境权亦如此，其调整主体的多元性和客体的特殊性使得无障碍环境权具有多重属性。从人权角度而言，无障碍环境权调整的是残障群体舒适、无障碍的生活环境，其本质而言是一项生存权（人权之一）。从社会权利角度而言，残障群体由于生理机能缺失而无法享有部分公共资源，所以需要政府提供政治、经济各方面的物质帮助。从环境权角度而言，无障碍环境权旨在让残障群体享有健康、舒适的社会环境，使残障群体免遭有毒化学品、气体和污水等环境介质的侵害。总之，对于新型权利而言，由于法律主体所调整的社会关系不同而使得无障碍环境权具有不同属性。

（一）无障碍环境权的人权属性

为了彰显人的尊严和自由，人权理念被大家普遍接受。就如《人类环境宣言》规定的："人类有权在一种能够在尊严的和福利的生活环境中，享有自由、平等和充足的生活条件的基本权利。"① 人权是人之为人的固有权利，也是一项普遍性的权利。简单来说，只要是人，不论是否具备行为能力，普遍意义上享有人权。因此，残障群体也享有普遍的人权。

无障碍环境权作为保障残障群体的一项最重要权利，其必然具有人权的属性。就如《残疾人权利公约》强调的"尊重差异，去接受残疾人为人类成员的一分子"。这句话就彰显了残障人享有人权。人权的普遍性在于尊重和承认人与人之间身份、地位的差异性，不论残障群体身体的缺陷或部分功能的丧失，在宪法或国际公约下，他们像非残障人一样享有社会生活各方面的无障碍权利。

无障碍环境设施的建设或环境的营造就是基于残障群体人权的保障。人权主体的普遍性和身份差异性决定了为行动不便的残障群体提供物质、信息、服务各方面的无障碍环境是极其重要的。因为社会是全人类的社会，社会的基础设施、信息服务也应该为每个人运转着。社会是人类整体的社会，残障群体也有权享有舒适、健康的无障碍环境。

（二）无障碍环境权的社会权属性

有学者认为，残障群体权利保障由社会法律规范所调整，具有社会权属性。社会权利是一项集经济、政治、文化的权利束。无障碍环境权的社会权属性要求政府积极作为，要求政府必须提供无障碍的环境设施，政府也应用媒体宣传营造无障碍的人文环境。许多生理缺陷的残障群体难以融入社会或者不能积极主动参

---

① 纪林繁：《公民生态权入宪的法理省思及路径选择》，载《河南财经政法大学学报》2015 年第 2 期。

与社会活动，与政府没有履行社会保障职责有关。政府应该在公共场所设计一套残障群体能够独立使用的设施和设备，避免他们在使用设备、设施时遭遇困难，例如公共场所涉及的门和通道利于轮椅的通过，专门为残障群体设计专用的马桶等。

正如《残疾人权利公约》所说的，“提供无障碍环境不仅仅是国家或公有实体的义务，为公众提供设施和服务的私有实体同样必须承担这项义务”①。具有社会权面向的无障碍环境权主要对应的是政府的法定职责，但私有主体也有相应的法律义务。如企业法人等盈利主体也有义务为残障群体建设或营造无障碍环境，大型商场也应该设计残障人无障碍设施和信息术语（例如盲文）。也正如德国联邦宪法法院强调的“对贫困者的照顾自然是社会国家的义务，这包括了对身体或者精神上的残障人进行必要的社会救济，这些残障阻碍或者使他们没有能力进行人格和社会的发展。国家必须确保符合人的尊严的最低生存条件”②。

（三）无障碍环境权的环境权属性

环境正义最初的关注点仅仅是社会正义问题，进入 21 世纪以来，环境正义的外延越来越广，它不仅仅是关注一国社会之中的弱势群体问题，而且也早已经跨出了国界关注国与国之间的环境正义问题，比如国家之间污染物的转移等。西方生态马克思主义者严厉批判了发达国家在全球范围内所实行的生态殖民主义。资本家通过雄厚的工业资本、技术对全球范围内的发展中国家的自然资源进行了大肆掠夺，然后将高耗能、高污染企业和一些有毒有害垃圾交给发展中国家处理，这给发展中国家的生态环境治理带来了极大挑战，也给发展中国家人民的健康造成了极大损害。

除了跨国之间的环境污染，国家内部亦存在环境正义问题，美国富人对黑人等少数族裔的歧视就是最好例证。正是跨国环境污染和社会环境污染带来的危机感使得很多学者倡导设立环境权，然而环境权自提出至今就遭受很大争议。一般

---

① 曲相霏：《残疾人公约与残疾人权利保障》，载《法学》2013 年第 8 期。

② 王锴：《环境权在基本权利体系的展开》，载《政治与法律》2019 年第 10 期。

学者们将环境权定义为，公民有权在没有被污染和破坏的环境中生存和利用生态环境资源的权利。环境权不仅包括眺望权、清洁水权、清洁空气权等实体性权利，还包括环境知情权、环境救济权等程序性权利。随着环境权研究的深入，环境权与信息权结合产生出原权利不同的环境信息惠益权、环境信息收集权等权利。① 环境权与相邻关系结合产生了相邻环境权，这些新型环境权类型为残障群体无障碍环境保护提供了可能。

环境正义的提出就是要解决社会正义，环境权的产生也应该与社会环境的治理有关。它不仅是保护生态环境自身的权利，还需要去保护人文社会环境中更加复杂的社会问题。环境问题的关注也不应该仅仅停滞在生态环境本身，应尽力解决人文生态破坏和社会环境污染，只有这样，我们才能更加有效地保护土地、水、空气等各种环境介质。人类当下面临的问题是难以处理科技发展导致的社会环境破坏，大到气温变暖、臭氧空洞，小到垃圾分类、雾霾等，这些难以处理的问题无不与社会环境有关。环境权作为第三代人权，它必然与人的切身利益息息相关，人文环境保护也是环境权的内容之一，环境权作为新型权利，应该承担起保护社会环境的历史使命。

四　无障碍“环境”概念厘定与环境法考量

无障碍环境中的“环境”能否解释为《环境保护法》所规定的“环境”范畴？我国《环境保护法》第 2 条规定：“本法所称环境，是指影响人类生存和发展的各种天然的和经过人工改造的自然因素的总体，包括大气、水、海洋、土地、矿藏、森林、草原、野生生物、自然遗迹、人文遗迹、自然保护区、风景名胜区、城市和乡村等。”虽然我国《环境保护法》对于“环境”一词进行了“抽象+列举”的概括规定，但其具体包括哪些环境介质或范围仍无法作出准确的判断。

本文认为，《环境保护法》规定的“环境”概念包含了多重语境。其一，“环境”一词可以指环境要素，包括大气、水、土壤等。其二，“环境”一词亦

① 杨飞：《论残疾人的信息无障碍权》，载《河南财经政法大学学报》2013 年第 2 期。

可以指一定的区域空间，包括城市、乡村、自然保护区等。其三，“环境”概念定义中使用“经人工改造”的兜底规定，扩大了环境概念的适用范围。基于此，那么社会环境是否属于《环境保护法》所调整的“环境”呢？笔者认为，从“环境”术语的调整范围包括农村和城市以及“经人工改造”的因素来看，《环境保护法》所规定的“环境”亦包括人文社会环境，因为农村和城市是社会发展到一定阶段的产物。此外，法律是调整社会关系的范畴，环境法也调整社会关系，虽然“环境”术语界定中的环境介质主要是一些空气、水、土地和森林等要素，但是环境污染和生态破坏发生时，这些环境要素都参与到人类社会的各项活动，环境法的“环境”介质也不断与人类社会发生各种互动关系，且各种环境要素已切实融入社会的方方面面，人类已离不开空气、水等任何环境要素。

环境法所强调的“环境”也应包括承载了环境介质的一定社会空间。从《环境保护法》对“环境”范围的定义可知，环境介质大概包括两种类型，而环境介质组成了《环境保护法》所保护的“环境”范围，一种是环境要素（水、空气等），另一种是一定区域空间实体（森林、城市、土地）。那么，问题是以环境介质为载体损害发生于社会环境中应该被认为是产品侵权损害，还是环境侵权损害？以封闭的汽车空间内苯超标为例，这是一件具有典型意义的环境介质受污染而造成的人身损害。但是，如果适用产品侵权责任可能由于涉及免责条款而难以追究责任，且案件本来就是汽车内的苯有害气体造成的，与产品责任并无多大关系。如果本案被认为是环境介质导致的人身损害，那么就需要承认汽车等一些封闭空间亦属于《环境保护法》所规定的“环境”。

基于以上研究，我国残障群体所依赖的无障碍“环境”亦属于环境法所规定的“环境”，理应受到环境法保护。不论从“环境”是指一定的区域空间，还是法律调整的社会关系来看，残障群体生活的“环境”亦属于环境法所调整的范畴。然后，承载了环境介质发生于社会环境中的残障群体人身损害也应该受到环境法保护。在司法案例中，由于新装修的房子甲醛超标，而残障群体因行动不便造成了重大的人身损失的案件，也应该受到《环境保护法》调整，适用环境侵权予以救济。无障碍环境权上升为一项法定权利后，也可以该权利予以救济。此外，残障群体在特定区域的社会环境中遭受歧视和攻击，能否适用环境权予以救济，以及社会生活中无障碍环境的“无障碍”到底指的是什么？是否仅限于物质设施的无障碍，以一种环境介质或要素（污水、有毒气体）存在的障碍是否属于残障群体保障的无障碍，这些问题都值得进一步深思与研究。

残障人无障碍生活法律保障的逻辑与反思*

李群弟**

摘　要：对于残障人而言，无障碍生活意味着一种利益，应受到法律保护，将其确认为残障人的特殊权益。而法律保障社会弱势群体不仅是法律文明的标志，也是良法的价值取向，更符合法律正义的基本要义。立足于保护与救济社会弱势群体的历史方位和保障人权的呼声日益高涨的时代坐标下，通过法律保障残障人无障碍生活权益是确保残障人平等融入社会生活、追求美好生活的重要法律依据和前提保证。为切实保障残障人无障碍生活权益，需要紧紧围绕法律保护和观念认同展开，核心问题应该是在强化制度保障、确认残障人无障碍生活权益；畅通残障人具体权利救济途径、减少救济成本；构建尊重认同的共识机制、提升残障人权利意识等方面寻求努力。

关键词：残障人　无障碍生活　生成逻辑　法律保障

残障人①作为社会弱势群体，保护与救济社会弱势群体是实现社会公正和法

---

* 基金项目：湖北省残联“十四五”残疾人事业发展规划前期研究课题“信息无障碍环境建设支持研究”（2019CL009）。

** 李群弟，武汉理工大学马克思主义学院博士研究生。

① 依据《残疾人权利公约》，“残障人包括肢体、精神、智力或感官有长期损伤的人，这些损伤与各种障碍相互作用，可能阻碍残障人在与他人平等的基础上充分和切实地参与社会”。残障的社会模式认为社会中的障碍是导致残障的因素，基于此观点，限制残障人社会参与的因素是社会中的种种障碍，而非残障人自身。由此，汉语中对应的词语应为“残障”，意思是“损伤+障碍”，这也是近年来中国残障社群所采用和推荐的用语。2019 年联合国驻华系统决定在官方文件中全面采用“残障”这一用语，以促进使用包容性语言来表达残障，推动改变汉语世界对残障的社会认知。

律实质正义的基本要求，也是“实现美好生活，残障人一个也不能少”的题中之义和价值选择。通过法律确认和保障残障人无障碍生活权益，既是抓重点、补短板、强弱项、堵漏洞的关键步骤，也是发展残障人事业的法律要求，还是打好2020年决胜全面建成小康社会攻坚战的关键战役。而发展残障人事业，究其实质，就是发展人权保障事业。① 这里的人权是指人享有的合法、合理、合情的权利。因此，保障残障人人权从实质上讲就是保障残障人各项具体性的法律权利，处于新时代建设美好生活的历史坐标下，促进残障人无障碍生活法律保障的生成，既符合保障残障人人权的基本价值选择，也是确保残障人无障碍融入社会生活的有效战略；还是残障人进一步实现美好生活的前提性步骤，更契合残障人追求美好生活的内在要义和核心要旨。故此，本文从必然性角度阐释残障人无障碍生活法律保障的酝酿与生成，从实然性角度解释残障人无障碍生活法律保障的现实不足，从应然性角度分析残障人无障碍生活法律保障的逻辑路径，坚持必然性、实然性与应然性的有机统一来审视残障人无障碍生活法律保障，进而调和残障人和非残障人间的冲突矛盾，实现社会公平正义的价值追求。

一　残障人无障碍生活法律保障的酝酿生成

残障人无障碍生活法律保障的生成是一个历史的、实践的、发展的形成过程，经历了酝酿、萌芽和不断形成发展的过程，基于时代意蕴、理论根基等角度，分析其酝酿和生成具有一定的历史选择性和必然性。

（一）残障人无障碍生活法律保障的时代意蕴

1. 全面决胜小康社会的内在需求

2007年，党的十七大第一次明确提出到2020年实现全面建成小康社会的目标，这是中国共产党在新时代对人民作出的庄严承诺。顾名思义，全面建成小康社会，其核心和重点在于“全面”。习近平指出：“全面建成小康社会，强调的

① 邓朴方：《人道主义的呼唤选编》，华夏出版社2016年版，第245页。

不仅是‘小康’，而且更重要的也是更难做到的是‘全面’。‘小康’讲的是发展水平，‘全面’讲的是发展的平衡性、协调性、可持续性。如果到2020年我们在总量和速度上完成了目标，但发展不平衡、不协调、不可持续问题更加严重，短板更加突出，就算不上真正实现了目标，即使最后宣布实现了，也无法得到人民群众和国际社会认可。”① “全面”明确了建成小康社会的评价标准和衡量尺度，意味着小康社会必须是覆盖全体人民的小康，必须补足社会短板，强化社会弱项。2020年是全面建成小康社会的收官之年，需要兑现“小康路上一个都不能少”的庄严承诺。残障人作为社会弱势群体，既是美好生活的受益者，也是美好生活的建设者和参与者，全面建成小康社会，作为社会弱势群体的残障人更是一个也不能少。在全面建成小康社会的路上，要实现“一个也不能少”的目标，必须补短板、强弱项、除软肋，让残障人在全面建成小康社会的最后攻关战役中一个也不掉队。鉴于残障人的特殊性，针对残障人这一弱势群体的倾斜性、特殊性保护，既彰显了对残障人的尊重，折射了社会对残障人的人文主义关怀，践行了“全面建成小康社会，残障人一个也不能少”的宗旨，也是对全面建成小康社会本质要求的基本遵循。

2. 人民美好生活需要的必然需求

党的十九大报告明确提出：“中国特色社会主义进入新时代，我国社会主要矛盾已经转化为人民日益增长的美好生活需要和不平衡不充分的发展之间的矛盾”②，这就意味着，人民美好生活需要是我国新时代社会主要矛盾的一个重要方面，实现人民的美好生活需要既是时代发展的要求，更是彰显了中国特色社会主义制度的优越性。正如马克思所说：“没有需要，就没有生产”③，需要是社会发展的源动力。同理，人们对美好生活的需要也是新时代发展的动力源泉。显然，人民美好生活需要是以“人民”为主体和中心的，人民是美好生活的享有主

---

① 中共中央文献研究室：《十八大以来重要文献选编》（中），中央文献出版社2016年版，第830~831页。

② 习近平：《决胜全面建成小康社会 夺取新时代中国特色社会主义伟大胜利——在中国共产党第十九次全国代表大会上的报告》，人民出版社2017年版，第11页。

③ 《马克思恩格斯选集》（第2卷），人民出版社1995年版，第9页。

体和价值追求。① 毫无疑问，残障人必然属于人民的范畴，是以，人民美好生活需要也必然包含着残障人对美好生活的需要和诉求。而残障人无障碍生活是实现残障人美好生活的前提与基础。实现和强化残障人无障碍生活法律保障是对社会弱势群体权益保障和诉求增长的有效回应。所谓的“社会弱势群体”是指在因社会性资源占有的差异性而导致在社会经济和社会结构中处于社会边缘或底层等不利地位的社会群体。② 社会弱势群体的存在，主要是缘于社会结构的不合理以及社会资源的分配不公等制度性障碍，故此，实现社会结构的合理化和社会资源分配的公平化是对社会弱势群体保护的最基本法律理念，上述理念也奠定了通过法律来保护弱势群体的基调。相较之非残障人，残障人由于身体上或心理上的缺陷，属于社会公认的弱势群体，需要对其进行特殊性、倾斜性的保护。实现和加强残障人无障碍生活的法律保障既秉持了维护弱者、保护弱者权益的精神，也是残障人实现美好生活的前提性步骤和必然要求。

3. 残障人数量增加的现实需求

据中国残障人联合会发布的数据显示，当前我国残障人总数已经突破 8502 万人，约占全国总人口的 6.34%，且平均每 15~20 秒钟就将产生一名新残障人，新增残障人数以每年超过 200 万的速度在增长。更甚者，预计到 2050 年，我国残障人口总规模将达到 1.68 亿，将超过全国总人口的 10%。这预示着我国的人口规模结构即将发生变化，残障人群体数量占比攀升。由于人口规模结构趋于失衡，残障人数量不断增加，也预示着残障人对于无障碍生活需求愈发强烈。而这个问题一直被社会学、伦理学、法学等人文学科普遍关注，因为该问题的解决需要以促进社会协调发展为使命的诸学科的协同发力。聚焦到法学领域内，该问题可以特定为社会弱势群体的法律保护问题，时下，推进残障人与非残障人的权利平等既是我国残障人事业发展的重要内容，也是对残障人无障碍生活需求的有力回应。如果我国能够有效解决社会弱势群体对无障碍生活

① 郭栋：《美好生活的法理观照——“新时代社会主要矛盾深刻变化与法治现代化”高端智库论坛述评》，载《法制与社会发展》2018 年第 4 期。

② 白桂梅：《人权法学》，北京大学出版社 2011 年版，第 193 页。

的现实迫切需求，有效保证 8500 多万名残障人方便快捷、无障碍地融入社会，才能真正保障残障人权利和实现残障人对无障碍生活的追求，最终实现残障人对美好生活的向往。

（二）残障人无障碍生活法律保障的理论根基

1. 基于罗尔斯正义论差别原则的支持

罗尔斯《正义论》中提出正义原则分为两个部分：自由优先原则和平等原则，而平等原则又包括差别原则和机会公平原则。其中对差别原则一共出现了三次陈述，在第三种陈述中，差别原则关注的对象是最少受惠者，允许一定程度的社会和经济不平等，但要确保最少受惠者的最大期望利益，在机会平等和公平竞争的条件下，职务和地位无差别地向所有人开放。① 第三种陈述强调最少受惠者获得最大的期望利益，分配正义的实现需要将利益倾向于社会底层、最少受益者和弱者，注重调整社会福利。通俗地讲，就是让社会每个人的生活都变得更好。差别原则关注的是最少受惠者这一弱势群体，关心社会中较不利的阶层，它允许不平均地分配财富和收入，进而保证社会弱势群体获得最大利益。一方面，差别原则肯定了一定程度上的不平等对于提升社会效率的积极意义；另一方面，罗尔斯也认为需要对最少受惠者这一弱势群体进行补偿。而残障人由于身体部分机能的缺失或障碍导致的特殊性，使其成为需要进行具有针对性、倾斜性保护的社会弱势群体，其权利的实现离不开社会的特殊保护和补偿条件。差别原则并没有违背平等原则的价值追求，相反的是，差别原则是建立在平等原则的基础之上，给予社会弱势群体一定程度上的差别保护，遵循了平等原则的基本要义，也体现了一个国家和社会的文明程度和人权保障状态②。基于残障人的特殊性，从残障人的社会弱势地位出发，需要通过有异于非残障人的倾斜性保护方式实现社会的实

---

① ［美］罗尔斯：《正义论》，何怀宏译，中国社会科学出版社 2009 年版，第 65~66 页。

② 张爱宁：《国际法对残疾人的保护——兼评联合国〈残疾人权利公约〉》，载《政法论坛》2010 年第 4 期。

质平等。故而，对残障人的差别保护，也必然符合机会平等的道德直觉，也吻合法律对实质平等的价值追求。

2. 基于彼得短板理论的支持

短板理论的核心内容是指木桶盛水量的多少，往往取决于最短的木板，而并不取决于桶壁上最长的木板，想要增加木桶的盛水量，应设法加高最短木板的高度，才是最有效的途径。这就意味着，事物的发展程度与速度往往取决于“短板的长度”。深而论之，只有木桶的木板长度差别最小时，其盛水量较大；也即木板都足够高，木桶才能盛满水。对系统来说，系统的各方面必须尽量协调发展，极端化情况的存在将会制约系统整体发展水平的提高。将这一理论引入人民美好生活的实现中，如果将人民美好生活看作是一个木桶，就是要明确到底是哪些“短板”阻碍了人民美好生活目的的实现。残障人作为社会弱势群体，与非残障人存在一定差异性，是实现人民美好生活的短板之一。只有有效满足残障人无障碍生活需求，才能为残障人实现美好生活补足短板。故此，需要对注意特殊群体予以倾斜保护。只有补齐残障人无障碍生活需求这一短板，强化残障人无障碍生活需要弱项，大力发展残障人事业，才能真正实现残障人无障碍生活，实现社会全体的美好生活。

二　残障人无障碍生活法律保障的现实反思

（一）残障人无障碍生活法律保障的立法障碍

目前，围绕残障人无障碍生活权益展开的法律制度还处于需要进一步探索的阶段，现行立法中处于缺失、模糊状态，缺乏法律的明确具体规定。具体表现在以下几点：一是我国与给付行政内容相关的残障人具体权利立法存在普遍效力等级低的现象，多以地方性法规方式存在，需要通过行政执法和行政监督来实现对残障人无障碍生活权益的保障。实践中，一方面宪法未将残障人无障碍生活权益纳入残障人具体权利保护中，单纯规定包括残障人在内的一切公民的权利保护，缺乏司法性，不能充分保障残障人无障碍生活权益。① 另一方面，关于无障碍环境权益的规定散见于部分条款，如《残疾人保障法》《老年人权益保障法》等，且条文多以“有关部门”等模糊词语表述，缺乏明确的法律责任主体。② 尽管现有有关保障残障人权利的法律、规章、条例等起到了应急性解决社会问题的重要作用，但从长远角度来看残障人无障碍生活权益的实现，需尽快实现残障人权益法律制度的体系化。二是保障残障人相应给付请求权落实的行政程序法，存在制定上规范性不足，可操作性差的问题。目前，我国对于行政立法较为严格的程序性规范的文件包括《立法法》《行政法规制定程序条例》等，但对于下一位阶的规范性文件则缺乏相应的规定。囿于制定的规范性明显不足、科学性不强、严谨性差等现实缺憾，严重影响行政立法的规制效力。进一步分析，规范性明显不足的表现，具体还包括对应急性规定和对政府等行政部门的要求较多，而法律责任及监督性规范明显较少，导致残障人无障碍生活权益在程序保障上严重被弱化。

（二）残障人无障碍生活法律保障的救济淤滞

司法救济是残障人无障碍生活法律保障的最后一条屏障。传统诉讼途径中对残障人有关权利的保护主要通过普通民事诉讼和行政诉讼程序来实现。以劳动权纠纷为例，一般适用两种途径，但都存在一定的局限性。其一，适用劳动仲裁或劳动诉讼制度进行救济。大部分劳动权案件多为劳动关系认定和基于劳动合同引发纠纷的案件，起诉对象一般是用人单位以及行政部门。在这类案件，涉及残障人无障碍生活权益的内容主要包括改善残障人的就业环境，促进公平就业，反对针对残障人的就业歧视等。但司法实践中类似案件相对较少，主要是由于起诉的成本高、周期长。针对劳动纠纷，我国采取的是仲裁前置的救济方式，存在以下弊端：加长劳动权救济周期、增加劳动者负担等。其二，适用行政监察或行政诉讼方式进行救济。以行政诉讼为例，通过行政诉讼来实现残障人的劳动权，不仅以行政机关具体行政行为侵害了残障人合法权益为前提，而且诉讼周期长，更甚

---

① 张莉、程梦茜、曾俊芳：《残障者无障碍生活利益的民法保护》，载《福建论坛（人文社会科学版）》2015 年第 12 期。

② 参见李牧、王侄晴：《论新时代无障碍环境权的行政法保护》，载《武汉理工大学学报（社会科学版）》2019 年第 6 期。

者，很多侵害行为不符合受案范围，不属于行政诉讼的范围，导致受案范围小。此外具体实践中，存在大量关于残障人无障碍生活权益受侵害的纠纷，但绝大多数案件要么无法进入司法程序，要么无法可依，导致案件不能公正有效地审判①，如丁某奇不服重庆市规划局规划行政许可未审核无障碍设施而提起行政诉讼案，囿于法律依据的缺位，导致案件维持原判；再如朱某建与和平县人民政府、河源市人民政府信息公开纠纷案②，法院以不属于复议受案范围为由，裁定驳回上诉。由此可见，当前法律法规的具体规定和设置远不能满足残障人无障碍生活法律保障的救济需求，具体表现在残障人无障碍生活权益在救济上存在障碍。

（三）残障人无障碍生活法律保障的观念掣肘

残障人无障碍生活法律保障在保护观念上存在滞后性，具体表现在社会“无差别”意识欠缺、主体权利意识淡薄。首先，社会“无差别”意识欠缺。社会公众对残障人的歧视并未消除，尊重认同并未形成社会共识。我国目前采用的“残疾”或“残障人”的定义是将残疾看成是残障人个人问题，而与社会、他人无关。一个人如果不幸身患残疾，国家、社会和其他人对其没有应尽的义务，而是残障人本人承担相应责任。基于这种观念，不可能从根本上改变非残障人对残障人存在歧视或优越感，原因在于上述观念侧重于对残障人的帮扶、爱心或慈善。2006 年联合国大会通过的《残疾人权利公约》已经将残疾的责任主要归咎于社会，换言之，是社会对残障人融入社会造成了障碍，而非残障人自身存在不足或缺陷。这就意味着国家、社会和普通公民应负有消除障碍、保证残障人享有平等权利和正常融入社会的义务，而非怜悯、同情残障人。③ 延伸至人民美好生活的实现上，非残障人同样应该尊重残障人对美好生活的需求，而尊重和保障残

---

① 杨可心：《银行门口未设置无障碍坡道被残疾小伙起诉》，载四川新闻网：http：//scnews. newssc. org/system/2009/10/26/012391189. shtml。

② 参见中国裁判文书网：http：//wenshu. court. gov. cn/website/wenshu/181107ANFZ0BXSK4/index. html？docId=49d6c52d923a408e99fdaa4c00aad74f。

③ Patel V. , Saxena S. , Lund C. , Thornicroft G. , Baingana F. , & Bolton P. , et al. , *The Lancet Commission on Global Mental Health and Sustainable Development*, Lancet, pp. 1553-1598 (2018).

障人无障碍生活的各项权益以及形成平等、不歧视和无差别的社会氛围，是保障残障人实现无障碍生活进而实现美好生活的先前性步骤。其次主体权利意识淡薄。目前，了解残障人自身相关的权利和能够成功维权的残障人人数有限，原因之一，是残障人自身缺乏自主了解权利、行使权利、维护权利的主观意识和权利意识，缺乏用法律思维来分析实现残障人无障碍这一社会问题的意识。

三 残障人无障碍生活法律保障的路径选择

基于对残障人无障碍生活法律保障的生成逻辑和现实不足的分析，残障人无障碍生活法律保障的生成和确认具有其内在的必然要求，但在实然性层面也存在一定的内外在阻碍因素，如救济渠道阻滞、社会公众和残障人自身观念上的障碍等，导致应然层面上的残障人无障碍生活法律保障不能充分实现，无法满足残障人对无障碍生活的现实需求。鉴于此，残障人无障碍生活法律保障的实现与强化要从应然性出发，提出通过确认残障人无障碍生活具体权利、畅通残障人无障碍生活权益救济途径、营造无差别氛围和提升残障人权利意识等路径选择，为残障人无障碍生活法律保障的生成与实现提供思路。

（一）立法上：强化制度保障、确认残障人无障碍生活权益

残障人无障碍生活权益作为新时代残障人法律制度的核心内容，既体现了残障人在国家和社会中的重要地位，也彰显了社会保障弱势群体无障碍生活权益的价值追求。从现实层面来看，残障人无障碍生活权益是残障人法制度体系构建的逻辑起点和出发点，随着社会主要矛盾的变化，以残障人无障碍生活权益为核心建立的权利体系有助于促进残障人权利法律制度的体系化。从理论层面来看，既要强调某个特殊的或特定的制度所决定的权利，也要保证每个人在社会利益分配中都享有平等权利。① 因此，立法机构更应关注残障人注意特殊群体的诉求，关注残障人的切身利益，通过立法，为残障人无障碍生活权益的应然性实现提供法

① ［美］罗纳德·德沃金：《认真对待权利》，信春鹰、吴玉章译，中国大百科全书出版社 1998 年版，第 129 页。

治保障，进而实现社会的真正平等。

针对现行立法关于残疾人无障碍生活权益的规定存在缺失、模糊状态，以及缺乏相关法律的明确具体规定，立足于本国现有的法律基础，提出立法方面可以从以下方面进行完善。首先，在相关法律如《民法典》中，明确残障人无障碍生活权益的特殊保护原则，如可及性原则、优先保护原则。法律原则的确立对于残障人无障碍生活权益的保护具有权威性、统领性作用，有利于强化对残障人无障碍生活的具体性权利的法律保护。其中可及性原则是指逐步完善无障碍环境，确保残障人可使用、可参与、可访问，尊重和保障残障人无障碍融入社会生活的权利。而优先保护原则主要是出于残障人属于社会弱势群体的考虑，需要在平等保护的基础上对残障人进行倾斜性、特殊性保护。其次，完善相关法律法规，将残障人无障碍生活权益作为一项法定权益加以明确保护，有力维护残障人无障碍生活权益。再次，我国可以考虑借鉴日本的有益经验，出台《无障碍法》，提高残障人无障碍生活的法律保障层级。此外，鉴于法律责任规定的模糊性，行政主体责任界定不明，需要明确细化《残疾人保障法》中的法律责任规定以及理顺政府职责权限，强化行政主体对无障碍建设和设施的监督职责。综上所述，处于实现新时代美好生活的时代方位和历史坐标，不仅要保证非残障人的美好生活需求，更应强调残障人对无障碍生活的诉求和美好生活的期待，实现“残障人无障碍生活”的法律安置和宪法安顿，全面保障残障人无障碍生活合法权益。

（二）救济上：畅通残障人具体权利救济途径、减少救济成本

有权利必有救济，得不到救济的权利只能沦为意念中的权益。目前，残障人无障碍生活各项具体权利在法律保障方面还存在救济成本过高、救济程序不畅等顽疾。一方面，针对救济程序不畅通的壁垒，目前有关残障人的权益保障仍属于社会公益领域，即缺乏强制力的硬性要求，一旦该群体权利受到侵害，则很难转向现实救济。故此，可以从以下角度入手：一是加强法治教育，预防权利遭受国家机关、其他公民的侵犯，建立事前预防机制；二是建立和完善以诉讼为基础，包括行政复议、社会调解、人民信访等在内的多元事后救济机制，为受到不同侵害的权利主体提供有效的权利救济途径，保障权利主体享有相应具体权利的安全性。如可以将《行政诉讼法》第 12 条的“兜底条款”加“除外规定”，将行政

机关侵犯残障人无障碍生活权益的行为纳入受案范围，并通过司法解释明晰兜底条款解释规则，倘若行政机关的行政行为侵犯了残障人无障碍生活权益，被侵害者有权申请行政复议，或提起行政诉讼。

另一方面，残障人本身处于社会弱势地位，一般来说经济相对贫困，当权益被侵犯时，往往因为高昂的诉讼费用而导致司法保护落空。为此，简化程序、减少诉讼成本是完善残障人权利司法保护可思考的路径，确保诉讼是全体公民的“共有物”，而非特定人的“独占物”。为此，可以采取以下做法：一是完善简易诉讼程序，可借鉴国外的“少额诉讼”和非诉讼专门司法程序的创设等有益经验。具体到我国，可以将残障人的劳动争议案件单独成立劳动法庭进行单独审理，采取或裁或审、一裁终裁的劳动争议解决处理模式；二是完善有关残障人的法律援助制度，为残障人寻求司法保护提供社会支持。

（三）观念上：构建尊重认同的共识机制、提升残障人权利意识

权益的生成有其自身特定的规律，与一国的文化传统、国家制度、社会环境等因素存在一定关系，故而充分实现残障人无障碍生活的法律保障是一个漫长过程。在残障人无障碍生活法律保障的生成过程中，既要认识到国家有义务不断改善残障人的生活状况，满足残障人对无障碍生活的期待，加强权利建设，① 也要意识到权利建设的复杂性和规律性。实现残障人无障碍生活法律保障由应然向实然的转变，不可能一蹴而就。因此，无论国家还是公民都要认识到权利建设是建立在理想性和现实性相结合的基础上，有序推进残障人无障碍生活权益的保护，进而共同推动残障人无障碍生活法律保障的建设。

其中社会环境对残障人无障碍生活法律保障的生成和建设，有着潜移默化的影响。当前，我国在 2018 年对《残疾人保障法》② 的修订中，依然沿用了 1990

---

① 参见李炜冰：《无障碍环境建设中的政府责任》，载《苏州大学学报（哲学社会科学版）》2010 年第 2 期。

② 《中华人民共和国残疾人保障法》（1990 年 12 月 28 日第七届全国人民代表大会常务委员会第十七次会议通过，2018 年 10 月 26 日第十三届全国人民代表大会常务委员会第六次会议修订）第 2 条规定：残疾人是指在心理、生理、人体结构上，某种组织、功能丧失或者不正常，全部或者部分丧失以正常方式从事某种活动能力的人。残疾人包括视力残疾、听力残疾、言语残疾、肢体残疾、智力残疾、精神残疾、多重残疾和其他残疾的人。

年《残疾人保障法》中对残障人的界定，还未引入 2006 年联合国大会通过的《残疾人权利公约》的理念：将残障人的障碍归属于社会，即是社会无障碍建设不完善、法律保障不健全等因素导致的。这就意味着我国从法律层面还未真正认识到如何尊重残障人，更遑论社会形成对残障人的尊重意识。尊重残障人，是对残障人自身价值的肯定，其本质是对残障人人格的认同。一般而言，残障人的尊严包含两方面：一是残障人的自尊，即残障人的自我认同；二是非残障人对残障人的尊重，即残障人的社会认同。① 针对如何增强残障人的自我认同，既需要残障人自信自尊，认识到内生动力才是无障碍生活法律保障生成的关键，也需要残障人自身权利意识的提高，了解权利、行使权利并维护权利。而涉及残障人的社会认同，首先需要通过出台政策措施，完善法律规定，更新对残障人的认识，真正形成对残障人的尊重意识。其次，推进“非歧视”精神文明建设，宣扬“平等、参与、共享”的社会理念，营造平等无差别的社会氛围，让“软环境”成为残障人无障碍生活法律保障的“硬支撑”，实现残障人信念无障碍、“意识”无障碍的真正“落地”。

四　结　论

弱有所扶，权有所获。加强对残障人无障碍生活权益的法律保护，推动残障人无障碍生活法律保障的生成和建设，既是中国立法创新之契机，也是维护残障人权益之责任担当与历史使命。鉴于必然性是应然性的前提，应然性是实然性的进阶石，实然性是应然性的具体体现，任何事物和现象的萌芽、产生以及变化发展都是必然性、实然性与应然性的有机统一，残障人无障碍生活法律保障的生成逻辑也遵循这样的规律，需要通过明确残障人权益的发展方向及其现实诉求，剖析残障人无障碍生活法律保障的现实阻力因素，提供建构残障人无障碍生活法律保障的可行性救济途径，从而使残障人这一特殊主体的无障碍生活法律保障能在实现美好生活的新时代背景下找到一面旗帜。

---

① Dunn D. S., Burcaw S., *Disability Identity: Exploring Narrative Accounts of Disability*, Rehabilitation Psychology, pp. 148-157 (2013).

残障与教育

立于“缝·隙”之中：一所技职院校无障碍环境改善路径的反思

王勇智　帅宗琪*

摘　要：以学校无障碍环境改善为主题，透过行动研究中对行动反映的概念，深化提炼这一路径知识背后所蕴含的实践智能。以“缝·隙”作为隐喻的视角，比喻工作团队所发展出来的方法与策略，并区分为三个发展层次：第一，行动开始必须先有立于“缝·隙”的机会，少子化给出重要的立基点；第二，要想方设法地开掘“缝·隙”，在工作实务中见缝插针，并企图找到可以穿透细缝的方法；第三，寻“隙”前进的设计动能是行动发展的重要核心，工作者的主体动能会在体制中的规训制约下，体现其抗拒性自主的珍贵价值，无障碍环境的改善方能在这种条件的学校中落地实现。

关键词：行动研究　融合教育　无障碍环境

一　结构/“缝·隙”的凝视

（一）教育与劳动的双重剥削下的技职教育现场

作为一位技职教育的教师，基于企图使用行动研究探究自身教育实践的议题，而以咨商辅导行政为教育实践转化的发展舞台，并借由身心障碍学生辅导工

---

* 王勇智，集美大学师范学院副教授；帅宗琪，东华大学多元文化教育博士班。

作计划案的补助，小心翼翼且有策略地找寻几位工作者，进场协同发展学生辅导与资源教室的工作。在组织发展的过程中，刻意挑选身上具有身心障碍议题或性别议题的工作伙伴进场，让彼此存在的差异成为对话、工作前进的重要元素。笔者将这组织发展的过程称为巧布拼贴的集体协作过程①，这个是行动探究所处的小历史。

这个组织的小历史，即所谓巧布拼贴的集体协作过程背后的大历史，要放置在 20 世纪 80 年代以来技职教育体制改革的历史背景中理解。这个教育现场有三个层面必须分辨：第一层，体制政策层面，技职教育体制自 20 世纪 80 年代以来，因政府机器快速退场而形塑出技职教育改革的市场性格，原先早已丧失主体性的技职教育，更在市场化浪潮下成为教育资本家的赚钱工具；第二层，技职学校层面，落置于这个高等教育快速膨胀的年代，在泡沫化的宿命里，学校如教育产业般快速争夺着利益，在各种管控制度的钳制之下，使得发展与改革不断地内耗着；第三层，技职学生层面，受整个社会文凭主义氛围的制约，虽支撑出生源市场，但又演变出教育与劳动双重剥削的事实，技职教育制度其实是阶级再生产的机制。②

大历史中教育政策的松绑与市场化，加速了各个学校利益的追逐，少子化的现实更强化了唯利是图的本性。学校很难深化技职教育的内涵与价值，加上学生们混张文凭的低落学习动力，造成学历纵使已达本科，但是换来的却是低薪资的劳动条件，因此大历史之下学生受到学校及工作职场的剥削是显而易见的。身为技职体系教师在这样的现场当中，透过这种视角的认识更加体认到弱势族群想要翻身的困难。于是有意识地希望能够翻转这种阶级再制的过程里，我与我的工作伙伴们，针对身心障碍者及多元性别者的关注与协助发展，是具有深刻意义的。

（二）巧布拼贴之处，立于“缝 · 隙”之上

笔者使用“缝 · 隙”的概念，是用来模拟笔者作为台湾一所技职教育后段学

---

① 王勇智：《巧布拼贴的集体协作——在后段技职教育体系中的辅导实践》，辅仁大学心理研究所 2013 年博士论文。

② 王勇智：《巧布拼贴的集体协作——在后段技职教育体系中的辅导实践》，辅仁大学心理研究所 2013 年博士论文。

校咨商辅导单位的主管，找寻几位工作者所发展出来的组织，一路面对学校的学生辅导议题以及身心障碍学生辅导与支持议题，辨识其中工作发展的路径意义所使用的语言。“缝・隙”是镶嵌在结构体制中的，没有体制，不会有“缝・隙”。“缝・隙”的凝视/认识，等于结构的凝视/认识，亦即必须根基于对体制结构有立体性的分辨与认识，这是一体的两面。

植基于目前的教育现场，加上笔者所处的学校是有四五十年历史的专科学校，在升格改制上是处于后段班（全台湾地区最后一个改制技术学院的专科学校），学校曾经一度萎缩到一千多名学生（学校在20世纪90年代的时候曾经有六千多名学生）。在笔者接任组长时，正值学校由衰转兴的阶段，学校从专科学校改制为技术学院。在这建制化的过程里，牵涉上层的董事会以及学校行政的高层剧烈变化，也包含学校为了生存，学制的变化扭结达到前所未有的复杂性，从以前的五专、二专两种学制，转为包含日夜四技和二技、五专、二专、在职专班、进修专校等，甚至还有四加一学程琳琅满目的学历产品。把饼做大，是这个阶段像我们这样的学校为了生存，加上教育部了解各校招生困境，配合地放任各种学制的衍生，才开创如此怪异的教育地景。

除此之外，招生人数还有各种外加名额——技优生、体保生以及身心障碍学生。各校为了因应少子化，各种外加名额都有从上而下的要求——外加名额全满，以因应一般管道招生不足的问题。在这种情况下，希望广设高中、大学的教育普及理想，早已走调变为一场抢人大战的戏码。学校长官严词表示只要会呼吸的，都要招进来，纷纷订下每人负责招多少人的额度。身心障碍学生激增，不是偶然，是在这个时空条件下的必然。学校从不愿招收身心障碍学生，到笔者担任行政主管时约20名，到2017年已有300多名，全台湾最多。披着提供身障者平权教育机会的外衣，掩盖不了其为求生存而无所不用的招生策略。

正因为身心障碍学生的人数增多，日益增多了学生辅导问题，以及辅导工作经费，让我们这个工作组织，有了立基的条件。而且由专科改制技术学院，许多体制尚待建立，也给出了一个发展的小空间，让我们在了解到技职体系学生与一般大学生的差异之后，而且在了解到技职体系学生大多难以走进咨商室晤谈，我们才得以借由这一小空间发展出我们集体的行动设计。身处目前技职教育的环境中，我们更清楚意识到要更加强调对身心障碍议题、精神疾病议题以及性别议题等的研究。

从组织发展的小历史，以及植基的社会地景之大历史，不同层次、立体地从微观到巨观的凝视，是一种重要的视角。这是笔者所使用的行动方法所强调的认识论，不管是回观反映行动路径的行动意义，以及未来行动路径的方案再设计，都需要不断地辨认。

二　凝视法门：行动研究

（一）行动研究

行动研究是行动者对其自我、对自我所处的社会位置、情境、社会经济政治的环境结构、对自己在某一社会情境下的行动以及/或对自己行动所产生之影响所进行的自主研究。①

为了针对我作为行政及计划督导工作者的位置，找寻一群伙伴进场协作的“行动”，探究其中政治意义的研究目的，我使用行动研究作为研究方法。行动研究主要的关怀就是要针对所身处的真实社会处境与工作者/研究者所作的介入行动之间，探究来往的作用，并且详究其中行动策略所蕴涵的视框，以及行动介入所造成的变化②，所以可以将行动研究视为增长行动者/研究者对行动的逻辑思考，或者称之为一种行动理性/智性的发展。

但是将行动研究从单纯的行动逻辑学转化为落置在社会学习的土壤当中，成为社会变革的一种取径，夏林清将行动者视为策略行动者（strategic actor），亦即将行动者置放在一个社会现场的历史演进中，有意图、有方向性地朝着自己所坚持的路践行着，而让行动研究产生了新意③。之后夏林清又衍生出探究路径（the

---

① 陶蕃瀛：《行动研究：一种增强权能的助人工作方法》，载《应用心理研究》2004 年第 23 期。

② 夏林清：《一盏够用的灯：辨识发现的路径》，载《应用心理研究》2004 年第 23 期。

③ 夏林清：《由实务取向到社会实践：有关台湾劳工生活的调查报告》，张老师出版社 1993 年版；夏林清：《基进的学习空间：投身涉入与亲密了解》，载《应用心理研究》2002 年第 13 期。

path of inquiry）以及路径知识的概念，以用来称她使用行动研究的方法以及生命的选择，投入的一连串方案的拮抗过程①。使用行动研究的方法，我也踩在这个基础点，将我放置为策略行动者的位置，将我找寻几位伙伴协同发展的“移动—探测实验”（move-testing experiments）的意义辨认清楚，有时讲不清楚的状态，不代表没有“行动的策略”，而是一种被遮蔽的状态，让人难以言说。行动研究的方法使我衍生出“行动理性”，即不回避面对和检查行动“后果”的责任，让“特定实践方案或持续实践努力在一特定社会过程中的脉络意义也才有可能被辨识与发展出来”②。而这种探究历程其实与我的研究目的紧密扣连着。

本文是针对我与工作伙伴，集体发展在这所学校针对无障碍环境的实践经验进行探究。我主要使用自我叙说探究（self-narrative inquiry）的方式，对这一组人协同探究行动进行反映性叙说。这也就是舍恩（Schön）所谓的“对行动反映（reflection-on-action）”③ 的方法，而后夏林清衍生为回观反映的描述与分析的方法。

（二）自我叙说探究

行动研究中的自我叙说探究，并非只是探究“自我”的叙说/故事/经验，而还包含三个层次的目的。第一，行动研究中的自我叙说探究，讲究一种方向性，换句话说，说自己时都不断问自己要做什么？探究自己的经验要朝向何处？这是个非常重要的问题，否则自我叙说探究容易陷入说了一个版本的故事之后，研究者就沉溺在这个故事版本中自怜。但行动研究中的自我叙说探究并不这么做，说自己或者一群人的行动过程，其实可以让行动者回观自己或一群人行动的素材。这一反映性思考都是要朝向观看行动策略（视框）与其后果（效应）。马丁利（Mattingly）认为：

---

① 夏林清：《一盏够用的灯：辨识发现的路径》，载《应用心理研究》2004 年第 23 期；夏林清：《走在解殖的路径中》，载《应用心理学研究》2010 年第 45 期。

② 夏林清：《一盏够用的灯：辨识发现的路径》，载《应用心理研究》2004 年第 23 期。

③ Donald A. Schön, *The Reflective Practitioner: How Professionals Think in Action*, New York: Basic Books, 1983; Donald A. Schön, *Educating the Reflective Practitioner: Toward a New Design for Teaching and Learning in the Professions*, San Francisco: Jossey-Bass, 1987.

> 故事叙说与故事分析能够催化一种反映的进行，因为它涉及了一种引导实践的隐藏性建构。故事指出了深层的信念与假设，而这是人们常无法以命题或概述形式来诉说但却是导引他们行动的实践理论及深刻持有的意象。①

第二，行动研究中的自我叙说探究，探究的不是个人，而是个人身上的集体性/社会性，也是说个人经验里与他者相通或相同之处。那往往展现的是这个社会结构、文化作用在人身上的痕迹，如同家族治疗里头的社会系统母子盒（Chinese Boxes）概念，就鲜活地把交错叠置与渗透作用到家庭之内的社会力量意象化：

> “母子盒”（Chinese Boxes）是用以形容人的经验世界是具有阶层性、递归性的，人与体制系统的关系就犹如母子盒般，每个个体都是各种层次之组织的一部分，而每个社会机制都被更大的社会机制包覆，并以递归的方式包覆下去。所有的系统和反馈循环都像母子盒一样层层自我包覆。②

将人身上交迭存在的社会机制运作的集体性经验进行叙说反映，才能映照出社会结构的不公义、不公平之处。而这一观念落实，方能开启通往弗莱雷（Freire）所谓处境性（situationality）觉醒的道路，主体解放欲望的能动力因此得以显现：

> 人们作为在“某一种处境”的存在，会发现他们自己是植根于时空的条件下，这种时空处境在他们身上标上了记号，他们也在时空处境中标上自己的记号。他们常会反省自己的“处境性”（situationality），以至于他们对处境采取行动时亦会遭到处境的某些挑战，人们之所以存在是因为他们存在于一个处境中。当人们不仅是批判地反省自己的存在，而且更能够以批判的行

---

① Mattingly C. F., *Narrative Reflections on Practical Actions*, in Donald Schon ed., The Reflective Turn: Case Studies in and on Practice, New York: Teachers College Press, 1991, p. 276.

② 夏林清：《斗室星空——家的社会田野》，财团法人导航基金会 2012 年版，第 108 页。

动对其产生影响时，他们的存在将会更丰富。①

因此，这种个人的集体性/社会性/处境性的回观反映，在社会变革取径的行动研究②中，所运用的自我叙说反映是非常重要的一个部分。所以我将会针对高等技职教育体制进行文献探讨和叙说反映，就是希望对这个部分能够产生批判意识/认识。

第三，行动研究中的自我叙说探究，企图开启一段“去学习”的觉识历程，让难以言说的经验，通过“对体制驯化自身有所辨明后的拒绝意向、过去受压制扭结的自我存在经历释放显现的感知体悟与朝向独立的移位行动……开始朝对自己与他者的生命情感转化开展；这就是欲望更新或复苏的历程”③。这一“去学习”的觉识历程，是与处境性的觉识相通的，都是由里往外，认识自己是如何被建构出来，而又朝向主体重构，并向外与他者情感相连的历程。

而且，“去学习”的觉识历程，我认为还有一种作用，也就是透过日常生活的用语来叙说自己，能够去除身上各种专业用语所污染的认识历程。换言之，在体制驯化的过程中，我们附带在身上的一种理论观点，才能被搁置、弃置，真真正正地立基脉络，描绘一个人的真实样貌，否则在各种西方移植来的专业建制与理论框架中，都会由上而下地错置与框限人的视野，而无法真实踩地着根地发展对自己的认识。

具备上述所说的三点目的，才是行动研究中所谓的自我叙说反映，也才符合莱瑟（Lather）所谓的实践取向研究典范（praxis oriented research paradigm）的精神，追求解放的知识（emancipatory knowledge）④。

---

① ［巴西］保罗·弗莱雷：《受压迫者教育学》，方永泉译，台湾巨流出版社 2001 年版，第 152 页。

② 夏林清指认自身因生命选择，使用行动研究的方法，作为社会学习发展的过程，她称之为社会变革取径的行动研究，用以区隔一般“工具目的理性”的行动研究。

③ 夏林清：《在地人形：政治历史皱折中的心理教育工作者》，载《应用心理研究》2006 年第 31 期。

④ Lather Patti, *Research as Praxis*, Harvard Educational Reviews (1986).

（三）协同探究

协同探究（collaborative inquiry）基本上是阿吉里斯（Argyris）谈论行动研究中研究者与被研究者关系时，指双方共同投入的研究关系与过程①。而之所以在行动研究中要谈论研究者与被研究者的协同关系，主要是因为实践取向的研究者为追求解放的知识，因此在对待现象数据时，基本上有一种不同于其他典范的立场：

> 他们认为日常生活经验中，人们对不公平的社会关系及对抗特权宰制的自主需要，常常是没有意识到的，而形成人们这种无意识或低自觉状态的个体、集体及体制的防卫机转则是十分复杂的。②

是故研究者进场进行探究的开始是带着一定的认识理解与价值倾向，但是在进场行动的过程中，必须与研究对象进行一连串的互动与对话。因此莱瑟（Lather）说研究者与被研究者关系中有“互动来往的需要”，彼此的对话、互动以及研究者自我反映是研究设计中非常重要的部分。

然则，在我的研究进程中，我的协同探究方法，并不是指我与被研究者的协作关系，而是指我与我所邀请进来的伙伴所进行的协同探究，尤其是帅宗琪与陈美妃两位，她们在协作的同时也在进行她们的行动研究历程，我们都有要投身探究的动能与责任。但所谓的研究者们的协同探究，并不是指人越多越好，或者随便凑成一个群体就好。我试图从自身的经验中，指认其中的重要元素：

第一，研究者们之间的差异。我们彼此的学习背景差异很大，我时常在进行针对工作方法的对话时，了解到不同对话视角，这对于我要进入一种“去学习”的学习历程是有帮助的，我可以从对话中了解到自己所学习的心理专业的痕迹，以及心理学专业在辨认人时的一种错置问题。

---

① 夏林清：《走在解殖的路径中》，载《应用心理学研究》2010 年第 45 期。

② 夏林清：《走在解殖的路径中》，载《应用心理学研究》2010 年第 45 期。

第二，对话的空间。我们在协作的过程时常进行对话，而且有时候对话存在某种张力，但我们仍然会坚持进行下去。各自的工作状态，也都可以直接说出来。我作为主管，并不会行使高压的权力，阻止对话的进行。而对于工作者来说，也都必须负担起自身对于组织发展/集体实践的对话责任，与他者进行沟通协商，这样才能带来群策群力的协同探究，才能“彰显人的主体意识及实践行动中的协作智能”①。

第三，研究者身上的生命议题，是一个很重要的关键，也是我们这一小组人的协同探究的特色。例如，帅宗琪和陈美妃身上都带有身心障碍议题，随着研究者对于自身议题的深化理解，以及负担投身面对这个议题背后不公义的社会结构的改变责任，将能使这一小组人的协同探究，针对研究者身上的生命议题/社会议题，带向这个议题的实践探究中去。

三　掘开“缝·隙”

（一）实践的起点——高教体系出品的干扁声调

> 我的话语里，没有跃动的声音在声在线，仿佛在乐谱上看不到音符一样，只有洁净的五线谱，独留五条声线在乐谱上前行。有人说这是一种语音障碍，但其精英主义色彩伪装，避开了被归类为身心障碍的命运，而其被规训的痛苦终将封存在心灵深处，等待终能被窥见的机会。②

我是一个高等教育体系产出的产品，从国中一路念升学班，高中考上台中一中，大学念政治大学心理系，进辅大应用心理研究所就读硕士班。在升学的阶梯中我一路顺利爬升，我不是最优秀的，但却是地道的一种主流典型，而烙印在生

① 夏林清：《一盏够用的灯：辨识发现的路径》，载《应用心理研究》2004 年第 23 期。

② 王勇智、帅宗琪、陈美妃、黄雅雯：《因障而别，巧布拼贴之集体实验历程——一所技术学院中学辅中心与资源教室之社群建立与差异对待之行动研究》，第二届海峡两岸行动研究研讨会论文，2009 年 6 月 26—28 日于北京。

命中的是升学的压力与竞争的苦楚：

> 母亲辛苦地进行家务劳动，父亲则是专心地从事赚钱的劳动，因为父亲工作的投资报酬率高，慢慢地我们家比较有钱了。他们对小孩的期待就是把书念好，可以继续维持这样一种物质条件状态。所以，我母亲从我们小学五年级就把我们送去补码学，后来补英文，国高中整个陷落在体制构筑的升学制度里。
>
> 在这个阶段里我被学习压得喘不过气，强势的母亲，为了某种自己所承载的母职劳动，奋力地向我的生命中埋下了升学竞争的种子。而我也不知道从什么时候，已经把我的身体让出，认同了升学竞争是我的价值。国中的数理崭露头角，高中联考考进了台中一中，那个第一个竞争关口，第一个令我充满信心的标签，在整个家族我是第二个考上台中一中的。戴着厚厚眼镜的我，模模糊糊地享受着众人的称赞，但也更进一步地陷落在升学的沼泽里。
>
> 高中课业压力不大，大的是同侪压力，每个人都是精英，我在与众多人暗中比较后，失去了自己唯一的价值。每一次考试都越考越退步，自信也跟着陷落。当时的我没有条件看见自己的其他价值，对于未来也是茫茫然，以为唯一的出路就是升学。而且令我痛苦的是不会玩、每天乖乖回家念书、不断补习的我成绩仍然没有长进。
>
> 母亲责怪我，问我成绩为什么退步。我懒得讲话，我大约也是在高中的时候，习惯不开口讲话。饭桌上只有电视的声音，亲子间已经不再讲话，会有的声音只是母亲的唠叨，还有我低沉的“嗯嗯嗯”的声音。高三有一次模拟考，考得差极，英文作文零分，总分也只有十一分。那天成绩单寄回家里，我正好打球打得很晚，回家要面对母亲对我的迟归家的责怪，后来又知道母亲已经收到成绩单。气冲冲的母亲对我的责怪，压垮了我最后一道自尊防线。我的眼泪扑簌簌地流，流成一道载着心底悲伤压力自责无力的小河。呜呜咽咽是我潜意识里痛苦的悲喊，没办法言说那个在我肩膀上的重担，无任何语言可以说得清楚我内在经历的种种苦楚。三十分钟无法遏止的哭泣代表着我

被沉重的教育体制压成碎片，又要哀怜地捡拾这些属于我的碎片的明证。①

我有好一段时间不太跟家人说话，甚至在学校，也不太说话。我讲话时低沉无起伏、声音内缩、压掩在喉头的含糊状态，也是到读大学，经人指认之后，我才意识到自己这种模样。后来当我到后段技职学校任职，技职学校的学生对我而言有一种魅力，活泼、灵活这种生命的动能在吸引着我。我很想当好一位技职体系的教师，我想在课堂上扮演一位学生喜欢听讲的老师，可是我说话慢、语调平淡，只足够让我当好一位催眠师，而无法吸引学生听讲。我努力想要在课堂上讲话不那么平，每每在上课前都会练习说话，有一次我问学生："老师这样讲话，音调有起伏吗？"只见学生一脸木然，然后幽幽地说："老师，没有呢，你只是说话变得比较大声。"语闭我心里苦笑，学生的锐利逼得我看到我身上的困境。

（二）大都会边缘的技专院校教师之困境

教书以来，我一直在面对身上这种语音平抑的问题。我曾经用"语音障碍"来命名这个问题，但是严格讲这个问题是一种人的状态，与我的生命发展有关，也具现化在我的生活与情感当中，体现为自身被规训的痛苦。我并不喜欢这种状态，可也不至于到一种"障碍"的程度。不只在教学上，在担任班级导师、社团指导老师、辅导老师等工作角色时，我都有种深刻的经验：

> 遥远模糊是我在回观整个六年的教育实践时，对师生关系所下的脚注。对学生讲得出的某种辨识，也只是知道学生不爱读书而已，我也知道只要平常上课有抄笔记，就可以考到前三名。大多数的人，考试前一天有拿书出来看就已经很难得，而且考试当天有拿笔来考试就可以偷笑了。看书说真的，是一种妄想，肯作弊的学生都还要称赞他们有心理动力把成绩弄好。②

---

① 王勇智：《力与无力的挣扎和转变——一个青年男性的自我叙说之建构》，辅仁大学应用心理研究所 2002 年硕士论文。

② 邓明宇、王勇智：《技职教育中"教室外"师生关系的反思与行动》，树德科技大学"2007 年教育探究另类取径：自我叙说与社会参与"研讨会论文，2007 年 6 月 30 日—7 月 1 日于高雄。

我这种语音平抑的状态（暗含个人的情感压抑、规训的痛苦）扣连着自己的教育实践议题，而这也是我进修念博士班的缘由。在博士班学习过程中，我越来越能欣赏学生身上的“抗拒性自主”的特性：

> 对于知识的学习，他们要考试时他们会念书，以后考证照的科目，他们可能会想念，对于其他的科目只要能够过关就好，而对于看起来无用的知识不感兴趣。于是上课就和看电视很像，每天坐在桌椅前面等着不同老师的演出，如果是搞笑的老师可以看一下；不喜欢、不好笑的老师，就马上“转台”睡觉或聊天去了。①

这看起来像是不乖、不愿意学习的状态，但从另外一个角度来看，正是他们抵抗囤积式教育②（banking education）的一种动能。对照他们抗拒性自主的能动性，我这个陷落在爬升学阶梯的人，实在是太逊了。我一点都无法反抗，找到自己有兴趣的事物，投身进入了解与认识，反而只是一个阶梯一个阶梯地爬到硕士毕业。

进来学校几年后，我担任咨商辅导单位的主管，教育实践的困境以及博士班学习的转化动能，让我往前设计邀请几个人进场工作。最早的是帅宗琪，一位全盲视障者，先以全职实习生的位置进场工作，后来才转任资源教室辅导老师的工作。另一位是黄雅雯，因小儿麻痹而成为重度肢体障碍者，企图使用她作为肢体障碍者，必须使用轮椅代步在校内移动的状态对学校师生作用产生意义。这是最早期的两位工作者，然后，依着工作状态的发展才又再邀请其他人，以及组织人事的变化流动。

（三）层层有碍下的行动发展

旧校区因地区性的土地政策，以及学校改制议题未决不愿投入经费的关系，

---

① 邓明宇、王勇智：《技职教育中“教室外”师生关系的反思与行动》，树德科技大学“2007 年教育探究另类取径：自我叙说与社会参与”研讨会论文，2007 年 6 月 30 日—7 月 1 日于高雄。

② ［巴西］保罗·弗莱雷：《受压迫者教育学》，方永泉译，台湾巨流出版社 2003 年版。

无障碍设施的问题一直存在着。学校面对所收到的重度肢体障碍学生，没有电梯提供给学生上下楼，解决的方案就是调整教室，将学生所属班级的教室调到一楼。但这种方法治标不治本，并不能让学生在学校自由出入，到楼上的专业教室或图书馆，仍然得靠其他人的协助。所以当我知道教育部有改善无障碍校园环境的补助经费，以及相关的无障碍设施后，就找过总务处主管，建议在行政大楼的楼梯做附挂式无障碍电梯，但是却以有碍观瞻为由被拒绝。

不只硬件改善上的限制，老师们对待重度肢体障碍者的态度也是非常排斥。像阿建（化名）这样的小脑萎缩症的学生，需要人协助搀扶，但是那时有学校的老师非常直接地表达，他很质疑阿建和他的家人，为什么要让他来念书。其实可以看得到老师们对于身心障碍议题的无知和不了解。而且社会上已经有许多重度肢体障碍者，开着轮椅到处跑。他们心中对于不方便的人还停留在应该待在家里，受家人照顾的想法当中。

这些校内的状态，让我开始找资源教室辅导老师的时候，除了讨论宗琪要不要进场，以及组织行政工作的问题之外，我和宗琪也在思考这所学校的无障碍空间议题该如何发展。当时，宗琪推荐了黄雅雯，雅雯是一位小儿麻痹患者，属于重度肢障者，因她已经习惯用电动轮椅代步，相较于过去硬撑着拐杖的时代有所不同。宗琪跟我讨论着雅雯的状态，我们觉得可以邀请她来一起设计这所学校无障碍环境的议题。

一开始，宗琪跟雅雯试图影响一位脑瘤的学生林宥竹（化名），希望他可以慢慢接受坐电动轮椅代步，所以她们两人想到用体育课上课的机会安排学习电动轮椅的操作，而且还叫宥竹喜欢的孟孟（化名）来鼓励他学习。另外，雅雯也慢慢发挥她会煮咖啡、对人热情善于聊天的建立各种关系的能耐，交了一些总务处的同仁以及学生，让我们在举办活动的时候，进出侧门时愈发地方便，让我们可以带着坐轮椅的学生到侧门外的河堤。后来他们还把门闩的钥匙留一份给我们保管。然后，雅雯也吸引了一些学生帮他推轮椅，跟着她一起投入认识无障碍议题，而开始参加外面行无碍资源推广协会①所举办的游行活动。而且雅雯也把她

① 一个以推动无障碍生活为目标，积极鼓励身心障碍者发声，并参与相关政府组织委员会议反映需求的协会。

在喜爱旅游的兴趣跟工作结合，设计了无障碍旅游的教育推广课程，邀请已毕业的育玲（化名）和阿建回来参与这个课程，希望身障学生启动愿意向外移动的可能，发展动能规划旅游活动。

之后总务处总算愿意向教育部提出改善无障碍环境的计划，来修改旧校区的校园环境。但事情的发展并没有这么顺遂，那时雅雯因组织需要被调到新校区工作，宗琪和第四位进来的昶贤，送无障碍设备需求评估的数据给总务处。可是总务处只想做申请得到教育部计划案的无障碍设施，而像电梯、校门口柏油路补强、上下课警示灯等东西，全都被总务处给打回票，甚至还被总务处的人回说："身障者原本不该走大门口，应该从侧门出入。"这是一个充满歧视的环境，我们除了继续极力争取外，挫折无奈早已是家常便饭。

（四）"缝·隙"的开掘

在旧校区，学校只愿意申请修改栏杆、斜坡的无障碍环境改善经费，至于对轮椅族要上到高楼层的这种无障碍设备，却并不想要多花钱来改造。究其原因，很可能是旧校区会被征收，多花钱并无法换来任何效益的利益盘算。面对这种情况，很多任务作者大多会放弃，不想多想，但我们却仍然坚持，希望找机会可以出场，可以松动一些什么。

我们有时会设计雅雯去送公文，开着她的电动轮椅，到楼梯处，等着看有没有人可以接应帮忙。也会利用尾牙在旧校区中正堂地下室办公时，在大庭广众之下，尤其在当时的学校重要的一级主管面前，由我背着雅雯走下楼梯。我们偏就要用这种方式出现，大家也才会了解到这空间对障碍者来说是无法企及，特别是体育馆的外面有一个附挂式电梯，只能让人进入体育馆，却无法让人进入场内和地下室的社团空间。

我们也规划了一个游河的活动。因本校是全台唯一具有码头的学校，学生对于坐船，很有兴趣。但以往学校一听到身心障碍学生，就会有很多担心与顾虑，以为全部的人都是坐轮椅而无法坐船。但我们好说歹说总算说服了办理游河的单位，让我们可以成行。我们有人背着坐轮椅的雅雯，走上了跨越河堤的阶梯，一步一步地大家相互扶持坐上了小艇，一同游玩。我们就是想让学生体验一下，平常要跟一般人争取坐船的机会是非常难的，更何况还可以真的开船，所幸学校也没有特别地禁止我们。

后来，学校通过了改善校园无障碍环境作业要点，开始召开会议讨论学校无障碍环境的改善问题。我们就把平常看到的问题提到会议上来讨论，甚至推荐比较会说话的身障学生担任会议代表来反映他们自己的需求。但一开始会议是总务长自己主持，不太能起什么作用，后来换成校长，尤其当时刚换了新的校长，便利用机会把学校无障碍问题拿出来报告。我说当时有肢体障碍学生在新校区的便利商店外面险因回转空间不足，差点跌落在阶梯之下，旧校区学校因不肯多花经费，但新校区虽然是新建的，许多设施已依照无障碍相关法规来设计，可是仍然有许多地方需要改善。尤其学校开始招收了许多身心障碍生，有听障、有视障，肢体障碍生的状况也各有所别，个别化的需求因此而产生，但新校区无法申请教育部经费。除了原有旧校区的问题外，我还把新校区的问题积极地在会议上表达出来。虽然校长认为我把问题讲得太严重，但还是要求总务处积极处理无障碍问题，甚至还要求总务处编一笔经费购买无障碍的设备。

可会议结束后，各种无障碍的改善需求，依然无疾而终。我时常思考为何总务处不愿申请教育部的补助经费。起先建议学校在旧校区盖电梯，总务处的说法是，旧校区因台湾地区禁建的土地政策，所以申请不到建筑执照。可是我们也建议了另外一种不需建筑执照的电梯盖法，但也未见采纳。

（五）包山包海的身心障碍辅导工作

校长在会议上交代总务处要在奖补助款编列一块购买无障碍的设备。奖补助款是教育部补助给学校的经费，而且当时校长心里想的是这些无障碍设备的购买，在奖补助款的经费补助运算公式里，占有一定重要性。总务处对于该运算公式的绩效认列，是与校长看法不同，但他们无法说服校长，因此必须购买无障碍的设备。至于该买什么设备，掌握营缮与环境安全的总务处，却把想要买什么东西的问题丢给我们来解决。

我们找厂商，协助想要购买什么设备，编在总务处的经费，却要我们采购，采购完要我们一起协助验收。学习使用看起来都是我们该要会的事情，连财产的编列也要在我们单位下，保管更是在这场拉锯下，硬是留在我们单位里。我想未来维护更是我们得一肩扛起来的事情，学校的无障碍环境的改善，难道都是我们一个辅导单位的事吗？说身心障碍学生是我们的学生，难道就不是学校的学生吗？

体制结构的发展与转变，除了制度的模仿以外，人性的学习与成长是非常重要的。身心障碍学生的激增，需要面对的环境改善的议题，已经不是简单以一般人的方式盖好就好，这是需要学习认识的。若要等到出事之后才能积极处理，这样已为时已晚。

四 寻“隙”渐进

（一）“缝·隙”扩大

学校不处理旧校区的无障碍环境，而对新校区的无障碍环境，学校却自认没有问题，是符合法规的。这里就隐藏了我们与学校之间的认知差异，学校认为无障碍环境是指符合相关法规，但是更符合身障者需求的环境改善，是我们一直努力在进行的。学校开始狂收身心障碍学生，就是以新校区为主，因为学校认为这里有电梯，无障碍环境没有问题，所以学生人数每年都在增长，从 2 个、14 个然后到三十几个，快速地增长，轮椅族、视听障者都有。

后来学校招收了一位脊髓损伤者，车祸胸椎第四节以下无法感觉和运动。过去肢体障碍者大多是脑麻、肌肉萎缩或者脑瘤，但脊髓损伤者却是第一个，而且在了解他的状况之后，发现他的无障碍需求跟其他人不太一样，如马桶座位到地板上的高度有要求以及马桶旁要有冲澡的设备等；而且这牵涉他身体的特殊性，需一边洗澡一边通大便。他的需求我们也反映给总务处，这时总务处正在赶工，将学校宿舍改建，四人房改为五人房，并且将交谊厅改为无障碍房。场勘时校长也让我们进场提供意见，美妃当场快速地判断给予意见，并建议不要让身心障碍学生通通住在同一间。但是最后我们的建议并没有起到什么作用。交谊厅改建的无障碍房，被规划成要住十个身障者，如果不是我们赶快建议让一些一般生的协助同学安排进来，否则一间房要住进这么多重症的障碍者，光是洗澡就要排一整天了，更别说其他的生活自理的事情。

这位脊髓损伤的同学阿信（化名），成绩发榜后，就来学校了解无障碍环境，我们也协助将他的需求反映给总务处营缮组。但是快开学了工程还没完成，而且当时学校竟决定将所有身障者安排同住一房。负责新校区的资源教室辅导员、陈美妃，以及团队中第三位进场的伙伴，赶快向总务处反映，提供辅导单位的专业意见，建议安插一些协助同学同住，不要安排这么多重障者同住一房。同时间因阿信已即将来学校入住，父母也来学校看过，表达了无障碍需求。

开学的前几天，学校依据学生需求，安装了门帘解决隐私性，也在马桶旁增加洗澡的莲蓬头。但是学生一坐马桶，脚就无法踩到地面上，原先期望的马桶的高度，在施工后不如预期，而且这部分对学生有相当程度的影响。因为阿信现在只能靠手支撑身体，若脚因为够不到地上滑倒了，脚会把整个身体往下拉，手无法撑住身体，就会摔到地面上。但阿信对于马桶或者莲蓬头这些无障碍需求，是阿信个人特别所需的，并未违反台湾地区《建筑物无障碍设施规范》的规定，对总务处来讲阿信的要求学校没有必要达成，因为并不违法，即为阿信改善无障碍的需求只能符合阿信的使用，其他人并不需要这样使用。

在宿舍的扩建和无障碍房的建置过程中，让学生有许多不满，纷纷跟美妃表达。学生们的意见，也都已经向给总务处反映了，但现况已非我们所能掌控。学生纷至沓来地叨絮，跟我们讲又能怎样？美妃告诉学生我们的困境，学辅中心无能为力。后来总共七个人去找总务长。总务长看到我们来，连忙起身招呼学生，也找了营缮组组长一起来，一台轮椅卡在总务长办公室外头，不太好转进来，搞了一会后，总算大家都在办公室里开始谈话。

学生们讲起自己在住宿所遇到的种种问题时，因碍于总务长的权威，而无法真真切切地表达自己的困难。

最后，同学们都不太敢讲话了，以及在总务长的怀柔政策下，学生被安抚下来，之后想要转进去找校长，在电梯口遇到校长秘书，跟她说之后，她回话说要电话联系校长，联系完后小声告诉我，现在校长没空，要我先安抚学生，或者先找副校长沟通等。我知道她的意思，只能把学生带下去。

对学生来说，强迫自己适应环境是每个人会用的手段，这样能够避免与人发生冲突，但学习表达是一项人生功课，大家都得学习，对更弱的身障者来说，更是如此。而且要发展出一个集体的视角，大家一起发声，不是为了个人，是为了群体一同好好生活的利益努力。

（二）克服权威议题

学生的抗议活动结束后，有一次总务长遇到我，便向我表达对美妃的不满，说她不站在学校立场。美妃动作利落，执行能力非常好，会弄清楚各项规则，而且她个性强悍，面对学生的无障碍设施议题，她也已磨炼出温柔地与学生对话，以及带领学生的能力，与总务处交涉。她灵活机敏，这一路靠她周旋于学生与总务处之间，才能将无障碍设施的议题走到这个地步。我也是因为她，更清楚自己该站在什么立场上。无障碍环境的改善是我们实践中的一块议题，我们不该滑落到总务处所谓非法合法的框架，以人为本才是我们要朝向的目标。

学期过半时，宿舍的整建工程才到了尾声。总务处要我们验收，可我们并不是无障碍环境的专家，而且也不懂相关营造法规以及无障碍环境的规定。因为营缮组本有监工责任，必须要求厂商注意相关规定，而不是要我们最后验收。我在上课的时候，美妃已经去各无障碍房看过，罗列了一堆问题。

之后，总务处针对我们提出来的问题进行改善，包括新校区旧大楼的无障碍厕所，比较早期盖的，也不太符合后来的法规以及障碍者的使用，后来也做了修改；阿信被换到旧的无障碍房，原因可能是新无障碍房改建的时候墙壁用的并不是很坚固的工法，担心支撑力会有问题，所以改到旧的无障碍房，原本住的同学，因生活习惯不佳及个性令其他同学不喜欢，变成要跟其他肢障者一同住宿，这是另外一个学生间相处的议题。接着，总务处又说有多的经费可以改善无障碍设施。

到底无障碍环境设施的改善，作为一个辅导工作者来说，该采取怎样的立场，是要听从总务处的，还是该采学生的立场与学校对立？对我来说这是一个学习的历程，我认为学校其他人也是，总务处也是在这些过程中慢慢了解法规。

第二次的验收会议，我清楚自己该站在学生的需求上来思考学校的无障碍环境，当然希望学校能持续改善无障碍环境，而且希望能够以学生为本，否则接受了他们的合法规范，我们该怎么继续看待我们坚持反映许久的学生需求，那些根本不在无障碍环境的设施规范里面。例如，我们建议可以做个跑马灯，给听障学生可以看到现在上下课的情形，以及学校一些行政讯息，或者贴反光贴在地上，让视障生可以知道阶梯位置，这些都是学校一直以来推托的。

面对权威，要能把内心的话说出来，并不容易，随着这一路走来，到了这里还能对校长表达一些自己想法，不会因为他不爽，就退缩。但在实务工作里，无障碍环境的改善推动仍然是一条漫长的路。像总务处说有几十万元的钱要改善无障碍环境，但却问我们想做什么，厂商找来要美妃告诉他们怎么建置，建置在哪里？统统由我们想，总务处不想不进入，这未来的路仍然是非常漫长无期的。

五 利益盘算与分配下滴水穿石的实务活

（一）行动研究自我叙说方法的法门，要对人及处境进行多层次地理解

本文采用的行动研究方法，透过自我叙说的认识历程，对自己、对他人、对体制有层次的认识，这样的认识才能对自己、对他人、对体制产生有意义的改变。对我来说，像我这样一个从目前的升学体制生成出来的人，有感于体制作用在我身上的部分，并深受像技职体系学生的样貌吸引，一路走上教育实践转化的过程。而且我愈来愈看清楚，在现代的技职教育的荒谬情形下，我不能将现在学校种种不合理的体制，随意怪罪学校或者个人，以形塑个人的正义性，这改变不了什么。从另一个角度来说，可能只满足了个人的名声，或者个人利益盘算。这是本文的一个重要的立场。

语音障碍的个人生成历史，使我有动力来到技职院校，更因在教育实践转化的过程中，在教育与劳动的双重剥削下，而渐渐看清楚落在身心障碍学生身上更不利的现实，使教育部的经费用在学生身上，是我们这一组团队努力经营的历程。本文所挑选的无障碍议题，是身心障碍学生辅导与支持工作中重要的一环，更可以透过这段历程的自我叙说，让人看见几个层次的议题。第一，学生辅导工作的议题并非个人的，如果一个学生在有障碍的环境学习所产生的适应困难，在个咨室的心理咨商辅导，并无法改变什么，只能待情绪舒压后，让他继续适应这个现实。人被迫要规训于这个现实，个体也无法单靠个人的力量改变这个现实，这个现实也不是某个人恣意妄为的结果，它是一个结构/体制运作下的结果。

第二，在助人工作中，辅导与行政是环环相扣的。当我们有大格局，将视野拉到整个学校甚至整个教育体制的点线面，我们可以看见助人工作要克服的难题，并不是个体与个体之间，也不是体制结构的改变，往往我们得面对辅导人的议题。不管是学生，或者老师，甚至是上层结构的领导者，还有我们得在结构所交付我们的行政工作中，进行改造的工程，设计新活动的可能。所以在本文中，我们除了在第一线认识学生的状况，协助学生宥竹接受自己的障碍状况，练习使用电动轮椅，还要设计活动，规划会议的议题参与等。行政工作与制度改造与再设计是一体两面，要结合在一起思考。

第三，不要陷入个体化故事中的人物，或者进行道德批判。因为就算在我的笔触里，仍然有我不爽的情绪，但我还是希望故事能够朝向多层次的理解来进行。例如，总务处的人，故事的理解不该朝向针对他们好坏的个人评判，而是要对他们进行理解。但毕竟我们不是他们，无法真实体察他们，可是必须理解。现在我的理解是，总务处在学校的体制架构中，原是环境营造、改善等的学校总管的位置，但现在，已经改变了原始设计，有了新的“社会性格”。总务处总务长的任命，是董事会董事长决定的，这是在私立学校公开的事实，因此，他是服务于董事会的，所以总务处可以说是“利益分配的中心”。总务长换了，不会有太大的改变，因为处于这个位置的人，都会清楚他是要服务谁的，所以说总务处的人多坏，不是重点，重点得看清楚利益分配的组织下，是在怎样的利益盘算之下进行的。而助人工作者的行动方向则是在夹缝中求生存。

（二）“缝·隙”的隐喻与寻“隙”渐进的方法论

本文用“缝·隙”的隐喻最早的发想是因为在工作中常常意识到自己必须“再设计”或“见缝插针”。所谓的“再设计”指的是在现有的体制所规定要进行的行政工作中，重新设计活动的方式，这种“重新”设计的自主权，正是因为这所边缘学校才能提供的，否则一般早已发展出各种专业体制的大学，早有层层叠叠被架高起来的专业所控制。而我们这所学校在建制化的过程，因为许多体系有待发展建立，所以我们才有空间“再设计”。至于“见缝插针”的经验，多来自于工作中的推动有卡住或者窒碍难行的地方，我们必须去设想其他关系的方式，或者其他可以借力使力的地方。

举例来说，生命教育的倡导活动是我们辅导单位必须要办的活动，以往大多找人来演讲倡导一些生命教育的体验或观念，但是我们把生命教育的活动设计成让身心障碍者与协助同学（多为一般生）一同游河。游河可以体验与学习学校周边的生态导览，而一同克服有障碍环境，成为一种展演，让学校的其他师生可以“看见”身心障碍者，这个过程是我所经历到的再设计的历程。

而“见缝插针”指的是像我们为了要让宥竹愿意坐轮椅，练习使用电动轮椅，我们会连结他所喜爱的同学，来鼓励他、陪伴他练习使用电动轮椅。或者，我们要全校吃尾牙的时候背雅雯下楼梯的一种展演，就是我们认为有机会让人看见，我们会以“设计”的方式来“见缝插针”。

再设计、见缝插针发想来的“缝·隙”的隐喻，目前我认为还有待继续对话与思辨。我将“缝·隙”与结构视为一体的两面，也暗讽结构发展过程中因人性、因资本主义的社会文化腐蚀出的结构内的“问题”。以无障碍环境改善的过程为例，我认为一开始要有“立”于缝隙的机会与可能性，像我们这样的学校为了生存，努力招收身心障碍学生，让我们这一群工作者因自身的实践动能，而且在我们的工作努力下，不致出现行政疏失，或者学生伤亡，让我们有条件植基于这个结构中，与之一同发展。

其次，要想方设法地“开掘”。我们旧校区的无障碍问题，我们透过找肢体障碍的工作者进场，靠活动设计出场，俟年度尾牙高调出场，或者透过无障碍会议议题反映等，这些都是我们尝试开挖的过程，一点一点在尝试、在测试。这些过程不必然保证可以开挖出什么，但因着自身实践的动能，期盼能够有改变的可能性出现。

最后，寻“隙”渐进。阿信进校之后，向学校反映个人无障碍需求，在学校利润考虑与合法规范的切割下，我们一路与其一同认识脊髓损伤者的无障碍需求，其与他种的肢体障碍状况以及法令规定有着天壤之别，特殊的个别化需求更加彰显，映照出学校在自身利益算盘中，对于学生个人化的需求，不愿进入。我们得在各种会议的肉搏战中，勉力维持，甚至在各种近身与权威互动的关系里，踩稳立场。过去担心自己的焦虑而放低姿态，可以进化成为色彩鲜明的战斗队伍，而不为自身利益与他人对抗的身形，不求个人兴荣攀权附贵的风骨，让人难以找到把柄，在“立”基处，做滴水穿石的功夫。

残障与就业

我国残障者按比例就业制度的异化及优化方向*

李学会**

摘　要： 按比例就业制度是扩展残障者就业机会的重要途径。我国的残障者就业政策经历了从集中就业到分散就业的过程，按比例就业成为城镇残障者就业主流形式之一。依据用人单位按比例安排残障者就业公示公开数据，探索性评估按比例就业制度的实际效果。研究发现，按比例就业制度效果有限，该制度实践异化为用人单位“重缴纳轻吸纳”“虚假就业”，政策主体“重征缴轻服务”。残障者就业的政府责任应从增加就业机会向就业场所支援服务转变，并优化按比例就业制度。

关键词： 按比例就业制度　异化　就业权　就业支持

一　引　言

受多种因素的影响，残障者①参与社会的条件和机会受到限制。② 因此，

---

* 本文受香港浸会大学林思齐东西学术交流研究所驻校研究生奖学金计划［LEWI Resident Graduate Scholarship（RGS）Programme］的资助，感谢香港中文大学董咚博士的建议。本文部分内容曾在“东亚残障论坛”（2017 年 10 月 24—27 日，韩国）、“中国残障政策多学科研讨会”（2017 年 12 月 16—17 日，武汉）上宣读，感谢与会人员提出的建议。

** 李学会，浙江师范大学法政学院讲师、博士。

① 考虑到用语的立场和规范，笔者更接受“残障”称谓，但在相应的法律以及上下文时仍然使用了“残疾”“残疾人”。

② World Health Organization, *World Report on Disability* 2011, Malta, 2011.

许多国家都出台了相应的法律和政策以改变残障者参与社会的不利境况。按比例就业制度是扩展残障者就业机会的重要途径，诸多国家都建立了这一制度。①

我国残障者的就业机会在过去的三十年里获得了显著的发展。中国建立了相对完备的残障者就业法律、政策体系，包括《残疾人保障法》（1990 年通过，2008 年修订）、《残疾人就业条例》（2007 年通过）、与国民经济社会发展规划相一致的五年计划以及从中央到地方的特别政策。《残疾人保障法》确立了保障残障者就业的按比例就业制度，按照这一制度，政府、社会组织、企业、公共机构、民办非企业等单位都有责任为残障者提供就业机会。国务院规定，这些单位所安置的残障职工比例不应低于 1.5%。未达到相应省份所规定的雇佣比例的单位，需要缴纳残障者就业保障金（以下简称“残保金”）。

然而，对于实践了二十多年的按比例就业制度的效果，目前仍然知之甚少。由于缺乏高质量的数据，鲜有关于政策评估的经验研究。在此前的一项研究中，作者建议中国建立一套系统性的残障就业评估体系。② 尽管到目前我国尚未建立这一套体系，但根据《关于开展用人单位按比例安排残疾人就业公示试点的通知》（残工委办发〔2015〕2 号），2015 年在全国范围内先期开展用人单位按比例安排残障者就业公示试点，要求“各省（区、市）要选择残疾人按比例就业工作开展较好的 1 个市（地、州）作为公示试点地区”。这些公开的数据为我们理解按比例就业制度的实际效果提供了契机。

---

① Kudo T., *Japan's Employment Rate of Persons with Disabilities and Outcome of Employment Quota System*, Japan Labor Review 7 (2), pp. 5-25 (2010); Hasegawa T., *Japan's Employment Measures for Persons with Disabilities: Centered on Quota System of 'Act on Employment Promotion of Persons with Disabilities'*, Japan Labor Review 7 (2), pp. 26-45 (2010); Nazarov Z., Kang D., & Schrader S. V., *Employment Quota System and Labour Market Outcomes of Individuals with Disabilities: Empirical Evidence from South Korea*, Fiscal Studies 36 (1), pp. 99-126 (2015); Tohyama, Masako, *Three Models of Employment Policy for People with Disabilities: A Comparative Study between Seven Countries*, Japanese Journal of Social Services 3, pp. 67-78 (2003).

② Huang J., Guo B., & Bricout J. C., *From Concentration to Dispersion: The Shift in Policy Approach to Disability Employment in China*, Journal of Disability Policy Studies 20 (1), pp. 46-54 (2009).

由于各地公示的内容不尽相同，有的只公示了达到或超比例安排残障者就业的单位，有的则公示了所有本级用人单位的安排残障者就业情况；有的公示了直属单位，有的公示了企事业单位；有的只公示了用人单位名称，有的公示了用人单位名称、职工人数、残障职工人数以及应缴纳残保金金额等。本文的数据选取依以下几个指标进行：多大比例的用人单位招聘了残障者，招聘的单位有什么样的特征（公私或者企业的规模），多大比例的用人单位按比例招聘了残障者。最终选取了安徽省霍邱县、广东省东莞市和山东金乡县三个地方的数据。

本文从制度的角度分析按比例就业政策的实施效果，其基本框架是：首先，对我国残障者就业政策体系以及就业形式进行历时性回顾；其次，基于现有统计数据以及自建数据检讨按比例就业政策的异化表现；再次，分析政策异化的制度内在成因；最后，分析政策优化的可能路径。

二　我国残障者就业及政策的历史演变

我国的残障者就业政策经历了从集中就业到分散就业的过程，① 促进残障者就业的责任从国家转移到市场及个人。② 残障者的就业形式大致可以分为三个阶段，1978 年之前的福利工厂形式，1978—1990 年的福利企业形式，1990 年以来是集中与分散并重的形式。

（一）我国残障者及其就业概况

我国拥有世界上最大规模的残障者。根据 1987 年第一次全国残障者抽样调查，我国有超过 5100 万名的残障者。而到 2006 年第二次全国残障者抽样调查，

① Huang J., Guo B., & Bricout J. C., *From Concentration to Dispersion: The Shift in Policy Approach to Disability Employment in China*, Journal of Disability Policy Studies 20 (1), pp. 46-54 (2009).

② 廖慧卿：《工作场所支援服务与残障者就业积极保障——简论集中就业的模式转型》，载张万洪主编：《残障权利研究》（第 2 卷第 1 期），社会科学文献出版社 2015 年版，第 164～181 页。

这一数据上升到超过8200万人，约占全国总人口的6.34%。基于2006年残障者占总人口的比例以及2010年第六次人口普查的数据，残障者的数量超过8500万名。从国际视角看，我国对残障者的定义更加严格因而残障者的比例显得更低。①

由于缺乏更新的国家统计数据，本文将使用2006年第二次全国残障者抽样调查数据以及《中国残疾人状况及小康进程监测报告》（2007—2013）描述我国残障者的就业状况。据中国残疾人联合会发布的《中国残疾人状况及小康进程监测报告》（2007—2013），能够生活自理且处于就业年龄段内但未就业的首要原因是丧失劳动能力，这一比例为城镇占20%~30%，农村占30%~40%。

表1　**残障者就业率及失业率（单位：%）**

年份	城镇	农村	城镇登记失业率
2007	32.4	53.1	10.6　（4.0）
2008	31.8	52.3	12.4　（4.2）
2009	34.3	52.9	13.6　（4.3）
2010	34.0	49.2	8.6　（4.1）
2011	33.2	50.3	9.9　（4.1）
2012	37.2	50.0	9.2　（4.1）
2013	37.3	47.3	10.8　（4.05）

注：就业年龄段内可以生活自理的残障者（男：18~59岁，女：18~54岁），括号内为同期总的城镇登记失业率。

即便扣除失去劳动能力的残障者，其就业率依然不高（表1）。此外，残障者城镇登记失业率显著高于同期总的城镇登记失业率。残障者城镇登记失业率约为同期城镇登记失业率的2~3倍。对于其他未就业的残障者，很难估计是残障者本人缺乏就业意愿、就业能力还是缺乏为残障者提供的就业机会。总的来说，

① World Health Organization, *World Report on Disability* 2011, Malta, 2011.

即便不考虑残障者就业内部的差异性①，残障者的就业状况依然是严峻的。

（二）从集中到分散：我国残障者就业及政策变迁

三十多年的实践中，我国形成了比较完备的政策体系，包括在中央政府层面的《残疾人保障法》、五年计划以及特别政策；在地方政府层面，包括实施国家法律与条例的计划、地方五年计划及地方特别政策。《残疾人保障法》确立了我国残障者就业“分散与集中相结合”的原则，在发展过程中，残障者的就业经历了集中就业为主到分散就业为主的转变，我国残障者就业形式的转变是就业政策转型的结果。②

1. 有限的集中就业：1949—1978 年的福利工场

1949 年后，我国出台了一些针对残障者就业的政策措施。其中福利工场是安置残障者就业的主要形式。缘于计划经济的体制，福利工场不以利润为导向，更强调安置残障者的福利属性。福利工场不以就业为导向，这与计划经济时代一致，不同于 1978 年市场经济体制之后的福利企业。

2. 集中为主分散为辅：1979—1995 年的福利企业

从图 1 可以看出，无论是福利企业单位数还是企业资产、安置的残障职工人数，都经历了先升后降的趋势。福利企业（图 1 右侧坐标）的发展经历了三个阶段：（1）1978—1982 年，缓慢增长阶段，福利企业的数量从 1978 年的 920 个增长到 1982 年的 1704 个；（2）1983—1995 年，快速增长阶段，1983 年的社会福利企业为 5930 个，比 1982 年有了大幅的增加，到 1995 年福利企业数目达到顶峰为 60237 个，这期间虽有几年增速减缓但总体上福利企业的增长是快速的；（3）1995—2015 年，逐步减少阶段，截至 2015 年福利企业为 14585 个。尽管如

---

① 赖德胜、赵筱媛等：《中国残疾人就业与教育现状及发展研究》，华夏出版社 2008 年版，第 22~23 页。

② Huang J. , Guo B. , & Bricout J. C. , *From Concentration to Dispersion*: *The Shift in Policy Approach to Disability Employment in China*, Journal of Disability Policy Studies 20 (1), pp. 46-54 (2009).

此，福利企业仍然是安置残障者就业的重要形式。

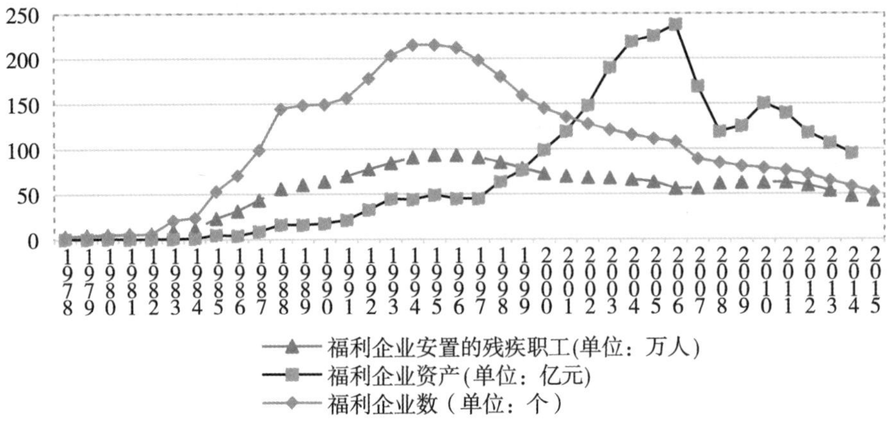

图 1　1978—2015 年福利企业基本状况统计①

与福利企业个数的发展趋势相类似，福利企业安置的残障职工表现出先升后降的趋势，但变动的幅度要弱于福利企业个数。从 1978 年到 1995 年，福利企业安置的残障职工从 3. 5 万人发展到 93. 9 万人，1994—1997 年福利企业安置的残障职工均超过了 90 万人。到 2015 年，福利企业安置的残障职工人数降为 42. 9 万人，大致回到 1987 年的 43. 3 万人。就平均每个福利企业安置的残障职工而言，经历了先降后升的趋势，1978—1982 年平均每个福利企业安置的残障职工都超过了 30 人。而随着福利企业的快速增长，平均每个福利企业安置的残障职工 1983 年降为约 16 人，一直到 2000 年前后这一数字基本在 15 人左右，未超过 20 人。2000 年以后呈现缓慢增长的趋势，2011—2015 年，平均每个福利企业安置的残障职工稳定在约为 29 人的规模。

2006 年前后总的状况是福利企业走向式微。图 1 的三条线分别代表福利企业的数量、福利企业的资产和福利企业安置的残障者人数。可以看到，从 1978 年到 1994 年、1995 年时期，三个方面都在上升。但从 1994 年、1995 年到 2005 年、2006 年，福利企业的数量和福利企业安置的残障者数量都是下降的，在同一时

① 参见国家统计局网站：http：//data. stats. gov. cn/easyquery. htm？ cn＝C01。

期，福利企业的资产是上升的。也就是说，在20世纪90年代经历过体制改革之后，虽然福利企业的规模下降，但资产上升。而从2006年开始，福利企业的资产、数量和安置的残障者人数都呈现下降趋势。

3. 集中与分散并重：1996年以来

随着我国社会经济体制的转型，体现在残障者的就业方面，就业形式最大的变化是分散就业的兴起。从1996年到2015年残障者新就业的数据来看（图2），呈现出集中就业（主要是福利企业）、按比例就业、自主创业（self-employment）就业三种方式鼎立的状况，而后两种形式是分散就业。

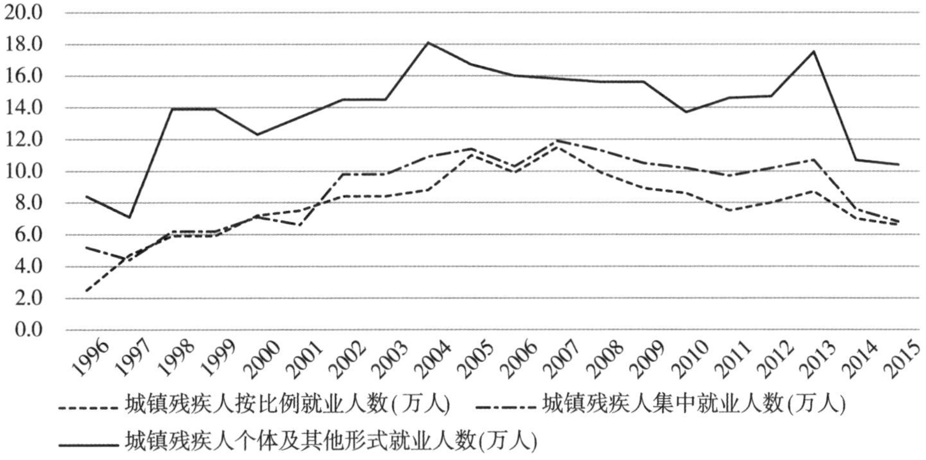

图2 1996—2015年城镇残障者新就业形式（单位：万人）①

进一步分析城镇分散就业和集中就业的趋势以及人数来看，两种就业形式的变化具有类似的趋势。新就业人数上，集中就业占每年新就业人数的比例徘徊在三分之一左右；分散就业中仅个体及其他就业形式的人数就已经超过集中就业人数。国家政策实践力推的按比例就业，也成为城镇残障者就业最主流的形式。

---

① 数据来源：历年中国残疾人事业发展统计公报，同时参考了国家统计局相关数据。

三 按比例就业制度的实践异化表现

自1990年《残疾人保障法》确立按比例就业制度以来，已有近三十年的实践。2007年国务院发布《残疾人就业条例》，各省制定了更为细致的条例或实施办法。比例就业制度日渐完善。然而，对于促进残障者就业方面，按比例就业制度的效果并不明显（图2），而且在某些方面已经出现制度的异化现象，包括多数单位并未安置残障者就业，已安置残障者就业的多数单位并未达到规定比例以及虚假就业。

（一）多数单位并未安置残障者就业

《残疾人就业条例》规定，就业单位应按照不少于本单位在职职工总数1.5%的比例安排残障者就业。各省具体比例有所差异，多数省市自治区比例为1.5%，部分省市自治区规定的比例超过1.5%，例如上海市、福建省等为1.6%，北京市、辽宁省等为1.7%，新疆维吾尔自治区最高为2.0%。① 按照法律法规，用人单位安排残障者就业达不到其所在地省、自治区、直辖市人民政府规定比例的，应当缴纳残保金。

然而在实际中，有相当比例的用人单位未雇佣残障者或雇佣比例达不到相应规定比例。尽管目前尚没有全面的数据，难以判断总体的情形，但某些片段的数据为理解这一异化现象提供了丰富的证据。据上海市黄浦区残疾人联合会的调查，截至2008年年底，在黄浦区登记注册需要申报缴纳残保金的机关、社会团体和企事业单位有13914家，其中仅有8%的单位录用了残障者。②

---

① 据2017年1月1日起施行的《深圳经济特区实施〈中华人民共和国残疾人保障法〉办法》和2018年5月1日起施行的《深圳市残疾人就业保障金征收使用管理办法》，规定“职工人数达到一定数量的国家机关、企业事业单位、社会团体等用人单位，应当按照不低于上一年度平均在职职工总数的百分之零点五的比例安排本市户籍残疾人就业”。0.5%的比例安排残疾人就业显然违背了上位法所规定的“不低于1.5%”。

② 金放主编：《残疾人社会保障和公共服务体系建设研究：2009—2010年度上海市残疾人工作调研课题（论文）汇编》，复旦大学出版社2011年版，第314~315页。

据用人单位按比例安排残障者就业公示的数据，更直观地看出多数单位未雇佣残障者就业。据安徽省霍邱县和山东金乡县按比例就业地方数据（表 2），2015 年山东省金乡县 743 个企业单位中仅有 18 个企业雇佣残障者，占企业单位数的 2.4%；150 个行政事业单位中有 131 个未招聘残障者，有雇佣残障者的单位占比 12.7%。安徽省霍邱县 255 个行政事业单位中有 146 个未招聘残障者，109 个单位未安排，占比 42.7%。

表 2　不同性质单位雇佣残障者相关状况的单位数、职工数及比例（人，%）

	性质	总数	未雇佣残障者	有雇佣残障者	有雇佣的单位达到规定比例	职工总数	残障职工数	与规定比例差值
广东省东莞市	企业	—	—	3232	2500（77.4/—）	—	—	—
山东省金乡县	企业	743	725（97.6）	18（2.4）	14（77.8/1.9）	26028	181（0.7）	-0.8
	行政事业	150	131（87.3）	19（12.7）	11（57.9/7.3）	12346	30（0.2）	-1.3
安徽省霍邱县	行政事业	255	146（57.3）	109（42.7）	73（77.0/28.6）	25894	301（1.2）	-0.3

（二）已安置残障者就业的多数单位并未达到规定比例

除了多数单位并未安置残障者就业外，即便安置了残障者就业的单位多数也未达到应安置的比例，这是按比例就业制度实践异化的表现之二。据上海的相关数据，2009 年年底，在上海市政府机关就业的残障者人数占政府机关职工总数的 0.4%，与《上海市残疾人分散安排就业办法》规定的 1.6%相去甚远，① 党政机关等政府机关并未起到带头安置残障者的作用。2012 年上海市金山区在册机

① 金放主编：《残疾人社会保障和公共服务体系建设研究：2009~2010 年度上海市残疾人工作调研课题（论文）汇编》，复旦大学出版社 2011 年版，第 302 页。

关、企事业单位7109家，足额或超额安置残障者365家，仅占5.1%。①

据本文所做的调查数据，同样说明仅有少部分单位雇用了规定比例的残障者。在雇用了残障者就业的单位中，多数单位达到了规定的比例：金乡县企业单位达标为77.8%（即14/18），金乡县行政事业单位达标率为57.9%；在东莞市雇用了残障者的3232家企业单位中，有2500家达到1.5%的规定比例，占比77.4%；霍邱县安置了残障者的109家行政事业单位中，有73家达到规定比例，占比77.0%。

但如果我们将以上数据放置在行政区域内所有单位数，那么达到应安置比例的单位比例将大为减小。山东金乡县企业单位雇用残障者的比例达到规定比例的单位占比1.9%（即14/743），行政事业单位的这一比例降为7.3%；安徽省霍邱县行政事业单位这一比例为28.6%。由此亦可见，按比例就业实践在单位性质、地区间存在差异。某种程度上也说明了公有部门招聘残障者的比例和积极性均不高。②

而从雇佣的残障者职工总数所占比例来看，总体上也远未达到规定的安置比例。山东省金乡县企业单位有职工共有26028人，其中残障职工数为181人，安置比例为0.7%，与规定比例相差0.8%；行政事业单位12346位职工中有30名残障者，占比仅为0.2%，比规定比例1.5%小1.3%。安徽省霍邱县行政事业单位安置的残障职工比例为1.2%，接近但仍未达到1.5%的安置规定。

（三）“要证不要人”：虚假就业

对于那些已经雇用了残障者的用人单位中，亦存在“要证不要人”的虚假就业现象，即用人单位与残障者签署劳动合同但残障者不在就业岗位的“挂靠”现象。在这种异化现象下，用人单位支付少量的费用（基本工资和/或社保基金），残障者实现“名义上”的就业。

---

① 王爱芬主编：上海市残疾人联合会编《加快推进上海残疾人同步小康进程研究——2011~2013年度上海市残疾人工作调研报告（论文）汇编》，复旦大学出版社2014年版，第219页。

② 刘小楠、谢斌：《公共部门带头招录残障人士的实证研究及政策建议》，载张万洪主编：《残障权利研究》（第1卷），社会科学文献出版社2015年版。

虚假就业具有多大程度上的普遍性尚难以判断。虽然类似于发生于辽宁省残联系统渎职犯罪案件①实属个案，但该案中提及的现象却反映了虚假就业普遍存在的特征："无残疾的人通过关系办理假残疾人证，享受国家给残疾人的待遇；有的残疾人通过关系提高残疾等级，提高低保待遇；还有的为做生意，享受国家给残疾人的免税政策，通过关系办假残疾人证。而真正有残疾的人，因找不到关系，拿不到相应等级的残疾人证，享受的残疾待遇较低。"

虚假就业的现象已经引起政策关注。据2012年《全国人民代表大会常务委员会执法检查组关于检查〈中华人民共和国残疾人保障法〉实施情况的报告》，残障者就业政策执行存在的问题包括："残疾人就业率低，失业率高，就业不稳定。在已经就业的残疾人中，虚假就业、同工不同酬、强迫劳动的现象时有发生。很多单位本来有适合残疾人工作的岗位，却不依法按比例安排残疾人就业，有的省份接收残疾人就业达到规定比例的单位不到5%"②，其中就包括虚假就业现象。中国残疾人联合会联合其他七部门发布的《关于发展残疾人辅助性就业的意见》（残联发〔2015〕27号）也提及了挂靠、挂名、虚报等"假用工"形式。③

四　按比例就业制度异化的制度成因

按比例就业制度实践的异化严重影响了残障者就业权的实现。缘何发生"虚假就业"？有研究指出这是企业、社区居委会、残障者三方"合谋"的结果。④

---

① 雨潇：《残疾人证造假幕后，辽宁省首例残联系统渎职案纪实》，载《检察风云》2012年第9期。

② 参见全国人大常委会副委员长兼秘书长李建国在2012年8月27日在第十一届全国人民代表大会常务委员会第二十八次会议上所作"全国人民代表大会常务委员会执法检查组关于检查《中华人民共和国残疾人保障法》实施情况的报告"，载中国人大网：http://www.npc.gov.cn/npc/xinwen/2012-08/30/content_1735374.htm。

③ 《关于发展残疾人辅助性就业的意见》，残联发〔2015〕27号，2015年6月29日发布。

④ 夏长宝、张江月：《残疾人证就业：企业、社区居委会、残疾人间的行为逻辑分析——以×社区为例》，载《残疾人研究》2015年第4期。

在全国人大内务司法委员会1992年《残疾人保障法》执行情况中，已指出企业不愿意招聘残障者，并认为原因是“一些企业领导强调用工自主权”,① 影响按比例安排残障者就业原则的落实。但以上解释均忽略了企业的规模，也忽视了现实中大量想真实招聘残障者却难以招到的现实，也即忽略了就业机会的“供给侧”。进一步说，应关注“就业过程”考察按比例就业制度异化发生的制度空间。而无论是《残疾人就业条例》（2007），还是取代了《残疾人就业保障金管理暂行规定》（1995）的《残疾人就业保障金征收使用管理办法》（2015），都缺乏更细致的按比例就业及残保金征收规定，某种程度上造成了异化或寻租现象的发生。具体表现在以下三个方面：

（一）忽视单位的规模与就业情境

企业规模与雇佣残障者之间有何种关系？不同规模的企业在招聘残障者比例方面具有何种差异？对该问题的回答有助于理解哪些企业招聘了残障者，哪些企业招聘了足够比例的残障者。为了方便比较，本部分把企业规模按1.5%的就业比例对应的企业职工数划分，小于1就是能够达到安置一个残障者的比例，换算成数字就是67人的企业规模。

从东莞市已安置残障者的企业单位看，3232家企业中有1712家规模小于按照1.5%的比例安置残障者所对应的67人，也即1712家企业规模小于67人，占据一半以上，1712家企业安置了2578名残障者。总体上小企业当中残障职工的比例是4.5%，中等企业里残障职工的比例是2.5%，比较大规模的企业是1.4%，在总体上均接近法规规定的1.5%的比例。就安置的残障者数量分布来说，小规模企业安置了27.5%的残障者，中等规模的企业安置了16.6%的残障者，比较大规模的企业安置了55.9%的残障者。可见，小规模的企业更容易超过法规所规定的安置比例，但是大规模的企业是安置残障者就业的主力。

---

① 参见全国人大内务司法委员会副主任委员焦善民1992年11月5日在第七届全国人民代表大会常务委员会第二十八次会议上所作“关于检查《中华人民共和国残疾人保障法》执行情况的汇报”，载中国人大网：http://www.npc.gov.cn/wxzl/wxzl/2000-12/14/content_2812.htm。

表 3　东莞市 2016 年度不同规模已安置残障者的企业单位安置残障者的差异

安置规模	（企业规模）	<1	>1～≤2	>2
企业数量	n	1712	665	855
职工数目	均值	33. 15	95. 72	428. 61
	标准差	15. 147	19. 391	450. 767
	和	56749	63651	366461
安置残障者	均值	1. 505898	2. 346502	6. 133535
	标准差	1. 0343239	1. 4901742	8. 1364400
	和	2578. 0970	1560. 4240	5244. 1720
比例 1	残障职工比例	4. 5%	2. 5%	1. 4%
比例 2	安置残障者规模	27. 5%	16. 6%	55. 9%

相类似的特征同样存在于山东省金乡县的企业单位中（表 4）。在 743 家企业单位中，绝大多数企业规模小于 67 人，也即达不到应安置 1 名残障者的规模要求。残障职工比例在不同规模企业间呈现出与东莞市不同的特征，但同样在最终安置的残障者数量上平均而言大规模企业更高（3. 22 人），东莞市为 6. 1 人。总数目上也是这种趋势，金乡县超过 90%的残障者被大于 67 人职工的单位招聘。

表 4　金乡县 2015 年度不同规模全部企业单位安置残障者的差异

安置规模	（企业规模）	<1	>1～≤2	>2
企业数量	n	681	35	27
职工数目	均值	16. 50	102. 63	414. 81
	标准差	14. 051	21. 110	442. 268
	和	11236	3592	11200
安置残障者	均值	0. 03	2. 17	3. 22
	标准差	0. 433	6. 364	9. 589
	和	18	76	87
比例 1	残障职工比例	0. 2%	2. 1%	0. 8%
比例 2	安置残障者规模	9. 9%	42. 0%	48. 1%

如果进一部分分析金乡县仅已经安置了残障者就业的企业单位数据，发现企业规模与安置残障人数依然具有显著的正相关（表4）。小微企业中残障职工的比例只有0.2%，中等规模企业中残障职工的比例是2.1%，大一点的企业中残障职工的比例是0.8%。在所有规模的企业单位中，残障职工比例都达到了1.5%；但安置的规模来说，规模越大的企业安置的残障者越多。

表5　**金乡县2015年度不同规模仅已安置残障者企业单位安置残障者的差异**

安置规模	（企业规模）	<1	>1～≤2	>2
企业数量	n	8	5	5
职工数目	均值	44.63	93.20	1007.80
	标准差	18.063	21.580	541.366
	和	357	466	5039
安置残障者	均值	2.25	15.20	17.40
	标准差	3.536	9.834	17.009
	和	18	76	87
比例1	残障职工比例	5.0%	16.3%	1.7%
比例2	安置残障者规模	9.9%	42.0%	48.1%

基于以上数据可以得出，第一，更多的小企业达到了1.5%的比例。第二，大企业数量比例小但职工人数多，按比例应该安置的残障者数量大。第三，大企业安置的残障者职工比例比较低，但实际安置的残障人数比较大。第四，安置人数与企业规模呈正相关的比例。这足以说明，在考虑用人单位就业时，必须考虑用人单位的职工规模，即便是存在虚假就业的现实情况下。

在不考虑用人单位规模的情况下，就会忽视雇佣残障者对于用人单位的不同含义，也即忽略用人单位雇佣残障者的收益与缴纳罚金的门槛。我国在立法和实践层面对残障者工作场所的权利实现重视不足，也缺乏有效的工作场所支持服务与相应政策。① 因此，残障者就业所需要的工作场所无障碍改造、工作任务的调

① 廖慧卿：《工作场所支援服务与残障者就业积极保障——简论集中就业的模式转型》，载张万洪主编：《残障权利研究》（第2卷第1期），社会科学文献出版社2015年版，第164~181页。

整、同事关系的协调等，构成了用人单位所要承担的成本。显然，不同规模的用人单位承担这些成本的动力和能力存有差异。在激励不足的情形下，企业选择宁愿缴纳罚金或者采取寻租形式规避政策就具有现实的合理性。

（二）忽视企业雇佣残障者身份：持证残障者

在认定用人单位按比例就业和缴纳残保金上，依据的是标准是持证的残障者。然而，从残障者总的劳动力规模来说是否有足够的残障者供用人单位实现雇佣残障者？更进一步地，用人单位分布的地区差异（即职工人数的地域分布差异）是否会造成用人单位无法雇佣到残障者（市场饱和）？

一方面，据 2006 年第二次全国残障者抽样调查数据，残障人口的年龄构成全国残障人口中，15~59 岁的人口为 3493 万人，占 42.10%；残障人口的城乡分布全国残障人口中，城镇残障人口为 2071 万人，占 24.96%。最新的残障者总数采用 2010 年人口普查推断数据，即 8502 万人。那么，15~59 岁劳动年龄的城镇残障者约为 893.4 万人（8502 万×24.96%×42.10%）。由此可见，在残障者总体中适龄劳动人口的比例本身就比较低。

而另一方面，持证残障者的比例并不高，进一步限制了劳动力市场的规模。例如上海市，据第二次全国残障者抽样调查数据，上海市有残障者 94.2 万名，占总人口的 5.29%。而到 2015 年，上海市持证残障者 423520 人，占本地区户籍人数的 2.94%，残障者持证比例约为 45%。而其他地区这一比例甚至更低，例如山东的这一比例约为 30%，① 河南省约为 25%，② 海南省不足 29%。③ 从全国来看这一比例也不高。据中残联等部门 2016 年发布的《残疾人康复服务“十三五”实施方案》，我国持证残障者近 3000 万名，即便以 2010 年推断的 8502 万名残障者相比，比例也只有 35%。

依据以上两个数据，即便采取最高的持证残障者比例 45%~60%，约有 402

---

① 张榕博：《我省残疾人办证率仅三成残疾人证“含金量”不高，许多残疾人放弃办证》，载《齐鲁晚报》2012 年 12 月 4 日，第 A10 版。

② 蔡君彦、刘学增：《全省残疾人约 720 万，持有二代残疾人证的约为 177.6 万残疾人为啥办证不积极》，载《大河报》2014 年 12 月 5 日，第 A10 版。

③ 张惠宁：《残疾人办证率不到三成》，载《海南日报》2014 年 9 月 25 日，第 A06 版。

万~536万名15~59岁的持证城镇残障者。按比例就业制度所面向的主要是城镇残障者，因此依据城镇就业人口总数即可比较按比例就业所潜在需要的残障者适龄就业人口。2017年末全国就业人员77640万人，其中城镇就业人员42462万人。那么，即便不考虑就业人员所在单位的规模分布，按照1.5%的安置比例，约需要安置636.93万人。可见，从总体上也难以有足够的持证残障者。

如果再考虑到用人单位不同地区的分布差异，那么残障者人数少而用人单位多的地区，更容易呈现出大量用人单位未雇佣或不足比例雇佣残障者的情形。此外，各地的残障者数量是依据抽样地区所获的符合残障者标准的残障者比例，结合本地总人口获得，那么本地区的残障者实际数量存有误差。①

五　按比例就业制度优化路径

按比例就业制度是国家对残障者给予的特别扶助措施，目的在于促进残障者就业的实质平等。② 按比例就业制度规定用人单位必须雇佣一定的比例。以上分析表明该制度出现异化，现实当中大部分单位并没有雇佣残障者，雇佣残障者的大部分单位也没有达到相应比例，乃至出现“虚假就业”，偏离了政策目标。基于按比例就业制度的分析表明，用人单位出现“重缴纳轻吸纳”状况有其制度基础。从一个方面来说，考虑到我国用人单位以小规模为主（小于按比例安置1名残障者），对于大部分用人单位来说，缴纳残保金不仅有“罚金”的性质，更具有了“税收”的性质。

（一）基于用人单位现实进一步完善制度

我国按比例就业制度安置残障者就业的唯一标准是用人单位的在职职工人数，而诸如地域、行业、工种等方面都没有细致的规定。限于目前的数据，很难描绘这些实现了按比例就业的残障者进入了何种性质、行业的用人单位。

---

① 陈功、郭超等：《全国两次残疾人抽样调查设计和方法的比较分析》，载《人口与发展》2014年第20卷第4期。

② 黄薇主编：《中华人民共和国残疾人保障法释义》，法律出版社2008年版，第15页。

仅就不同规模的用人单位分布而言，完善按比例就业制度应考虑到用人单位规模大小对雇佣残障者的动力和能力。仅以企业法人单位为例，企业法人单位数从1996年的262.8万个增长到2015年的1259.3万个。1996年、2001年我国进行的两次全国基本单位普查，大致能看出从业人员规模的分布，从业人员规模在50人以下、50~99人、100~999人、1000人以上的企业法人单位数比例，1996年、2001年分别为77.0%、10.8%、11.4%、0.8%和82.1%、8.6%、8.7%、0.6%。从业人员规模在50人以下的企业法人单位占据绝大多数。按照按比例就业制度，这些企业不足以安置1名残障者。征收残保金以单位缴纳，如此庞大的单位规模无疑增加了征收和企业成本。①

按比例就业制度规定所有单位均有法律义务雇佣一定比例的残障者，并辅以相应的奖惩措施。前文的分析表明，更大规模的单位雇用了多数按比例就业的残障者。因此，针对用人单位应承担与其规模相当的社会责任。具体来说，可以实行“门槛之上必须安置，如果未达相应比例则征缴残保金，超过则奖励；门槛之下无须缴纳残保金，但雇佣残疾人有奖励”的原则。除此之外，还应考虑到用人单位和（持证）残障者分布的地区差异。因此，也要重新考虑某一具体雇佣比例的合理性。

（二）从就业机会转向就业场所支援服务

如上分析表明，即便使用不尽合理的城镇职工人数计算，应安置的残障者超过600万名。而据《2016年中国残疾人事业发展统计公报》（残联发〔2017〕15号），“城乡持证残疾人就业人数为896.1万人，其中按比例就业66.9万人”。可见，该制度设计仅完成了小部分目标。按比例就业制度重在“就业机会的供给”，而且目前的制度实践对就业场所支援服务的不足，不仅影响残障者的就业质量，同样反过来限制了残障者的就业岗位提供。

优化按比例就业制度除政策对象和标准的完善外，就业场所支援服务的供给也是应努力的方向。无论是《残疾人机会均等标准规则》还是《残疾人权利公

---

① 孙涛：《“残保金”究竟保障了谁——我国残疾人就业保障金制度解构》，载张万洪主编：《残障权利研究》（第2卷第1期），社会科学文献出版社2015年版，第138~163页。

约》，都强调残障者在工作场所获得必要的环境调整与社会服务的政府责任。①

就业场所支援服务是就业岗位与残障者匹配的中介与桥梁，用人单位固然要承担相应的法律义务和社会责任，然而雇佣残障者则需要更有效的公共服务。目前仅有的税收、超额雇佣奖励显然不够，且缺乏针对心理支持、生活照顾、出行等支援服务。尤其对心智障碍者就业而言，建构就业支持系统，既可以保障心智障碍者的就业权，也是化解“假就业”问题之道。② 从这个意义上来说，重在发展就业场所支援服务也需要重构残保金的使用方向。

六 结论与讨论

我国的残障者就业政策经历了从集中到分散的演变过程，市场化就业成为残障者就业的主要形式。无论是城镇还是农村，残障者的就业率不高。按比例就业制度是扩展残障者就业机会的重要途径，也是我国残障者就业的基本政策之一。该制度的核心内容是用人单位需要安置一定比例的残障职工，没有达到相应省份所规定的雇佣比例的单位，需要缴纳残保金。近年来用人单位按比例安排残障者就业公示试点，从用人单位角度为我们理解按比例就业制度的实际效果提供了所需数据。

本研究指出，按比例就业制度在推动残障者就业方面实现的政策目标有限。在政策实践中出现异化现象，具体表现为多数单位并未安置残障者就业、已安置残障者就业的多数单位并未达到规定比例，呈现出“重缴纳轻吸纳”的特点，甚至出现残疾证挂靠的“虚假就业”，最终影响残障者就业的岗位供给和就业机会。

进一步地，本文从“就业过程”考察了按比例就业制度异化发生的制度空间。从制度设计上来说，按比例就业制度依据的是单位的在职职工数，但从宏观上并未细分考虑单位规模的分布。这造成了小规模的单位更容易达到规定比例，

---

① 廖慧卿：《工作场所支援服务与残障者就业积极保障——简论集中就业的模式转型》，载张万洪主编：《残障权利研究》（第 2 卷第 1 期），社会科学文献出版社 2015 年版，第 164～181 页。

② 许家成、周海滨：《中国智力和发展性障碍者支持性就业发展研究》，载张万洪主编：《残障权利研究》（第 3 卷第 1 期），社会科学文献出版社 2016 年版，第 111～143 页。

而大规模的用人单位虽然难以达到雇佣比例但雇用了多数的已安置的残障者。从残障者劳动力供给来说，持证残障者的比例低以及残障者分布的社会弥散状态增加了单位岗位与残障者匹配的信息不对称状态。因此，残障者就业所需要的工作场所无障碍改造、工作任务的调整、同事关系的协调等，构成了用人单位与残障者承担的成本。从某种程度上，政府责任呈现“重征缴轻服务”的状态，这种制度本身的异化增加了就业过程的成本，削弱了按比例就业制度的效果。

基于以上异化现象的讨论，一方面需要优化按比例就业制度本身的建构，另一方面要将残障者就业工作从关注就业提供转向就业场所支援服务。在制度再设计方面，需要依据行业、地域、障别等设计更为完善、细致、灵活的政策细则。例如，针对不同规模的用人单位采用不同的法律责任和奖惩措施。而工作理念的转变，则需要关注用人单位与残障者的链接。这需要强化政府责任下的公共服务供给，也即从就业过程为用人单位和残障者建构就业支持体系。

由于缺乏完整的数据，了解按比例就业发展趋势、辨析用人单位雇佣行为、评估政策都面临困难。用人单位按比例安排残障者就业公示制度已经迈出重要一步。基于本研究，最后提出以下相关建议：（1）完善用人单位按比例安排残障者就业公示制度，详细披露用人单位的性质、规模、雇佣残障者人数等数据，为检讨政策、地区比较等提供依据；（2）建立系统的监测机制，了解残障者按比例就业的动态变化；（3）重视统计数据的收集，加快全国残障者人口基础数据库的建设；（4）发展就业服务组织，合理利用残保金提供完善的就业服务，既包括针对残障者的技能培训也包括对用人单位需求、观念的支持。

生态系统视角下残障者就业支持体系的不足与完善*

张倩昕　卓彩琴**

摘　要：运用生态系统理论分析残障者现有就业支持体系的局限：微观系统呈现各主体对残障者的职业胜任力认知和支持不足的特点；中观系统呈现支持性政策缺乏系统协同性且执行力低的特点；宏观系统呈现法律法规不够完善、社会文化充满偏见和歧视的特点。结合各类残障者的实际需求与当前支持的不足，基于生态系统理论发展更完善的就业支持体系：微观系统应以残障者胜任力提升为重点，多元主体协同支持；中观系统残联应充分发挥枢纽作用协助政府制定更完善的系列政策；宏观系统应创建更科学合理的法律法规和公平包容的社会文化。

关键词：残障者　就业　支持体系　生态系统　就业政策

我国政府于 2008 年正式批准联合国《残疾人权利公约》，这标志着我国的残障者事业进入了以权利为本的新时期。《残疾人权利公约》禁止一切基于残障的歧视，第 27 条为"工作和就业"："缔约国确认残疾人在与其他人平等的

---

* 基金项目：2017 年度广东省残疾人事业理论与实践研究课题"生态系统视角下残障人士就业支持体系建构"。

** 张倩昕，华南农业大学公共管理学院社会政策与社会管理专业 2014 级硕士研究生、项目研究者，现为广州市融爱社会服务中心总干事；卓彩琴，社会学博士，华南农业大学教授、硕士生导师，广东省社会保障与社会政策研究中心副主任，广东省减贫治理研究院副院长。

基础上享有工作权，包括有机会在开放、具有包容性和对残疾人不构成障碍的劳动力市场和工作环境中，为谋生自由选择或接受工作的权利。”2016 年，国务院发布《“十三五”加快残疾人小康进程规划纲要》（国发〔2016〕47 号），其中一项主要任务就是“大力促进城乡残疾人及其家庭就业增收”，政策中对稳定发展集中就业、依法推进按比例就业、扶持自主创业和灵活就业、大力发展辅助性就业等六大残障者就业保障工作做了明确要求。由此可见，解决残障者就业问题甚为紧迫，这也是目前政府以及学术界共同关注的一项重要研究议题。

一　研究现状及本文研究思路

（一）研究现状

有关残障者就业的研究最早可追溯到 20 世纪初，1920 年美国的《职业康复法》是世界上第一部针对残障者就业的法律。我国主要从 20 世纪 90 年代开始相关研究，并逐渐融入国际视野。残障者就业研究涉及不同学科和不同视角，政治学从人权出发研究残障者的就业权利，经济学从劳动力市场的供给和需求入手研究残障者的就业空间，社会学从社会政策与服务视角研究残障者就业权利的实现路径①。

不少学者关注残障者就业政策，主要的研究涉及政策内容、政策执行、政策评估、政策完善等方面。我国学者针对国内残障者就业政策的相关研究，普遍得出这样的研究结论：集中就业、按比例就业和个体灵活就业三类政策均在一定时期发挥了积极功能，推动了残障者就业权利的实现，但政策的执行中存在种种阻

① ［英］迈克尔·奥利弗、鲍勃·萨佩：《残疾人社会工作》，高巍、尹明译，中国人民大学出版社 2009 年版；熊斌、董志强等：《残疾人力资源开发——一般分析以及基于重庆的实证研究》，四川大学出版社 2002 年版，第 156 页。

碍和困难，导致政策效果不佳。[①] 我国相关研究认为，影响残障者就业的因素可以归纳为内因和外因，内因是残障者自身的身体、心理、工作意愿及文化水平等；外因主要是社会歧视与偏见、政策不完善、雇主的认识存在偏差、就业形式单一、就业服务不完善等。[②] 现有的残障就业研究给予了本研究很好的启发与方向，针对目前我国的几种残障就业形式，结合影响残障者就业的主要因素，本研究重点从残障者本身的视角探究我国残障者就业政策落实过程中的困难在哪里？残障者本身对就业的需要是什么？

（二）研究思路

本文采用访谈法了解残障者群体对就业支持的理解和感受，同时对直接就业支持系统——家庭、残障者服务机构、用人单位等进行观察和访谈，了解他们在残障者就业支持过程中的困难和需要。研究者在两年时间里，分别对全国各地56名不同类别的残障者及其家属分别进行了非结构式深度访谈，并到广州、北京、东莞、上海与各类残障者专门协会开展了多次团体焦点访谈，访谈提纲详见表1，了解各类残障者的就业故事，收集质性材料。研究者召开及参与了四次全国性融合就业工作座谈，与来自全国各地的残障者、家属、DPO组织工作人员、

---

① 廖慧卿、罗观翠：《从国家到市场——中国大陆残疾人集中就业政策变迁（1949~2007）》，载《学习与实践》2010年第10期；廖慧卿、罗观翠：《基于残障概念模式的残疾人就业政策目标评价》，载《华中科技大学学报（社会科学版）》2012年第2期；廖娟：《残疾人就业政策效果评估——来自CHIP数据的经验证据》，载《人口与经济》2015年第2期；马永伟：《兰州市城关区按比例安排残疾人就业政策执行情况调查研究》，载《学理论》2010年第30期；王优：《上海市残疾人就业政策演变及其有效性分析》，华东师范大学2011年博士学位论文；杨娣：《地方残疾人就业政策比较与评价——以按比例安排残疾人就业为例》，载《宜春学院学报》2011年第33卷第7期；李薇：《广西残疾人就业政策执行效果研究》，广西大学2014年硕士学位论文；姚明月：《残疾人就业公共政策有效执行的研究——以内蒙古自治区为例》，内蒙古大学2012年硕士学位论文；于敏：《残疾人就业政策及执行问题研究——以N市B区为例》，南京师范大学2011年硕士学位论文；吴耀环：《社会政策视角下福建农村残疾人就业保障问题研究》，福建农林大学2014年硕士学位论文。

② 赖德胜、廖娟、刘伟：《我国残疾人就业及其影响因素分析》，载《中国人民大学学报》2008年第1期；卓彩琴、李颖奕：《农村残疾人就业排斥及对策探讨——以广州市农村残疾人为例》，载《改革与战略》2009年第5期；张晖、王萍：《残疾人就业需求愿望与现实满足的影响因素研究》，载《西北大学学报（哲学社会科学版）》2011年第41卷第6期。

企业代表、残联工作人员代表等共同探讨残障融合就业实践及对策，结合残障者需求，提出切实可行的残障者就业支持对策建议，收集了大量原始资料。访谈资料的编号方式：残障者为C，亲属为Q，残障者服务工作者为G，用人单位代表为D，将访谈材料初步归类。

表1 **访谈提纲**

访谈对象及编号	访谈提纲内容
残障者C、残障亲属Q	您/您的亲友残障的基本情况是怎样的？您/您的亲友的就业经历是怎样的？您/您的亲友在就业过程中遇到哪些困难？您/您的亲友接受过哪些就业相关的服务？您/您的亲友在就业过程中需要哪些协助？您对自己/亲友对就业的期待？对该类别残障者就业的期待？当前这类残障者就业面临着哪些困难？在就业过程中，需要哪些服务支持？对于就业，还需要哪些政策支持？
用人单位代表为D	是否有残障用工的经验？有否考虑过残障用工？对于残障用工过程，您的考虑因素有哪些？残障用工的阻力有哪些？关于残障用工，需要哪些资源或支持？对残障员工的期待是什么？
残障者服务工作者为G	当前残障就业服务有哪些？能做到什么程度？残障用工的阻力有哪些？对残障者就业的期待是什么？关于残障用工，需要哪些资源或支持？提供服务过程中遇到哪些困境？机构发展的困难有哪些？需要哪些资源支持？

研究者将收集回来的大量访谈材料、文献资料、观察记录资料，根据残障者、家庭、残障者服务机构、用人单位、政府五大类别展开分类梳理。经初步整理后，结合生态系统理论，采用连续接近法、举例说明法、归纳总结法对中国当前残障者就业支持的局限展开深度分析，然后发展完善多元积极参与下的残障者就业支持体系。

本文的研究视角为生态系统理论。生态系统理论是国外社会工作领域中的一个重要实务理论，从一般系统理论发展而来，关注个人与环境的互动，在评判和反思中，一般系统理论引入生态学等相关理论元素，发展出生态系统理论，并提出了不同的系统模型和实践模式，同时生态系统理论包含生命周期、人际关联、胜任力和生活中的问题等几个核心概念①。本文认为布朗芬布伦纳（Bronfenbrenner）提出的系统模型最完善，他将生态系统划分为微系统、中系统、外系统、宏系统以及长期系统。微系统是指个体活动和交往的直接环境，中系统是指各微观系统之间的联系或相互作用过程，外系统是指那些个体并未直接参与但通过影响微系统而对它们产生间接影响的系统，宏系统是指的是存在于以上3个系统中的文化、亚文化和社会环境，长期系统是指系统的历史变迁。这些系统之间通过一定的联结和能量流动构成了生态系统理论的系统模型②。而格林（Greene）总结归纳出的几个核心概念也十分适用于分析残障者的问题，人际关联是指个人拥有与他人建立关系的能力，胜任力则是个人在与环境互动的经验中建构起来的有效掌控环境的能力，生活中的问题就是人与环境之间的失衡③。

本文参考以上系统模型，并对布朗芬布伦纳提出的系统模型进行修正，应用于分析残障者的就业支持。本文将影响残障者就业的系统划分为：微观、中观、宏观三大环境系统，微观系统是指直接支持残障者就业的家庭、用人单位、残障者服务机构等微系统，同时包括中系统，即强调微系统之间的互动协同性；中观系统是指对微观系统起支持作用的政策系统，这其中残联发挥着重要的作用；宏观系统是指影响微观和中观系统的社会法律法规及文化系统。本文依据这三个系统维度，以残障者及家属受益群体的需求视角入手，深入剖析残障者就业支持体系的局限，着重提升残障者的胜任力，发展更完善的就业支持体系。

二　中国当前残障者就业支持体系的不足

残障者在就业过程中遇到各种各样的困难，需要政府、残联、家庭、残障者

---

① 卓彩琴：《生态系统理论在社会工作领域的发展脉络及展望》，载《江海学刊》2013年第3期。

② Bronfenbrenner U., *The Ecology of Human Development: Experiment by Nature and Design*, Cambridge Mass: Harvard University Press (1979).

③ Greene R., *Human Behavior Theory and Social Work Practice*, New York: Aldine De Gruyter (1999).

服务机构、用人单位等多主体的支持与协助。当前中国的残障者就业支持体系还不能很好地满足残障者的就业支持需求，使得残障者就业依然障碍重重，下面从微观、中观、宏观三大系统逐层分析，探究当前中国残障者就业支持体系的局限。

（一）微观系统：对残障者的职业胜任力认知和支持不足

1. 残联下属就业服务机构：对残障者的职业胜任力评估和提升不足

残障者服务机构是各级残联下属的各类事业单位，残障者就业服务中心是各级残联下属开展残障就业工作的主要服务机构，残障者职业介绍是中心的一项重要工作，每年市一级的就业中心至少举办 4 场残障者专场招聘会，而残障者的就业率仍然不理想，就业稳定性很低。一方面，残障者难以找到适合工作，另一方面，有些用人单位想招收残障者人士，就业中心却找不到合适的残障者去应聘，政策效果不理想。

本文认为，之所以出现这样“尴尬”的局面，是因为目前残联下属的就业服务机构对残障者自身的能力评估和社会适应性服务不足，服务人员过多关注就业岗位的要求，缺少对残障者职业胜任力的关注与提升。公办残障者就业机构往往从整个残障群体出发，缺乏对不同残障类别不同残障等级的细致分析，由于残障者的具体情况千差万别，机构一般无法做到具体的需求评估及针对性能力提升服务。

在一场某市举办的残障者专场招聘会上，现场有 43 个用人单位对不同类别的残障者进行招聘，现场可见招聘智力残障者的岗位都是保洁类，有 2 个单位招聘视力障碍者，2 个是客服公司。但现场并未见有视力障碍者前来应聘，一眼看去，整个会场的求职者以肢体障碍者为主。①

2. 家庭：过度保护而降低了残障者职业胜任力

残障者就业的第一步就是走出家门，走出家庭的“温室”，家长必须学习

---

① 资料来源：观察记录，残障者专场招聘会，时间为 2016 年 5 月 18 日。

“放手”。若家长过分看待“残障”，什么都替孩子包办，过度照顾，家长对孩子的溺爱往往限制残障孩子的发展。我国不少家庭面对残障者都不知如何处理，对于残障者的教育、就业更是认知甚少。很多家长认为残障孩子不能自我照顾，不知孩子可以做什么，更不可能公开就业。在这样的家庭观念促使下，家长对残障孩子的就业期待不明，往往不能正确认识残障以及了解孩子的能力，因此，家长们对残障孩子就业的支持十分有限。

“我孩子快初中毕业了，也不知道可以去哪里，之前一直在特殊学校，他不会照顾自己的，我老了以后都不知道怎么办。”“我孩子做过清洁，不过太累了，我不想他继续做。”“我们智障的孩子做的都是又脏又累的活，一点都不好，我没打算让他去工作。”①

3. 民办服务机构：对残障者的职业胜任力无力支持

进入21世纪，我国的社会服务开始缓步发展，各类民间服务机构也开始增多。为残障者服务的，主要以康复服务、培训服务为多，也有少量机构提供就业服务，在经济发达的城市地区，北京、上海、广东最为集中，中西部地区的社会力量发展得较为缓慢。大部分机构都处于起步探索阶段，服务的系统性与专业性不足，且目前政府对这些民办服务机构缺乏统一的规范指导与绩效评估，各个组织都在尝试摸索，在经费十分有限的情况下，发展举步维艰，出现地区发展不平衡和服务重复或空白的现象。

“我们的残障就业服务都是靠社会募集回来的资金开展的，很艰难，用的也是大部分是义工资源，能省就省，还是钱的问题。”“目前政府推的支持性就业只是针对心智障碍人士，有少量这方面政府购买服务项目，其他类别的残障就业服务都是我们市就没有项目可以给到社会组织。”“资金短缺是现在最大问题。”“做心智障碍者支持性就业成本很高，一个就业辅导员一年做5~6个个案就很多啦，所以人力成本很高，这个得让大家知道。”②

① 资料来源：残障者亲属集体访谈，访谈时间为2016年6月13日。

② 资料来源：残障服务工作者集体访谈，访谈时间为2016年9月13日。

4. 用人单位：对残障者的职业胜任力认知和支持不足

现阶段，我国残障者就业政策中，值得关注的是按比例就业政策及其对应的残疾人就业保障金征收管理办法，它要求企业按照不少于某一特定的比例招录残障者就业，如果低于这一比例，则要缴纳残疾人就业保障金。

随着新的《残疾人就业保障金征收使用管理办法》于2015年10月1日起施行，残疾人就业保障金的征收计算办法，不再按以前的社会平均工资，而是按企业平均工资，这促使高薪金的企业从缴纳残保金转向考虑招募残障人士用工。目前，我国用人单位考虑招用残障者时，除非是特定需要的行业，一般单位第一时间想的就是使用轻度肢体障碍者，他们普遍认为轻度肢体障碍者在工作中障碍程度最低，无须投入无障碍建设或改造，这使得在残障用工中，轻度肢体障碍者成为企业招聘的大热，而其他类别的障碍者却少有问津。

“到一家希望招聘肢体残疾人和视力残疾人的电话客服公司走访，发现这家公司共有12层，有台电梯，但电梯比较小，无法容纳轮椅使用者，每层楼的洗手间都没有设置无障碍的卫生间，而卫生间的门有点小。总体而言，如果这个公司招聘重度残疾人，无障碍环境改造需要比较多，有一定难度。”①

当用人单位被问到怎么看残障用工，有下面这些想法：

“我们不是很了解残障，他们能做什么，我们单位有他们可以做的岗位吗？也不是很了解他们的能力在哪。”“最大的问题是不知怎么和残障人士沟通，同事普遍觉得不知道怎么用这类型的同事，觉得他们需要照顾比较多。”“我们单位有用过残障者，不过一个做一个月，一个做了不到三个星期就离职了，离职时我问过他们，他们觉得融入不了单位的同事，感觉被排斥，不舒服，因而选择离开。”②

政府对用人单位的支持不足，无障碍环境建设十分有限，雇主和单位的人力资源部门缺乏对残障人士的了解，残障意识不足，面对按比例安排残疾人就业制度，用人单位处于极其被动的状态，招收残障员工时犹豫难决，对于残障员工的

---

① 资料来源：观察记录，C电话客服公司，时间为2016年8月12日。

② 资料来源：用人单位人员集体访谈，访谈时间为2016年7月15日。

支持更是心有余而力不足。

5. 各支持主体协同性不足

微观系统中，残联下属就业服务机构、家庭、民办服务机构以及用人单位，是直接支持残障者就业的主体。当前我国的就业服务大部分以服务残障者本身为主要目标，各个参与主体的关注重点仅仅放在残障者身上，主体与主体之间缺乏深层联动，协同性不足导致针对残障者的就业支持变得零散、碎片化，个别地区出现服务重叠或完全空白的现象。

"一个快餐店里，一个主管正在跟一个智力障碍的男孩讲解一天的工作，在讲解后只见那个男孩一动也不动，那个主管十分无奈，自言自语走开了，小声说'不知道怎么跟他说'，随后叫了另一位员工和那个男孩说。"（经了解，这个男孩是单位到就业中心招聘回来的，但没有相关就业服务人员跟进过，直接到单位上班，当天是他上班的第 6 天）。①

残障家庭、用人单位与残疾人服务机构是相对隔离的，用人单位与家庭的沟通不足使得残障者的职业胜任力没有能得到及时的巩固和维持。服务机构在推荐就业后，家长不理解不支持，与用人单位发生冲突的现象时有发生，使得服务机构的就业工作障碍重重，服务成效并未达预期效果。

（二）中观系统：支持性政策缺乏系统协同性且执行力低

中观系统指对微观系统起支持作用的政策系统。目前，这个政策体系缺乏系统性且执行度低。

1. 残联积极推动残疾人就业促进政策发展，但政策实际执行力度偏低

残联作为一个人民团体，接受政府的委托，承接管理残障者事务的工作，同时又是盲人、聋人、肢残人、智力残障者和精神残障者五大专门协会的联合，是极具中国特色的一个残障者组织。它既代表着政府服务残障者，也代表着残障者本身。在中国，提到"残障"，人们几乎第一时间想到的就是"残联"。为了抓

① 资料来源：观察记录，用人单位 A 快餐店，访谈时间为 2016 年 7 月 30 日。

好残障者的就业工作，在残联建立之初，中国残联、省、市残联均在各级残联机关层面建立了教育就业部或处，区一级残联也有专门的人员负责教育就业工作。

多年来，残联推动政府制定很多残障者就业促进政策，大多数由各级残联负责组织实施，但同时残障就业政策往往涉及劳动、人事、卫生、财政、税务、工商等各个政府职能部门，残联在事实上并没有相应的审批、执法权。但当前中国政府对残联角色、职能定位不清，赋予残联过高的角色期待，政府和人民都把残联当成残障问题的“万能解药”，而事实上残联处理很多问题时却是力不从心，致使很多很好的政策在落地过程中障碍重重。

2. 对残联下属就业服务机构的支持性政策缺乏激励机制

目前为残障者提供就业服务的大多为公办的事业单位，这类服务机构的最大不足在于难以创新，甚至出现同一项目每年重复做的情况，不能及时跟上就业市场的发展变化。比如：残障者网络主播、人工智能图像数据采集员、压花工艺等等一些新兴就业方向，往往难以迅速被纳入政府的技能培训及就业服务项目。

此外，这类公办服务机构一般无法完成更为精细化个别化的服务，不少地方的残障者就业服务中心只开展一些残障者普惠性的技能培训或简单的职业介绍工作，缺乏对残障者家庭及用人单位的深层次支持。研究者发现，目前各地方市、区一级的残障者就业服务中心（所），普遍没有做到残障家庭、民办服务机构、用人单位等其他直接支持残障者就业主体的“中间人”角色，没能发挥其统筹功能，因此，各个支持主体的支持显得零碎，缺乏系统协同性。

3. 残障者家庭支持性政策缺失

纵观中国残障者就业支持政策，极少针对残障者家庭的政策。在残障者就业的问题上，残障孩子的家长也是战战兢兢，他们也渴望孩子可以就业，自力更生，但面对现实的困境，他们早已疲于应付障碍者的照顾等各种问题，根本无暇顾及协助支持残障者就业，或者说连残障者亲友本身尤其是主要照顾者，他们自身的就业都是一个十分困难的问题。

“我们这类（智障）孩子需要人照顾，家里起码有一个人拖在这照顾孩子，一份收入难以维持生活啊。”“我是有工作，但孩子一发病，我就请假，老板也不喜欢我，我估计也做不久了。”“我已经很多年没有工作了，就是照顾孩子，我儿子是自闭症，生活也不能自理。”“两个孩子的家庭享受不了计划生育独生子女致残的补贴，其实这类家庭很需要这点经济支持，有些家庭有两个甚至多个残障孩子，主要是一些遗传性的残障。”①

4. 对民办服务机构的支持性政策缺乏系统性和协同性

针对助残民办服务机构的支持政策主要以购买服务、创新创业基金、公益创投、福彩金资助等形式予以补助，扶持社会组织开展残障就业服务，但比起对残障康复机构的扶持，对社会组织开展就业服务的扶持力度明显不足，政府购买的服务项目在就业方面的较少。不少社会组织为了生存，只能迎合政府服务的需要，放弃某些服务内容，因而当前开展残障就业支持服务的组织只有发达城市中零散的少数几家，且缺乏专业性系统性。

“我们协会最大的困难就是经费、人手严重不足。”“本来残障人士的情况就很难改善，我们一没资源，二没政府项目，很难维持。”②

5. 对用人单位的支持性政策执行力较低

2007 年国务院颁布《残疾人就业条例》，按比例安排残障者就业在全国范围内逐步推广。2013 年，中共中央组织部等 7 部委联合签发《关于促进残疾人按比例就业的意见》，在实践中亦取得重大突破，包括政府机关及企事业单位开始定岗定向招收残障人士，标志着按比例残障者就业正式成为我国残障者就业的主要形式。这些政策确实为用人单位招收残障者用工提供了有力的保障依据，但按比例就业政策单一以缴纳保障金代替接受安置残障就业的规定，带有过强的惩罚性质，难以说服用人单位心甘情愿地接受残障者。

尽管我国对安置残障者就业的单位有一定的税收优惠政策，最主要的政策文件为《关于促进残疾人就业税收优惠政策的通知》（财税〔2007〕92 号），然而，政策规定的优惠条件过于理想化且偏离实际情况，优惠范围过窄，且税务部

① 资料来源：残障者亲属集体访谈，访谈时间为 2016 年 4 月 13 日。

② 资料来源：残障服务工作者集体访谈，访谈时间为 2016 年 9 月 13 日。

门对这些政策理解落实度低，单位即使安排了残障者就业也很少获得税收优惠。

当用人单位被问到为什么宁愿交残保金都不招收残障者的原因，其说法众多：

“改造无障碍环境成本太高了。”“残保金不算太高，请一个残障者带来的问题可能更大。”“没有适合残障者的工作岗位。”“现在本来用人成本就高，工资、社保、税收加起来很贵，残障者的工作负荷比较低，即使可以给最低工资，也不少啊，无疑我们要付出得更多。” “我们有试过，不过没有适合的残障者来应聘。”①

中国残障者的就业政策主要以确认残障人士的就业权利为主，强调政府责任，强制用人单位招收残障者，很少具体政策直接支持用人单位，帮助用人单位减少残障用工的成本，提高残障用工的热情及积极性。

（三）宏观系统：不完善的法律法规和充满歧视的社会文化

1. 法律法规不完善

就业是一项普遍人权，联合国《残疾人权利公约》第 27 条有详细规定。在我国现有的法律法规中，并没有引入“合理便利”及“通用设计”的概念，这是中国法律体系的重大不足，使得残障者在就业过程中遇到的无障碍问题难以解决，没有法律依据，合理便利难以获得。根据联合国《残疾人权利公约》，合理便利是指“根据具体需要，在不造成过度或不当负担的情况下，进行必要和适当的修改和调整，以确保残疾人在与其他人平等的基础上享有或行使一切人权和基本自由”；通用设计是指“尽最大可能让所有人可以使用，无须作出调整或特别设计的产品、环境、方案和服务设计，不排除在必要时为某些残疾人群体提供辅助用具”。

2. 社会文化存在偏见与歧视

当前，社会偏见普遍存在，残障人士属于社会少数群体，社会主流群体在观

① 资料来源：用人单位人员集体访谈，访谈时间为 2016 年 7 月 15 日。

念上没有真正接纳残障人士，普遍都只关注残障人士的生存而忽视了他们的发展，使得残障者及家长并没有就业的信心，也影响到各个系统对残障者就业的支持度。尽管近年来有不少社会舆论的宣传，但整个社会的主体权利意识仍十分薄弱，社会模式的残障观未得到普及，残障排斥依然严重。

“政府要多点宣传精神康复者以后的道路，别老是出了什么事就报道，全是负面的，使得大家认为精神康复者很可怕，宣传应该多点放在康复者未来可以怎么样，康复者的路可以怎么走。”①

残障人士往往被视为被照顾者，仅仅满足他们的生存需要即可，很少去关注他们的发展需要，因而残障人士的就业权利就被家庭、社会所忽视，他们的就业权难以得到保障。残障即特殊，整个社会缺乏融合意识，普遍认为残障者不能就业，残障者对职业发展的期待不被理解、不受重视。这些消极的社会文化观念，影响着社会政策的制定者和执行者，影响着用人单位对残障用工的态度，更影响着残障者及其亲属对残障就业的信心，让残障者就业面临着重重障碍，难以跨越。

三 生态系统视角下残障者就业支持体系的完善

针对现有就业支持体系的局限，运用生态系统理论，试图发展出更完善的残障者就业支持体系（如图 1）。

（一）微观系统：以残障者胜任力提升为重点，多元主体协同支持

残障者就业的一个关键就是残障者自身的职业胜任力，微观系统的支持直接作用于残障群体本身，主要以家庭、残障者服务机构、用人单位为残障者提供直接支持。残障者就业需要多方的协同支持，互为补充，相互支持，共同建立起多元主体协同支持网络，发挥残障者的优势，提升残障者的胜任力与人际关联，为残障者就业提供全面支持。

---

① 资料来源：残障者亲属个人访谈，访谈编号为亲属 Q3，访谈时间为 2016 年 4 月 7 日。

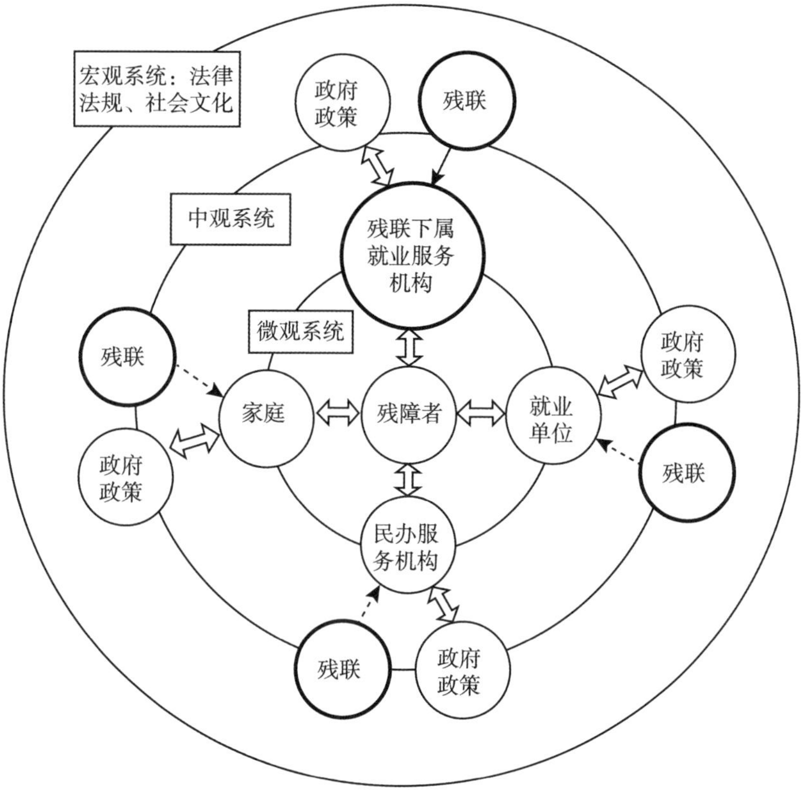

图 1　基于生态系统的残障者就业支持体系

1. 残联下属就业服务机构统筹支持主体，提升残障者职业胜任力

残障者的职业胜任力是残障者就业过程个人在与环境互动的能力，残障者就业既需要残障者个人的职业技能，更要其拥有良好的环境适应力，同时也是家庭、用人单位、服务机构共同支持互动的结果。残联下属的就业服务机构需要进一步开展对残障者自身的能力评估和社会适应性服务，除了关注残障者本身的需要，还要关注家庭、用人单位的情况，真正成为残障者家庭、用人单位、其他民办服务机构的中间桥梁，为其他参与主体提供统筹、联络、咨询服务，促进微系统内部的沟通互动，形成合力支持。

2. 家庭正确面对残障，为残障者提供积极的职业态度和情感支持

残障者家属的态度直接影响着残障者就业。作为残障者的亲友，他们既希望残障者可以就业，又很担心他们胜任不了或者受到歧视，而不支持就业。残障者家属需要以更积极的心态面对残障者，发掘他们的优势，陪伴其成长，从小培养孩子的独立生活能力，为残障孩子就业打下基础。

家庭为残障者就业过程中提供及时的情感支持。大部分残障者与社会接触不多，自卑敏感，在就业过程中容易产生情绪，尤其是智力障碍者和精神障碍者更容易因情绪积压导致失控或病情恶化反复，以致无法就业。家属需要对他们进行持续的情感支持以稳定就业。

3. 民办服务机构根据残障者的类别与程度，分工合作提供精细化服务

不同类别的残障者由于身体限制的差异性极大，其就业支持需求呈现较大的差异性。一个服务机构的服务不可能满足所有残障的需求，社会服务需要分工合作，就业支持服务应根据不同类别残障者的特性，开展相应的辅助性康复训练、基础能力提升培训、社会倡导服务；视力障碍者需注重提升盲用技术使用的能力，培养多元职业技能；听力、言语障碍者需注重信息交流障碍的补偿支持；肢体障碍者需注重无障碍环境建设及心理重建支持；智力障碍者需注重生活及社交能力训练；精神障碍者需注重情绪支持及社会形象重塑。

此外，根据残障者残障程度的轻重，其能力条件不一。轻度残障者能力相对较好，学习能力相对强，职业选择空间更大，因此，所需的能力培训项目应更为广泛，更为容易分散就业，需要更多用人单位的支持。重度障碍者能力限制会稍大一些，学习能力稍弱，需要集中密集训练，其家庭也需付出更多心力。

4. 用人单位培养残障者的人际关联，积极创造条件接收残障者就业

用人单位尽可能完善职场无障碍设施，为残障者提供合理便利，对残障者就业岗位进行一定职务再设计，给予残障者更多就业机会。比如为视障员工的电脑安装读屏软件，让肢体障碍的员工下午早半小时上班早半小时下班，让他可以错开上下班高峰等。用人单位可与残障员工的家属或就业服务人员保持紧密联系，

多了解残障人士的特点，根据这些特点安排残障者的工作内容和时间，给予残障者一定在岗培训时间，实行人性化的单位管理。

用人单位还可以通过多元文化的倡导，营造平等互助的工作环境，增加员工对残障同事的了解，协助残障者在职场建立人际关联，不仅工作更加便利，还能提升残障员工的职场融入。

5. 各主体协同合作，增强残障者就业支持的系统性

残联下属就业服务机构、家庭、民办服务机构以及用人单位，是直接支持残障者就业的主体，应当协同合作，系统地支持残障者就业，在环境改善的同时，增强残障者自身的职业胜任力，协助其提升社会适应性。残联下属的就业服务机构，作为一个公共的直接服务部门，需要统筹微观系统中各支持主体，是家庭、民办服务机构、用人单位的链接者，协助家庭建立正确的残障就业观；规范安排民办服务机构提供精细化的社会服务；支持用人单位营造适应残障就业的环境氛围。

（二）中观系统：残联充分发挥枢纽作用协助政府制定更完善的系列政策

家庭、各类残疾人服务机构、用人单位这些微观系统要能发挥有效的、持续性的支持，需要系列政策安排对它们进行支持，从而构成残障者就业的中观系统。

1. 残联充分发挥枢纽作用提供适切的政策建议

残联作为一个枢纽型组织，应该牵头协调各部门落实各类残障者就业政策，统筹协调各部门在执行政策过程中的问题，协助残障者解决就业过程中遇到的各类问题，为残障者就业提供政策咨询、政策协调等保障性支持，为家庭、服务机构、用人单位提供助力。

残联制定相关残障者就业支持政策的同时，应进一步推进残障就业政策真正融合到各项就业保障政策体系中。残联作为残障者代表，需要更加细致地分析残障者的就业需要，分类别分程度，具体情况具体分析，建立残障者能力与需求评

估机制，并实现各支持主体之间的转介与合作。

2. 对残联下属就业服务机构制定激励政策，激发其服务活力

残联下属的就业服务机构，在残障者劳动就业、职业培训及职业能力建设等方面均有重要的指导与服务职能。残联作为这些公办就业服务机构的上级主管部门，需要进一步明确两者之间的分工与界限，残联是政策的制定者与推动者，而下属的就业中心应该做到残障家庭、民办服务机构、用人单位的“中间人”，链接各个支持主体，让微观系统实现对残障者的协同支持。

政府需要加大资金、人员投入，紧跟残障者与市场的需求，不断创新优化公办服务机构的服务内容，开发适应新时代的残障者岗位，及时开办相应能力提升培训。针对辅助性就业机构，推动建立更多社区就业机构，帮助残障者实现社区就业；完善辅助性就业形式，解决这类就业形式下大量残障者的社会保险问题。同时，需要引入评估机制，定期对辅助性就业机构开展服务质量评估，促进机构建设，提升服务质量，可进一步创新辅助性就业的工作内容，激发辅助性就业的活力。

“按不同级别分不同工种，在台湾庇护工厂很好，它们就是分门别类的，很细致，就算是同一残疾等级他们有可能适应的工种都是不一样的，所以必须按照每个人的情况来决定他可以做什么。”①

3. 研究出台以残障家庭为对象的就业支持政策

根据对残障者及家属的访谈调查分析，以下两项政策亟待出台。

（1）零就业家庭中的残障者优先安置就业政策。有些残障家庭不只有一个残障者就业困难，家庭中有多个成员就业困难，有些残障者的亲友尽管不是残障者人士，但由于年龄大或者文化程度低，也是就业困难群体。这些零就业家庭没有经济收入，加上残障者的医疗开支，生活生计难以维持。因此，就业政策应当考虑这些零就业的残障家庭，给予更多照顾性安排，具体可以如下安排：残障人士有就业能力的，优先安排这类残障者就业；针对一些重度智力障碍者、精神障碍

---

① 资料来源：残障者亲属集体访谈，访谈时间为 2016 年 4 月 13 日。

者等重残人士家庭，协助这些家庭照顾者就业创业，以解决家庭生计问题。

（2）残障家庭创业扶持政策。政府可建立残障家庭创业孵化基地，支持残障家庭创业，包括创业初期场地租金费用减免，社会保险资助等扶持政策，给予残障家庭创业就业更加良好的社会环境。鼓励个体就业，目前广州市政府已经出台的相关政策值得参考，残障人士创办的个体户，购买社会保险全额由政府资助。尤其是对于残障家庭式就业的手工经济，需要更多的政府扶持，如生产的产品经申请确认后，可否考虑免除各种税收，为残障手工艺品的电商、微商加以认证，支持残障家庭式手工经济的发展。

“现在电商那方面这么好，人可以在家里，就可以创业了，增加一些这样的培训，在家里创业，多一点支持一下，在资金和政策上面支持。政府可以出一套评估的东西，这些评估的东西最好很简单，马上就可以拿得到，根本都不麻烦的。这样就可以鼓励到很多的残疾人创业。”①

4. 加大对民办服务机构的政策支持，促进残障社会服务精准化发展

完善政府购买服务机制推动服务专业化发展。关于助残服务的专业规范、评估体系均在探索之中，尤其是残障就业支持服务。因此，需要进一步加快残障就业服务机构的专业化建设，完善此类项目的政府购买服务机制，政府把最直接的残障就业服务交给社会组织，通过社会组织实现服务的个别化与多元化，更契合残障者的就业支持需求。

残联应指导规范残障者服务机构的残障就业服务，引入社会工作，提升残障就业服务的精细化与个别化，并通过服务绩效评估机制，让残障者切实获得需要的支持性服务。

5. 出台多方面鼓励残障用工的支持政策

（1）企业残障用工扶持政策。针对普通企业，除了按比例分散就业政策外，还应有一些对企业招收残障者就业的奖励或扶持政策，如参考“招收 4050 下岗失业人员社会保险补贴”“大学生创业资助”等政策，给招收了残障者就业的企

---

① 资料来源：残障者个人访谈，访谈编号为残障者 C25，访谈时间为 2016 年 6 月 2 日。

业予以一定的社会保险资助，予以残障创业者一定租金、社会保险资助等，鼓励企业招收残障者及残障者创业。

（2）公共部门带头招纳残障者就业政策。中国残联 2011 年颁发的《关于实施城镇百万残疾人就业工程的通知》（残联〔2011〕78 号）提出，“鼓励、引导各级党政机关、人民团体、事业单位和国有企业带头安排残疾人，并逐步建立岗位预留制度，2011 年，各省选择 2~5 个市或县（区）开展岗位预留试点，总结经验后每年扩大范围”。广州市政府 2015 年出台《广州市关于促进视力残疾人创业就业工作方案》中，提出“加大各级机关安置录用视力残疾人的力度，督导各类事业单位按比例安排视力残疾人就业工作”。以上政策需要对落实情况进行调查分析后修改完善，并不断推广。

（3）用人单位无障碍环境改造资助政策。不管是企业还是公共部门，在残障用工过程一个较大的困境在于提供无障碍设施及合理便利，如能出台相应针对用人单位无障碍改造、残障者特殊辅助器具配备的经费补助，将可减少用人单位在残障用工过程的成本投入，从而提高他们对残障用工的积极性。

（三）宏观系统：创建更科学合理的法律法规和公平包容的社会文化

1. 创建更科学合理的法律法规

2007 年 3 月 30 日我国签署了《残疾人权利公约》，更于 2008 年 6 月 26 日，十一届全国人大常委会第三次会议正式批准《残疾人权利公约》。可是，我国的多部法律中都还没能完全地体现《残疾人权利公约》的精神。尽管 2008 年国家对《残疾人保障法》进行了修订，但仍有一些不完善的地方。要更进一步保障我国残障人士的权利，国家应当引入社会模式的残障观，加快修改完善我国的法律法规。

（1）修改“残疾人”的定义：应借鉴《残疾人权利公约》的定义，以权利为本的残障观对“残疾人”赋予新的含义，增加说明：“损伤与各种障碍相互作用，可能阻碍残疾人在与他人平等的基础上充分和切实地参与社会。”这能促使残障人士真正成为一个权利主体，从立法上保证残障人士享有平等权利，消除社会对残障人士的歧视。

（2）增加吸纳“合理便利”“通用设计”理念，逐步完善公共设施建设、保障政策等，让残障人士拥有真正的无障碍社会环境。

（3）在就业、财税、文化服务、公共服务等法律法规中，增加或完善与保障残障人士各项权利相关的条文，让残障者就业支持政策的制定有法律基础依据。

2. 创建更平等包容的社会文化

当前，社会还普遍存在歧视残障者的社会文化，使得大部分残障者及家属对就业失去信心。社会文化会潜移默化地深入每个人的心中，从而影响各个支持主体的意识和态度，如用人单位的雇主、员工、政府官员等，这些都会间接影响整个支持系统的功能发挥。

对待残障，一般有两种模式：个体模式和社会模式。个体模式强调残障的个体责任，对于残障人士就业中普遍面临的就业不足、失业等问题，被视为是个人和医学的问题，由于身体功能障碍导致就业能力不足，心理素质欠缺等。而社会模式强调残障是个体功能局限与社会环境互动的结果，将残障人士的就业问题视为社会障碍而非个人问题，并从消除障碍出发寻找解决残障就业问题的方案。在社会模式主导下，就业是残障者的一项权利，残障人士可参与到经济和社会生活中，通过劳动参与获得经济报酬，实现自我独立，实现自我价值，融入社会。残障人士将不再是从前的被动接受救济的对象，不再被动地接受家长式的就业安置。

因此，各级政府、社会服务机构，应联合倡导社会型残障观，残障是个人与社会相互互动的结果，进一步促进尊重、理解、平等、包容的社会氛围形成，给予残障者参与的机会。残障者的社会参与，能够让更多社会大众认识、理解残障者，逐渐影响更多各界人士关注支持残障者就业。

正式制度与生活实践逻辑

——社会模式视角下上海青年残障者就业问题初探

孙依婷*

摘　要：基于社会模式视角，采用半结构访谈，辅以 ATLAS. ti8.0 进行定性资料分析。试图诠释上海地区青年残障者就业过程中，遭遇的歧视、排斥、不平等、不公正等问题。研究发现，支持青年残障者就业的正式制度逐渐增多，但却未能有效缓解生活实践逻辑污名化、无能化残障者的倾向。相反，生活逻辑可以通过自主援引、解释、改写、曲解等方式，消解正式制度所产生的作用。对此，残障青年在微观层面上，对否定型生活实践逻辑展开了具有主体能动性的应对与反叛，但却难以颠覆结构性的社会建构。

关键词：社会模式　残障　就业

一　引　言

《世界残疾报告》中指出，“残疾”（disability）为一种涵盖损伤、活动受限和参与局限在内的概括性术语，指有某些健康状况（如脑瘫、唐氏综合征、抑郁症）的个体与个人因素和环境因素（如消极态度、使用公共交通设施和进入公共建筑障碍以及有限的社会支持）之间相互作用的消极方面。上述定义指出，残障不仅仅指个体遭遇健康困扰或是身体障碍的状态，更是由于社会环境与个体境况

* 孙依婷，上海大学社会学院社会学硕士。

消极互动所造成的社会性障碍。作为深具社会模式意涵的界定，其挑战性在于指出社会环境对于“残障”及“残障者群体”的深刻塑造与负面影响。

残障①的社会模式认为，损伤是个体限制的一个原因，而残障是强加在损伤之上的。残障是政治、经济和文化规范导致的社会不利状况或活动限制，这些社会规范很少考虑残障者，并将其排除在社会活动的主流之外。

《残疾人权利公约》第27条指出，缔约国应该“在劳动力市场上促进残疾人的就业机会和职业提升机会，协助残疾人寻找、获得、保持和恢复工作；促进自营就业、创业经营、创建合作社和个体开业的机会；在公共部门雇用残疾人；以适当的政策和措施，其中可以包括平权行动方案、奖励和其他措施，促进私营部门雇用残疾人；确保在工作场所为残疾人提供合理便利”。尽管我国已于2008年加入《残疾人权利公约》，但是残障人士的平等就业仍然受到多种形式就业歧视的困扰。②

本文所涉及“制度”，是指狭义的，经国家法律、执政者认可的“正式制度”——即以国家名义制定并支持国家的各级各部门代理人行使其职能的“正式制度”③。

与此相对，生活实践逻辑，则指行动者在社会情境中，经长期实践而形成的文化、习惯、观念、互动模式与互动关系。这种互动包含行动者对正式制度的自主援引、解释、改写、曲解。值得注意的是，正式制度与生活实践逻辑不仅是相对的，且总是在制度的结构性与行动者的能动性之间构成一种相互博弈、相互牵制的复杂张力。正式制度一经发布和实践就能重塑生活，但是，在高度韧性的生活领域面前，正式制度的逻辑与日常生活的逻辑越不匹配，二者之间的关系就越

---

① 社会模式认为，残障是由社会状况（social condition）造成的社会情境（social situation）。残障社会模式把残障问题定位在残障所处的社会、经济结构和社会文化之中，而非个体限制。基于以上观点，本文选取了残障、残障者等具有社会模式色彩的术语，并以此取代具有强烈个体/医疗模式意涵的“残疾”“残疾人”等词汇，个别引用除外。

② 王三秀：《残疾人平等就业保障新思路：制定反残疾人歧视法》，载《社会工作》2012年第10期。

③ 肖瑛：《从“国家与社会”到“制度与生活”：中国社会变迁研究的视角转换》，载《中国社会科学》2014年第9期。

复杂。①

在残障者就业问题上，上海地区的政策和制度制定，显示出较高的前瞻性与平权意识，近年来持续走在全国前列，公共部门招录残障人士的政策导向也比较积极，且趋于常态化。②

基于上述思考，本文想要探讨的问题是：正式制度为何没能解决残障者就业不平等和歧视问题？更应该进一步探讨的是，正式制度所建构的看似公平的体制，在多大程度上，遮蔽与掩盖了残障者的真实处境？在所谓“正常”的公共空间里，在貌似公平的制度层面，却不断排斥残障者的参与，从而导致了丧失公平公正的公共性危机。③ 支持残障者就业的正式制度，在实践中究竟会被生活实践逻辑怎样曲解、改写，从而致使青年残障者的就业面临重重歧视、阻碍、困难与问题？在看似公平、正义的正式制度之下，残障者为何依旧遭遇无能化、污名化的社会建构？

二 残障者就业历程回顾

在改革开放之前的相当长的时期内，社会习惯将残障者称为“残废人”。“废”字的污名化意涵，展现了当时的社会观念对于残障者生命价值的遮蔽与否认。1984 年 6 月，中国政府接受联合国《关于残疾人的世界行动纲领》并概括了“平等、参与、共享”的基本原则。自此之后，残障者平等参与社会生活成为一项国家策略，以正式制度的形式开始出现在社会保障政策中。

有学者在 20 世纪 80 年代初即提出“择优录用莫忘残缺青年”，在招工指标中应对“残缺青年”给予一定的“专用指标”④。囿于经济水平和社会发展的局

① 肖瑛：《从“国家与社会”到“制度与生活”：中国社会变迁研究的视角转换》，载《中国社会科学》2014 年第 9 期。

② 王菁：《2014~2016 年全国各省（自治区、直辖市）实施定向招录残疾人公务员政策观察报告》，载张万洪主编：《残障权利研究》（第 3 卷第 2 期），社会科学文献出版社 2016 年版，第 71 页。

③ 杨锃：《残障者的制度与生活：从“个人模式”到“普同模式”》，载《社会》2015 年第 6 期。

④ 蒋永康：《“择优录用”莫忘“残缺青年”》，载《社会》1982 年第 3 期。

限性，福利工厂等集中式、隔离式就业成为大部分城镇残障青年就业的主渠道。① 翌年，就业保障金的征收为保障残障者分散就业提供了法律依据，但只重收取就业保障金而忽视安排残障者就业倾向，遭到批判和质疑。② 此后，按比例安排残障者就业被视作解决残障者就业战略性举措一再被强调。这也反映出，残障者按比例分散就业的制度推行屡遭阻碍并不顺畅。随着市场经济的发展，残障者从事经营活动的个体就业形式也得了迅速的发展。进入新世纪后，集中就业的主要载体福利企业逐步陷入委顿。亦有研究者指出，集中就业存在隔离化的倾向，易导致主流群体对残障者的误读与歧视。同时，残障群体还面临产业转型过程中的结构性失业问题。至此，按比例分散就业成为残障群体就业的主导形式。③ 2008 年 4 月修订的《残疾人保障法》强调，发展社区服务事业，优先安排残障者就业。建立岗位补贴等制度，使通过公益性岗位和社区就业的残障者超过百万名。④ 此外，电子商务的兴起也为残障者居家就业提供了可能性。⑤

随着高等教育走向大众化，残障大学生的就业问题遂进入公众视野。“消除一切障碍，优先安排残障大学生就业”的口号被一再强调。⑥ 对残障群体的研究视角也开始有所变动，提出要“从优势与潜能的角度去评估残障者的就业能力”⑦。不再将残障者当作被动的、等待救助的人，转而关注其优势与生命价值。不愿雇佣残障者，接受教育和培训机会的不平等，缺少无障碍的建筑等公共设施，就业信息不畅，交通不便，缺少辅助器具支助服务等就业历程中的社会性障碍逐步进入研究者的视野。⑧ 也有研究者提出可以“制度上的有效干预可以缓解

---

① 张潘仕：《残疾青年的社会问题》，载《青年研究》1986 年第 2 期。

② 莫明：《对残疾人两种就业方式的思考》，载《中国残疾人》1995 年第 10 期。

③ 廖慧卿：《从国家到市场——中国大陆残疾人集中就业政策变迁（1949～2007）》，载《学习与实践》2010 年第 10 期。

④ 王岩：《“残疾人保障法”修订的立法背景及主要制度》，载《社会保障研究》2008 年第 6 期。

⑤ 何侃：《“互联网+”时代肢体残疾人居家就业探析》，载《残疾人研究》2016 年第 2 卷。

⑥ 刘志敏：《残疾人大学生就业问题与对策》，载《中国残疾人》2005 年第 5 期。

⑦ 原会建：《优势视角下的残疾人就业》，载《中国劳动》2009 年第 6 期。

⑧ 姜竹：《论政府责任与残疾人就业促进保障策略》，载《残疾人研究》2012 年第 4 期。

（残障青年就业中的）社会排斥问题”①。

问题的关键在于，迫切需要从权利角度（而非以往的病理学的、慈善的视角）来看待和讨论残障问题，需要在《残疾人权利公约》的基础上，使用审视人与社会的互动这个全新视角，进行关于社会建构、身份认同和权利的思考；同时，应通过残障者的法律能力（legal capacity）等角度，重申残障者作为人的主体性，进而对包括医学在内的传统知识发展进行反思。②

三 研究方法与研究对象概况

本文采用的研究方法是半结构访谈，有明确的主题，对访谈结构有一定控制，对特定现象进行深入调查。③ 在定性资料的编码过程中，采取的是开放式编码（opencoding），不受约束地创新主题。④ 并借助定性分析软件 ATLAS. ti8. 0，更好地开展资料分析，高质量地呈现研究结果。⑤

在研究对象的选择上，采取的是立意抽样。基于对研究总体的了解程度，选择于总体有一定代表性的调查对象。此种立意选择的研究对象，虽然不具备推论价值，但却能通过“事件化”的方式来呈现社会要素相互作用的过程，通过机制分析来揭示社会总体结构的特征，在客观经验与主观意义之间搭建一座可解释的桥梁。⑥

本文所选取的 6 位访谈对象，均是在上海地区处于就业状态的残障青年，其就业类型有政府部门、外资企业、公益性岗位、自由职业等，就业类型较为多元。访谈对象中有肢体残障、听力残障、视力残障三种情况。研究对象均为生于 20 世纪八九十年代的青年，受过完整的高等教育，有强烈的就业意愿，

① 于淼：《被排斥与自我排斥的身份认同——一项深圳市残疾青年的经验研究》，载《青年研究》2017 年第 4 期。

② 张万洪、高薇：《多多益善：残障权利的多学科研究》，载《人权》2017 年第 3 期。

③ 仇立平：《社会研究方法》，重庆大学出版社 2008 年版。

④ 风笑天：《社会研究方法（第四版）》，中国人民大学出版社 2013 年版。

⑤ 吴世友：《如何运用 ATLAS. ti 分析定性数据和发掘研究主题》，载《社会工作》2017 年第 12 期。

⑥ 渠敬东：《迈向社会全体的个案研究》，载《社会》2019 年第 1 期。

有较高专业的履职能力和自我实现倾向，所选对象有一定的代表性与典型性。

表 1　　研究对象基本情况

研究对象	性别	代际	学历	就业类型	残障类别
SM	女	90 后	大学本科	事业单位	肢体
AC	男	80 后	硕士	政府部门	肢体
WS	女	90 后	大学本科	外资企业	肢体\轮椅
FM	男	85 后	大学本科	公益岗位	肢体
SL	男	80 后	大学本科	自由职业	听力
SR	男	80 后	大学本科	事业单位	视力

四　研究过程与访谈分析

（一）在生活实践逻辑中：残障青年职业发展的困局

社会模式并非针对个人的，它所针对的是这个致残的社会（disabling society）。社会模式的主导观点认为，因为残障者个体功能限制，所以残障者是个“依赖者”（dependent）而不能工作。然而，社会模式的视角把关注转移到了现代社会组织工作的方式上：工作世界（建筑、工厂、机器、流程和岗位、操作、规则，甚至社会等级）都是适应健全人的，其目的是追逐利润最大化。在这个以工作为核心的社会中，大规模的工业增长，把残障者隔离和排斥在了生产流程之外。而且，社会在向处于特定等级的民众分配物资时，残障者得到的份额经常少于他们那些非残障的同类。① 残障者就业问题研究向社会模式转型的重要意

① ［英］迈克尔·奥利弗：《残障人士社会工作》，李敬、陶书毅、马志莹译，人民出版社 2015 年版，第 38 页。

义在于，残障者从以往作为慈善和怜悯的对象中解放出来，成为平等的权利主体。组织机构、法律、政策等社会系统必须支持残障者实现独立、自主的生活，而非通过居高临下的爱心和慈善行为应对残障问题。① 基于社会模式的视角，更应该思考的是，是怎样的社会机制（受教育权的丧失、劳动权的遮蔽、公平性的丧失等因素）造成了残障者的职业发展的困境，将残障者长期限制在低端劳动力层级之中。

访谈资料分析发现，出现频次最高的编码依次是“对残障的观念难以改变”“低水平的工作”“发展的限制性”“平等地对待残障者”“职务晋升的困境”“遭遇不平等对待”。

有采访对象表示：“（在就业历程中）顺利的是少数，多数是坎坷的，遭遇社会偏见的（访谈对象 FM）。”也有受访对象指出：“（用人单位）聚焦于残障问题，否认残障青年的能力（访谈对象 SR）。”更有人提出对残障观的质疑：“如果 95%的人都是残障者，那么，残障者还是残障者吗（访谈对象 AC）？”

访谈发现，社会残障观倾向于将残障者看作“弱者”“弱势群体”与“不正常的人”，形成了污名化、无能化残障者的生活实践逻辑，因而导致其在劳动力市场中始终处于劣势地位。分析发现，“对残障的观念难以改变”是影响、导致高素养、高技能的青年残障群体职业历程发展受阻的根源之一，也是导致高学历的残障青年始终受困于“低水平就业”的直接原因。

有受访者表示：“（最初从事的工作）是开发票，很乏味，完全看不到未来（访谈对象 FM）。”更有受访者问道：“为什么残障者通常处在一个基础性的职位上，究竟是他们能力不够，还是企业没有给他们机会（访谈对象 WS）？”这位访谈者曾经在某大型企业的招聘会上，向招聘主管抛出这一问题，对方选择了沉默和回避。

这种低水平、非公平性的职业发展困境并非个例。有受访者表示：“（在就业中）很多条条框框是难以逾越的（访谈对象 SR）。”显然，这种社会性的“条框”已经限制束缚了残障青年的发展。有一位学习成绩优秀，工作能力突出的受

① 黄诗欣：《无法摆脱的边缘困局？——残障者职业状况调查》，载张万洪主编：《残障权利研究》（第 2 卷第 2 期），社会科学文献出版社 2015 年版，第 153 页。

访者表示："我是这个部门做得最好的人之一，但领导说，（因为身体情况）你要晋升很难。（能否晋升）与工作态度、与工作质量无关。"

《残疾人权利公约》指出："基于残疾的歧视是指基于残疾而作出的任何区别、排斥或限制。"上述这种拒绝为残障人士提供晋升机会和只提供基础性岗位的做法，实质上已经构成了对残障者的歧视与排斥，是对残障人士平等就业权、发展权的侵害。

只提供基础性岗位，限制残障人士的晋升与发展，是残障青年普遍遭遇的歧视与隐形不平等。发生在一位访谈对象身上的"事件"很有分析价值——他以具有专业技术资格的应届大学生的身份应聘专技岗位。入职后，却被安排从事与自身能力不相符的服务型简单劳动。为了解决自身遭遇的不公平对待和低水平就业状态，他向当地残联反映了自身的遭遇，残联负责人第一时间与其所在部门领导进行沟通协商，但部门领导不仅拒绝为其更换合适的岗位，还不断讥讽、训斥他。对此，这位访谈对象分析道："他们有一种'施恩心态'，觉得招聘残障者就已经为社会作了贡献。"正如一位受访对象所评论的："在有限的资源分配环境中，残障青年处于不利地位。"更值得警惕的是，这种歧视和不平等在一定程度上是被"用人单位为残障青年提供了就业岗位"这一表象所掩盖与遮蔽的，是掩藏在看似"公平"的残障者就业制度之下的"隐形不平等"，是"实质平等的积极义务"①的缺位。

值得注意的是，在这一"事件"中，作为残障群体正式制度主要执行者的"残联"试图解决残障青年就业歧视问题，却遭到了直接的拒绝与忽视。可见，"生活实践逻辑"始终能够"产生消解正式制度实质内涵的多重力量"。迫于正式制度（残障招聘、定向招录残障者、按比例分散就业等制度）的要求，用人单位会筛选符合要求的青年残障者，表示出"接纳"的积极姿态。然而，一旦进入生活实践领域，《残疾人权利公约》《残疾人保障法》等正式制度中"禁止歧视"等法条犹在，但不具有实操性的正式制度却极易被消解于强力的生活实践逻辑中，残障青年面临就业歧视、低水平就业随即成为普遍事实。值

---

① 刘小楠、谢斌：《公共部门带头招录残障人士的实证研究及政策建议》，载张万洪主编：《残障权利研究》（第1卷第1期），社会科学文献出版社2014年版，第29页。

得注意的是，生活实践逻辑对残障青年进行污名化、无能化，并以此消耗着支持残障者职业发展的正式制度，实质上是为残障青年的职业发展设置了多重社会性阻碍（见图 1）。

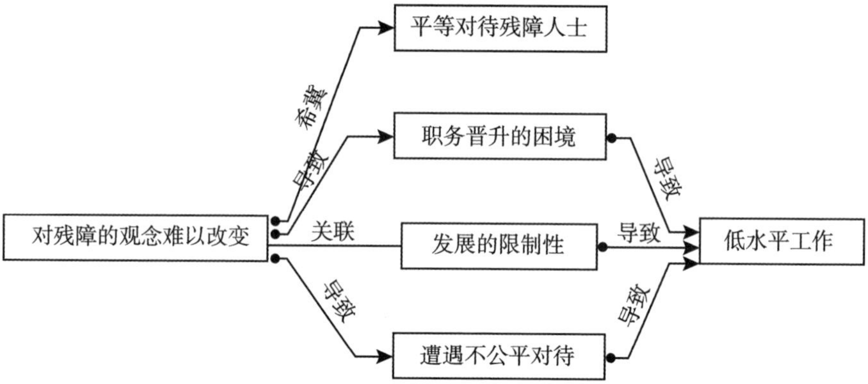

图 1　残障青年职业发展困境的原因解析（ATLAS. ti8. 0 导出）

希腊人发明“stigma”（污名）一词指代身体记号，而做这些记号是为了暴露携带人的道德地位有点不寻常和不光彩。① 在生活实践逻辑中，残障本身就成为具有极高明显度的污名符号（stigma symbols）。

社会构建了一种污名理论，这是一种意识形态，用来解释低人一等和所代表的危险；有时将基于其他差异的敌意合理化了。污名，是社会赋予残障者个体概念化的标签，导致残障者的各项相关权益屡遭侵犯和挑战。② 从社会建构的角度来看，残障污名的形成经历了长期、循环的历史建构。③

生活实践逻辑对残障青年的否认，实质是赋予残障青年污名标签，导致残障青年在社会竞争与资源分配中处于不利地位。由于污名倾向的存在，使得生活实

① ［美］戈夫曼：《污名——受损身份管理札记》，宋立宏译，商务印书馆 2009 年版，第 1 页。

② Faraaz Mahomed, *Stigma on the Basis of Psychosocial Disability: A Structural Human Rights Violation*, South African Journal on Human Right, p. 490 (2016).

③ 关文军：《社会建构论视阈下残疾污名的形成及消解》，载《中国特殊教育》2017 年第 10 期。

践中所有针对残障青年的“区别对待”或是“差异化策略”均被视作合理的、正常的、符合社会规范的，其不公平性得以遮蔽。

有必要提及的是，所有访谈对象都表示，“（如今，社会、大众）能更平等地对待残障人士”。“80后经历了改革开放、90后经历了APEC会议、奥运、世博，时代的变化，本来就是一种推动（访谈对象FM）。”在时代大背景下，社会发展的趋势必然走向开放、包容，这也是支持就业的正式制度不断完善的背景与基础。生活实践逻辑则反之，对残障青年群体进行以否定、污名为主体内容的社会建构。本文认为，这才是残障青年就业历程中问题的根源。

在工业时代，“残障者的存在是在伴随产业化进程的近现代社会需要优质劳动力和有责任的公民作为接班人的过程中，依靠通常的（分类）推动却无法实现时才浮现出来的”。① 当前的中国社会正逐渐步入后工业、信息化的浪潮之中，体力劳动在就业市场中的需求渐次减少，残障者在体力上的“劣势”进一步降低。与此同时，智力与脑力劳动的价值逐步攀升。在此趋势之下，改善和消除“反作用”于正式制度的生活实践逻辑，尊重残障者的生命价值，注重发挥青年残障者的才能，才是有利于社会可持续发展的可行路径。

（二）个体应对策略：社会建构的个体化反叛

在分析中，出现频次最高的个人/微观层面的编码是：“自卑心态”“坚持学习”“康复经历”。很明显，自身的特殊性与社会否定型的生活实践逻辑，早已衍生浸染于青年残障者的自我认同与自我认知之中。有访谈对象就表示：“曾有很长一段时间，不能全然接纳自己（访谈对象WS）。”其他突出的表现有：“不敢报考更好的学校”，觉得“能有一份稳定的工作已不错”等话语。

这些自我否认、自我限制的生活实践逻辑，必然会严重限制残障青年职业发展的可能性。一位访谈对象亲眼所见的一次“事件”，很充分地说明了残障青年“不敢争取”“自我设限”的自卑心态是如何在生活实践逻辑中发生作用的：“一个能力很强的博士生，却在应聘中落选了。其实，他完全可以不走残障招聘这条

---

① ［日］星加良司：《试论残障社会模式的认识误区及其实践性陷阱》，载《社会》2015年第6期。

路。因为一旦选择了残障招聘，HR 就会以固有的思维来看待你。HR 说，他能力太强了，我们 hold 不住。”此事件的特殊性在于，生活实践逻辑既在个人微观层面发挥作用——是这位“博士生”的固有思维和路径依赖局限了自身的发展。同时也在组织层面发生作用，即由于社会的建构和歧视，残障者通常处于低水平工作中，导致人力资源部门所代表的“把关人”形成了残障者等于弱者的刻板印象。这种具有污名化的刻板印象，又会进一步加剧残障者就业的社会性阻碍。

这是生活实践逻辑的吊诡之处。它既在社会结构等宏观层面发生作用，又影响组织等中观层面，也在微观层面制约个体的生活。其穿透力与渗透力极强，无处不在，同时却又令人们习焉不察。

对于残障青年而言，否定型、限制型的生活实践逻辑，不仅源于社会，更源于其家庭，源于痛苦的康复经历。残障不仅是针对本人的污名，残障者的父母也必然要背负污名的影响。① 因此，在社会意义上，康复不仅意味着身体机能上的恢复或补偿，更是残障者及其家庭试图降低、移除社会污名的努力尝试。如果残障者历经康复，最终却未能归入健全人群体，那么，“残障”很可能会成为固着于身体之上的一个“标签”，且在社会的一次次“凝视”与“聚焦”中，对残障者的自信心产生严重打击。

一位访谈对象曾这样描述一段应聘经历——“面试官发现了我的残障，立马不再问任何专业问题，而是开始问我，‘怎么会这样啊？不方便到什么程度啊？会不会影响工作啊？’问得很详细，而且大多数问题与工作本身无关。我当时的第一反应是，我不想再找工作了。”此后，很长一段时间内，这位访谈对象都选择了从事自由职业，以此规避用人单位的健全者中心主义的“审视”。

漠视残障青年的才能，仅聚焦于残障问题本身，这种“无能化”残障者的倾向，本身就是一种基于残障的歧视与排斥，为残障青年的就业历程构建出难以逾越的社会性障碍，更加重了残障者“非正常”“不完美”的自我认知。

通过上述案例可以看出，自卑心态作为个体心理问题，其产生恰恰源于社会

---

① Bianca Manago, Jenny L. Davis, Carla Goar, *Discourse in Action: Parents' Use of Medical and Social Models to Resist Disability Stigma*, Social Science & Medicine, p. 184 (2017).

排斥、歧视、建构及影响。残障本身不构成“问题”，是社会的命名、标签、构建，使其成为一个问题，一个强加于残障青年身体之上，始终难以磨灭的缺陷与遗憾，使残障青年成为“非正常”的存在。基于此，个人的即是社会的。

“正常”一词源自 Norma，意指与规则相符的、合规的。正常，从词源学上说，指正常设计的尺规，既不会偏左，也不会偏右，因而一切都处在最恰当的位置。对残障青年而言，自身是偏颇的、偏离常数的、不正常的、需要矫正的。应予以注意的是，所谓“正常”或是“标准”都是社会构建的产物。标准并不存在，它所扮演的角色，就是贬低存在，以对存在进行修正。①

面对自卑的心态和否定型的生活实践逻辑，残障者也发展出了个体的应对策略，如坚持学习，通常表现为比非残障群体更努力等。这也就形成了整篇访谈分析中，出现频率最高的编码——“坚持学习、努力”。具体表述可以是：“如果我们需要和正常人获得相同的待遇，必须要付出加倍的努力”“残障群体在走进职场后，千万不能忘记坚持学习”等。可以说，努力提高自身技能、学历，是残障青年群体在意识到自身在社会中所处的不利地位之后，作出的策略性选择。这种主动应对的可行性策略，也可以看作是残障青年在微观层面上，对否定型生活实践逻辑进行的反叛与颠覆。虽然难以撼动社会建构性的实践逻辑，但在微观层面应该有十分正面的价值和功用。有一位访谈对象就表示：“（通过学习）建立了自信，也可以引导其他残障者。（且）成为一个引导者，感觉完全不同（访谈对象 SR）。”

除了积极应对的策略以外，创业也为残障青年的职业发展提供了空间。两位有创业经历的访谈对象曾不约而同地表示：“（创业时）没有束缚感。”据此，可以推测，脱离了科层制的嵌入式结构后，残障青年所遭遇的否定型生活实践逻辑有所减少，个体的发展较为自由，为残障青年提供了多元化发展的可能性。

今天，我们处在个体化社会之中，对于个人成就和能力的强调也使得各种社会不平等更为正当化和合法化，更易导致贝克所说一种“组织化的不负责任”

---

① ［法］乔治·康吉莱姆：《正常与病态》，李春译，西北大学出版社 2015 年版，第 84 页。

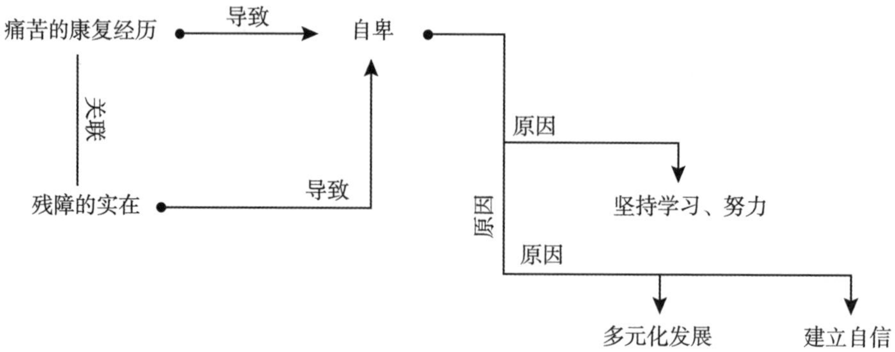

图 2 残障青年的个体策略与发展路径（ATLAS. ti8. 0 导出）

（organized irresponsibility）现象。在这样的社会环境中，如果我们还是依循以往社会政策的建构思路，即少数服从多数，那么就会在有意无意之中忽视和损害越来越多个体或少数群体的利益，进而导致社会矛盾的产生和冲突的升级。① 在个体化时代，对残障青年的就业支持政策应该向多元化发展的方向探索，尊重少数群体的需求与利益，为残障青年的多元化、个体化发展提供空间，反制于生活实践逻辑的否认与遮蔽。

五 残障青年就业过程中的社会性建构与实质平等缺位

本文缘起于对残障者就业正式制度的考察，进而发现林林总总的正式制度并不足以保障和支持残障青年的就业与发展。相反，在正式制度之下，潜藏着一股极为强韧的生活实践逻辑，对残障青年的就业历程构成了重重社会性阻碍，且伴随着实质平等的缺位。

本文经分析发现，伴随着社会的发展，支持残障青年就业的正式制度不断增多。但在其遮蔽之下的生活实践逻辑，却很有可能继续发挥着“区隔”与排斥的功能，消解正式制度的效用，对残障青年的就业历程产生极其负面的影响。

① 文军：《个体化社会的来临与包容性社会政策的建构》，载《社会科学》2012 年第 1 期。

在生活实践逻辑中，“对残障的观念难以改变”是残障青年就业及发展遭遇歧视与排斥、受困于“隐形不平等”、实质平等长期缺位的主要原因。进一步分析可知，生活实践逻辑对残障者的污名化、无能化倾向依然非常明显。其对正式制度产生了强大的消解与解构作用，构成了对残障青年职业能力的遮蔽与否定。残障青年虽可以从微观层面上，以寻求技能增长、多元化就业等方式应对生活实践逻辑，但是仍难以撼动结构性的社会建构。

精神与智力障碍

从鄢成事件看我国监护制度的不足与完善*

范晓红　黄家声**

摘　要：我国《民法总则》虽然规定了不同的监护形式，但在被监护人的保护方面仍显不足。不同的监护人确认程序之间的衔接一旦出现立法漏洞或实践障碍，对于被监护人就意味着生命健康权的伤害。疫情期间，少年鄢成因无人监护去世的悲剧引人深思。从鄢成案出发，结合监护立法与实践现状，提出要明晰监护人确认程序、培育社会监护人、建立监护监督制度等合理建议。

关键词：监护人确认程序　不同监护的衔接　社会监护人培育

2020年1月29日，湖北省黄冈市红安县华河镇鄢家村17岁重度脑瘫患者鄢成，因为父亲被医疗隔离，独自在家6天无人照料，最终离世。这一悲剧让监护难的问题再次暴露出来，成为社会关注的焦点。此次事件再次警示我们：分析、探讨我国监护制度的完善，已是迫在眉睫。

一　鄢成案折射出我国监护制度的不足

疫情之下，鄢成案已经可以检视出监护立法和实践中存在的部分问题，例如

---

* 编者注：本文成文于2020年4月。2020年5月28日，《民法典》通过，并自2021年1月1日起正式施行，《民法通则》和《民法总则》同时废止。《未成年人保护法》于2020年10月17日修订，自2021年6月1日起施行，本文引用的是修订前的《未成年人保护法》，特此说明。

** 范晓红，北京百行宜众助残法律服务与研究中心理事长；黄家声，中国政法大学人权研究院硕士研究生。

确认监护人的程序不清晰、不同类型监护条款的衔接空白、具有监护能力的监护人的不足等。

（一）确认法定监护人的程序不完善

确认未成年人监护人的程序，散见在《民法总则》的不同条款中。其中，《民法总则》第 27 条规定了法定监护："父母是未成年子女的监护人。未成年人的父母已经死亡或者没有监护能力的，由下列有监护能力的人按顺序担任监护人：（一）祖父母、外祖父母；（二）兄、姐；（三）其他愿意担任监护人的个人或者组织，但是须经未成年人住所地的居民委员会、村民委员会或者民政部门同意。"

尽管《民法总则》明确了法定监护人的顺位，但是对于紧急状况下如何确认法定监护人未作规定。新闻报道中提及鄢成的二姑曾上门照料，根据第 27 条的规定，二姑不属于第一、第二顺位的监护人，且没有证据证明二姑具有担任鄢成监护的意愿。因此，对于二姑是否属于第三顺位的监护人则难以判断。生活中，村民一般根据关系亲疏履行照顾职责，并不根据法条作出决定。即便二姑愿意担任监护人的假设成立，根据法律规定，村民委员会还要行使一个重要的权力——同意权，监护权才能合法地从父亲转移给二姑。

目前，法律法规对于村委会行使同意权的程序性事项及审查标准尚属空白，如申请人的条件、批准申请的决议程序和时限、申请人的权益保障、相关文书的格式要求等。此外，对于监护人的前期培训及监护职责的履行、村委会的监督范围、监督方式、监督责任等后续事项也没有作出规定。

上述问题都与被监护人的基本权利息息相关。但遗憾的是，至今法律对此未作明确，地方层面的立法经验尤其是针对残障群体的监护立法经验也极其单薄。关于同意权的形式，最早可以溯及 1987 年实施的《民法通则》。其中，第 16 条中规定，未成年人的父母已经死亡或者没有监护能力的，由"关系密切的其他亲属、朋友愿意承担监护责任，经未成年人的父、母的所在单位或者未成年人住所地的居民委员会、村民委员会同意的"担任监护人。立法现状给少作为或不作为留出了空间，实践中很少有村委会愿意为此投入人力、财力、精力，提前预备，积极主动担当起确认监护人的相关工作。

缺少了法定的确认程序，基本可以判断其二姑只是一个临时照顾人，并不是法律意义上的监护人。

（二）政府的兜底监护确认程序不清晰

本案另一个争议焦点是，疫情突发被医疗隔离时，鄢小文（鄢成之父）口头委托村委会照料，是否构成对村委会临时监护人身份的确认？

《民法总则》明确了监护人的职责是代理被监护人实施民事法律行为，保护被监护人的人身权利、财产权利以及其他合法权益等。显然监护人的职责与照料人不同，两者身份既可以混同，如父母可能既是监护人又是照料人；也可以分开，如委托社会组织作为监护人，养老院作为照料机构。而且村委会作为政府兜底监护人之一，应是依法定职责而非依父母授权委托获得监护人身份。鄢小文的口头委托，不必然产生确认临时监护人的法律效力。

那么鄢成离世前的最后 6 天，谁应该是他的监护人？《民法总则》第 32 条的规定："没有依法具有监护资格的人的，监护人由民政部门担任，也可以由具备履行监护职责条件的被监护人住所地的居民委员会、村民委员会担任。"从上述法定监护条款来看，鄢成父亲由于疫情被强制医疗隔离，符合第 27 条没有监护能力的法定条件，三个法定顺位监护人均为空白，此时村民委员会成为可以担任监护人的主体之一。另外，仅从条文来看，民政部门的优先顺位似乎更加明显。"可以"和"具备履行监护职责条件"，让村民委员会担任监护人成为一个备选项，存在可为可不为的空间。

鄢成案发生后，黄冈市红安县华河镇的镇书记、镇长等相关领导被免职，有学者认为可推断村民委员会是鄢成的临时监护人。但实际上，鄢家村村委会属于临时受托，在全民防控疫情之时，并不当然"具备履行监护职责条件"的法定要求。此外，当地民政部门并未披露是否对鄢成事件负责的相关信息。政府对民政部门还是村委会为鄢成的临时监护人也未作明确的公开表态。也就是说，《民法总则》第 32 条的政府兜底监护制度并未得到适用。

而新出台的《民政部部署做好因新冠肺炎疫情影响造成监护缺失的儿童救助保护工作》一文中，"对确认非感染或已过观察期而监护责任未落实或一时难以落实的儿童，要协调乡镇（街道）、村（居）民委员会落实临时照料，或由民政部门承担临时监护责任”的表述，“或”与《民法总则》的“也可以”相对应，又一次印证了政府兜底监护责任方的不清晰。

（三）不同类型的监护存在衔接上的空白

无论从立法还是实践中来看，未成年人临时监护与他类型的监护之间衔接缝隙较大，不足以保护紧急状况下的被监护人利益。《民法总则》第31条①、第36条②对临时监护人作出了相应规定。

从法条可以看出，临时监护条款照顾不到鄢成的紧急需求。假设有可以受托的人选，委托监护也是可以救急的方式，而《民法总则》对委托监护没有明确的单列条款，相对应的其他法律规定有《最高人民法院关于贯彻执行〈中华人民共和国民法通则〉若干问题的意见》和《中华人民共和国未成年人保护法》，分别指出监护人可以将监护人职责部分或者全部委托给他人，父母因外出务工或者其他原因不能履行对未成年人监护职责的，应当委托有监护能力的其他成年人代为监护。

若鄢小文有可托付的监护人，将避免鄢成无人照顾的困境。从官方披露的信息来看，鄢小文当时没有合适的可委托的人选。并且，由于鄢小文只是被隔离，

---

① 《中华人民共和国民法总则》第31条规定：“对监护人的确定有争议的，由被监护人住所地的居民委员会、村民委员会或者民政部门指定监护人，有关当事人对指定不服的，可以向人民法院申请指定监护人；有关当事人也可以直接向人民法院申请指定监护人。居民委员会、村民委员会、民政部门或者人民法院应当尊重被监护人的真实意愿，按照最有利于被监护人的原则在依法具有监护资格的人中指定监护人。依照本条第一款规定指定监护人前，被监护人的人身权利、财产权利以及其他合法权益处于无人保护状态的，由被监护人住所地的居民委员会、村民委员会、法律规定的有关组织或者民政部门担任临时监护人。”

② 《中华人民共和国民法总则》第36条规定：“监护人有下列情形之一的，人民法院根据有关个人或者组织的申请，撤销其监护人资格，安排必要的临时监护措施，并按照最有利于被监护人的原则依法指定监护人：（一）实施严重损害被监护人身心健康行为的；（二）怠于履行监护职责，或者无法履行监护职责并且拒绝将监护职责部分或者全部委托给他人，导致被监护人处于危困状态的；（三）实施严重侵害被监护人合法权益的其他行为的。本条规定的有关个人和组织包括：其他依法具有监护资格的人，居民委员会、村民委员会、学校、医疗机构、妇女联合会、残疾人联合会、未成年人保护组织、依法设立的老年人组织、民政部门等。前款规定的个人和民政部门以外的组织未及时向人民法院申请撤销监护人资格的，民政部门应当向人民法院申请。”

既无生命之虞，也没有拟定遗嘱。由此《民法总则》第 29 条规定的“被监护人的父母担任监护人的，可以通过遗嘱指定监护人”，也同样无法落实。

关于协议监护，《民法总则》第 30 条规定：“依法具有监护资格的人之间可以协议确定监护人。协议确定监护人应当尊重被监护人的真实意愿。”协议监护“人”的范围被严格限制在具有法定监护资格的人之间。如前所述，父亲被医疗隔离后，法定监护人空缺，协议监护难以得到适用。

结合鄢成的境遇，笔者对不同种监护类型的适用情况作了如下归纳，见表 1：

表 1　　不同监护类型的适用情况

监护形式	法律依据	不适用的原因
法定监护	《民法总则》第 27 条	监护人既无近亲属人选，也无经同意的个人或组织
父母遗嘱指定监护	《民法总则》第 29 条	无可指定的监护人，父亲尚在世，遗嘱不生效
协议监护	《民法总则》第 30 条	限制在法定监护人之间进行协议，没有人选
委托监护	《民通意见》第 22 条 《未成年人保护法》第 16 条	没有非法定监护人人选，无法委托出去，不适用
指定监护 临时监护	《民法总则》第 31 条	指定监护的前提是多个监护人相争监护权，不适用，也不符合临时监护条件
撤销监护 临时监护 指定监护	《民法总则》第 36 条	需要监护人严重侵害被监护人利益，且需经人民法院审理，不适用，也不符合临时监护条件

穷尽所有的法律依据，最终鄢成还是要回归到《民法总则》第 32 条政府监护的条款中寻求救济。父亲尚在世，一旦脱离亲人监护，残障儿童就要面临失于照顾至无法生存的局面。目前的监护条款中“自救”比例过大，“他救”门槛过高的现状，尚不能起到充分保障弱势群体基本权利的立法效果，再推及父母离世后如何托孤的沉重话题，更加凸显完善立法的紧迫性和必要性。

（四）社会监护人不足影响立法效果

随着家庭结构的小型化，难以找到承担监护职责和照顾职责的合适人选，已是造成特殊家庭困境的节点问题，更是监护立法需要迎难而上的核心问题。

从现有法律的遗嘱指定监护条款、委托监护条款、意定监护条款、法定监护条款、协议监护条款中，均能看出非亲属监护人的身影。非亲属监护人，我们也称其为社会监护人，指的是法定的近亲属监护人以外的能够履行监护职责的监护人，既可以是具备完全民事行为能力的自然人，也可以是组织。从立法本意理解，“组织”是指《慈善法》中明确的社会服务机构、社会团队、基金会等公益组织。

而截至今天，我国还没有一家专业从事社会监护人服务的公益组织。其原因在于，现实中可能提供监护服务的自然人或组织，存在一定的个人劳务、法律风险或单位成本支出等压力，没有良好的制度设计和政府的相关支持，让有监护需求的家庭全部自费承担相应成本显然不现实。目前，我国仅有极少数的一线城市有试点监护服务，充足且成熟的社会监护人保障机制还未出现，对于社会资源和资金条件较差的边远短期内更是难以企及。

后续立法过程中需要正视中国大量的残障家庭长年被康复、照顾所累，低收入或贫困家庭占大多数，家庭成员缺少人力、物力、精力去了解、学习、运用如此复杂的法律工具等问题。比如，《民法总则》中的“遗嘱指定监护人”，在操作过程中需要讲解培训，专业律师指导、法律文书公证等若干繁琐的程序以及不低的成本支出，才有可能获得可靠的遗嘱方案，更适合有一定经济实力的特殊家庭。这对很多正在承担残障子女监护职责的家庭来说难以获得。即便在社会福利相对完善的我国香港地区，监护委员会也是简单地依申请启动监护聆讯程序，作出监护人的委任。为此监护委员会提供给申请人简便易读的指引手册和简单的申请表格。除了成年监护阶段的医疗报告要向专业医生付费外，在委任监护人程序中，监护委员会均无收费事项，包括被委任的监护人在履行监护职责期间也是全部免费。无论被监护人家庭收入状况如何，相关成本均有立法保障和政府担当。

（五）监护监督机制不完善

《民法通则》第18条规定："监护人不履行监护职责或者侵害被监护人的合法权益的，应当承担责任。"我国《刑法》第260条还规定了虐待被监护、看护人罪，对未成年人、老年人、患病的人、残疾人等负有监护、看护职责的人，虐待被监护、看护的人，情节恶劣的行为，将处三年以下有期徒刑或者拘役。这是监护监督的体现，但是法律只在《刑法》上对于虐待被监护人的犯罪行为予以规制。但是对于日常生活中，监护人怠于履行监护职责的情形未作明确规定，例如，在日常生活中，监护人的监督人是谁，怎样履行监督职责等，这些均未作规定。结合鄢成案来看，倘若村委会或者履行监督职责的其他主体发现鄢成无人监护的现状或者得到鄢成父亲的求助，那么悲剧可能就不会发生。

具体来看，我国监护人监督制度的缺失具体体现在：一是没有规定被监护人的所在单位、住所地的居民委员会、村民委员会对监护人有监督权；二是没有将国家的监护监督人地位和监督权授予给任何行政部门，国家机关监护监督制度权力欠缺；三是对于特别需要进行监督的意定监护人，没有规定意定监护监督制度，存在立法漏洞，会使监护制度流于形式。①

综上所述，论证一套符合中国国情的就近就便、普惠可及的监护制度，不但与被监护人的生存发展权密切相关，而且也是减轻政府压力、突破立法瓶颈的必经之路。客观上，需要长期照料和监护支持的人口比例很低。创建一个低成本至零成本的监护人培育、确认和申请机制，带动居民委员会、村民委员会、社区工作人员、志愿者等基层资源的联动承担起相应的监护职责，在目前的大环境下具有一定的可行性。

二　关于完善我国监护制度的建议

上文已经论证我国目前的监护制度存在监护人确认程序不清晰、不同种类监护条款相互冲突、社会监护人资源不足等问题。在此，笔者认为有必要从以下几

① 杨立新：《〈民法总则〉制定与我国监护制度之完善》，载《法学家》2016年第1期。

方面进一步完善我国的监护制度。

（一）明晰监护人确认程序

1. 关于同意决策程序

《民法总则》第27条规定了其他愿意担任监护人的个人或者组织，经未成年人住所地的居民委员会、村民委员会或者民政部门同意可以成为法定监护人。“同意权”既赋予了基层群众性自治组织，又赋予了社会行政事务的政府职能部门，两类主体在法律地位、权限范围、资源能力等方面存在明显的差异性，不属于行政事业单位上下级的法律关系，加上立法没有分级分工的程序设置，一定程度上影响相互的沟通与协作。赋予两类主体同等的同意权，现实中容易造成或冲突或推诿的情况，此为监护人难找的原因之一。为此建议：

（1）分级同意。其他愿意担任监护人的个人或者组织，可先经被监护人所在居（村）委会同意，若居（村）委会无法决定或者决定存在争议，再由当地民政部门决定。同时规定首次接收申请的主体及最后决策主体行使同意权的程序性保障。

（2）分人同意。结合两个主体的职能优势，可优先考虑将个人申请担当监护人的同意权交由居（村）委员会，社会组织申请担当监护人的同意权交由民政部门，便于信息审核及监督管理。

2. 关于兜底监护人确认程序

一旦近亲属监护不能，政府的兜底监护人是决定未成年、残障等特殊群体权益保障的核心主体，居（村）委会和民政部门之间在确认身份的程序上如果不够清晰明确，对家庭来说将是终生的监护之忧。“没有依法具有监护资格的人的，监护人由民政部门担任，也可以由具备履行监护职责条件的被监护人住所地的居民委员会、村民委员会担任”，《民法总则》第32条中以政府部门为代表的兜底监护人条款，对比20世纪80年代的立法，已有非常明显的进步，但在具体实施过程中，至少存在两个现实障碍，一是如何确定具备履行监护职责条件？谁来认定？二是具备的条件的居（村）委会“也可以……担任”，与民政部门担任监护人之间没有优先顺序的程序确认，如何落实？为此建议：

（1）平级监护调整为委托监护。民政部门作为政府职能部门，代表政府行使监护职能，符合其工作范畴，居（村）委会显然并不具备相对应的行政职能，但在了解被监护人信息需求、提供就近就便的服务方面，又具备其不可替代的优势。为此建议由民政部门作为唯一确定的政府监护人，同时可根据不同居（村）委会人力、财力、专业人员的储备情况行使委托权，将政府监护职能下沉到居（村）委会。基于委托人的权限与相关责任，民政部门也有动力去积极指导、监督居（村）委会提升担任监护人的能力和服务品质，从制度设计上形成良性发展。

（2）明确优先顺位。建议无论谁担当监护人，原则上居（村）委会将被监护人担当申报职责，居（村）委会可以作为监护人的申请人主体之一，由民政部门优先考察审核，具备履行监护职责的，赋予监护人资格。如居（村）委会未主动申请担当监护人，或未通过民政部门审核，则由民政部门担当监护人，同时可将具体监护职能委托给第三方执行。

最后，对于协议监护、委托监护、临时监护等监护形式在衔接上存在监护空白时，近亲属有权向居（村）委会提出申请，及时确认过渡期的监护人。

（二）积极培育社会监护人

社会监护人是指除心智障碍者的近亲属外，依法具备担任监护人资格，履行监护职责的个人或组织。《民法总则》第 28 条、第 32 条对此已经予以了明确。但是，由于家庭成员（近亲属）之外的其他监护形式尚未规范化、体系化的展开，缺少对社会监护人的指导、培训及评估体系，接受政府部门委托的专业社会监护服务组织尚在起步阶段，造成心智障碍者的近亲属仍然面临无从选择其他监护人的困境。

因此，政府应当组织和培育社会监护人，鼓励个人、服务机构、家长组织等提供社会监护的服务，向社会输送专业的监护人。针对提供监护服务人才数量少，配比低的现实情况，通过调研教育机构培养人才的数量、监护服务人员与心智障碍群体的服务比例等数据，与教育、人力资源等相关部门协调，参照其他国家的经验，做好人才布局。人才教育方面，在高校开设与监护职责相关的社工、法律、财产监管等相关专业；职业技能培训方面，对相关人才进行岗前岗后培训；行业培育方面，为参加社会监护人试点的单位提供税收减免、宣传配合等政策支持。打好监护行业的人才基础，才能系统地解决我国目前监护资源匮乏的现状。

（三）建立监护监督制度

在监督主体方面，梁慧星教授认为可以采用双重监督模式，将自然人监督、公权力机构监督这两种监督方式充分利用起来。监护监督人分为两大类，即被监护人的近亲属、亲朋好友以及国家公权力机关。① 也有学者认为，随着我国监护制度的不断完善，可以在合适的时机发挥社会资源，让社会组织履行监护监督义务。② 在选任监护监督人程序方面，《日本民法典》第 849 条、第 850 条规定，监护人与法院能够监护监督人，并排除了监护人的配偶、直系血亲及兄弟姐妹担任监护监督人。《美国统一监护和保护程序法》第 317 条规定，监护人担任监护人期间，每年应当向法院提交报告，并受法院指定的访问员监督。③

结合我国国情来看，我国目前的监护体系尚不完备，主要由近亲属与基层民政部门承担社会监护的职责。因此，如果要建立监护监督制度，一方面，我们可以发挥近亲属和社会的力量，参与监督工作。鼓励和发动社区、群体组织、各类社会机构与志愿服务群体建立起监护人侵权的发现和报告机制，对因监护问题而导致权益被侵害的被监护人进行主动干预、应急处理与安置，建立各部门协同合作、社会组织积极支持、全社会共同参与的社会监督体系，共同实施监督工作。另一方面，我们可以在民政部门的主导下建立全面的监护关系登记制度。对于通

---

① 梁慧星：《中国民法典草案建议稿附理由：亲属篇》，法律出版社 2013 年版，第 405~406 页。

② 龙扬凡：《论〈民法总则〉中监护制度的完善》，载《法制与社会》2009 年第 11 期。

③ 王竹青：《论未成年人国家监护的立法构建》，载《河北法学》2017 年第 35 卷第 5 期。

过法定程序确立的监护关系，由作出决定的机关或组织（如法院、居民委员会、村委会、民政部门等）进行主动登记。对于个人或社会组织通过遗嘱指定监护人或签订意定监护协议确定监护关系的，可以在自愿的基础上办理监护关系预登记，在监护关系正式成立后办理监护关系登记，登记后纳入监督评估的范围之内。

残障、性与性别

残障女性需求状况调查报告

任真真　彭玉娇*

摘　要： 本报告以问卷调查及访谈的方式，调查了535名残障女性在生活处境、社群参与、社会交往、性别观念、就业等领域的基本情况及服务需求，指出残障女性社群面临社会支持不足、婚恋交友困难、生育保障不完善、就业环境不友好等方面的困境。通过案例呈现了残障女性面临的原生家庭和解困难、自我接纳困难、生活被骚扰、缺乏就业自信心、被公益活动吸引和改变等故事。报告提出推动针对残障女性的公益服务的建议，如构建社会支持网络，普及残健融合和性别平等意识，提升生育服务支持，促进就业服务支持，鼓励服务于残障女性项目的开放与专门助残组织的建立等。

关键词： 残障女性　社群需求　助残公益活动

一　调查背景与调查方法

（一）调查背景

近年来，我国在残障人士的政策法规建设、理念文化发展上都取得了长足进步，残障自组织及其社群不断发展，社会对残障社群的关注度越来越高。然而，

---

* 任真真，北京市通州区乐益融社会工作事务所研究员，助理社工师，三年残障社群服务经验；彭玉娇，北京市通州区乐益融社会工作事务所创始人之一，本报告案例提供者。

在整体利好的背景下，残障社群的整体生存状况依然存在较大困境，尤其是残障女性群体。刘伯红在《中国残障妇女发展困境、利益需求与对策研究》中，根据黑龙江省的问卷反馈发现，中国残障妇女最关心、最直接、最现实的利益需求是基本生活保障与救助，且生活在农村的残障群体对该方面的需求更为迫切，除整体需求外，残障妇女与非残障妇女、城乡残障妇女的发展水平也有明显差距。①前人调查为我们了解残障社群及残障女性社群提供了重要的认知基础，在此基础上，我们希望能够进一步了解残障女性群体的生活处境、社会交往、性别权利观念、婚姻生育、就业等不同方面的现实状况与服务需求，基于以上目的，我们开展此次研究。

（二）调查方法

研究组于 2018 年 10 月至 2019 年 5 月间开展此次调查，主要采用实证调查方法，利用网络问卷对残障女性的生存状况和需求进行中样本调查，利用个案访谈对不同障碍类别、不同职业类别残障女性的教育经历、就业需求、性别意识和观念进行小样本调查。考虑到残障女性的现实困境和研究组的研究能力限制，本研究的调查样本主要基于在北京、武汉、广州三地开展的残障女性领导力工作坊的参会者，以及由部分参会者联络到的拥有残疾证的残障社群成员，因此在样本数据中，中东部地区的样本数量较多，样本代表性一定程度受限，调查结果主要呈现受访群体的普遍现状。

二 数据基础分析

（一）受访样本概况

本次调查，有效受访对象 535 名，均为女性。受访对象年龄分布在 19~60 岁，分布较为广泛。其中年龄在 26~30 岁的残障女性 107 位，占比 20.00%，占

① 刘伯红：《中国残障妇女发展困境、利益需求与对策研究》，载《残疾人研究》2013 年第 2 期。

比最大。受访对象中残障类别以肢体障碍为主，有 408 位，占比 76.26%；其次是视力障碍者，有 39 位，占比 7.29%；再次是听力障碍者，有 25 人，占比 4.49%。受访者主要生活区域以农村社区为主，共 261 位，占比 48.79%，占比最高。

表 1　　**调查对象年龄、障碍类别、生活社区位置特征分布表**

调查对象	选项	人数	百分比（%）
年龄	14~18 岁	5	0.93
	19~25 岁	68	12.71
	26~30 岁	107	20.0
	31~35 岁	98	18.32
	36~40 岁	95	17.76
	41~45 岁	66	12.34
	46~50 岁	56	10.47
	51~60 岁	36	6.73
	61 岁及以上	4	0.75
	合计	535	100.0
障碍类别	肢体障碍	408	76.26
	视力障碍	39	7.29
	听力障碍	25	4.49
	言语障碍	13	2.43
	多重障碍	26	4.86
	精神障碍	7	1.31
	智力障碍	4	0.75
	其他障碍	14	2.62
	合计	535	100.0

续表

调查对象	选项	人数	百分比（%）
生活社区位置特征	农村	261	48.79
	城乡接合部	39	7.29
	县城	63	11.78
	城区	172	32.15
	合计	535	100.0

（二）受访社群生活现状

1. 生活处境

（1）生活中的主要照料者

受访残障女性中近一半残障女性生活能够自理，占比49.72%；此外，需他人照料的受访女性，主要照料者为父母，占比28.97%。其次，由配偶或伴侣照顾，占比16.64%。（见图1）

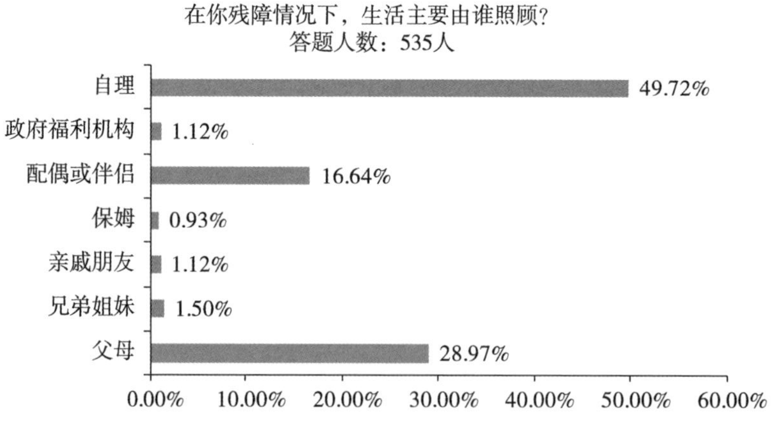

图1 调查对象被照顾情况图

（2）居住情况

调查显示，受访残障女性中，与父母合住的占 32.52%，与配偶合住的占 17.20%，与父母、配偶、子女共同居住的占 10.84%，而 12.71%残障女性独居生活。（见图 2）

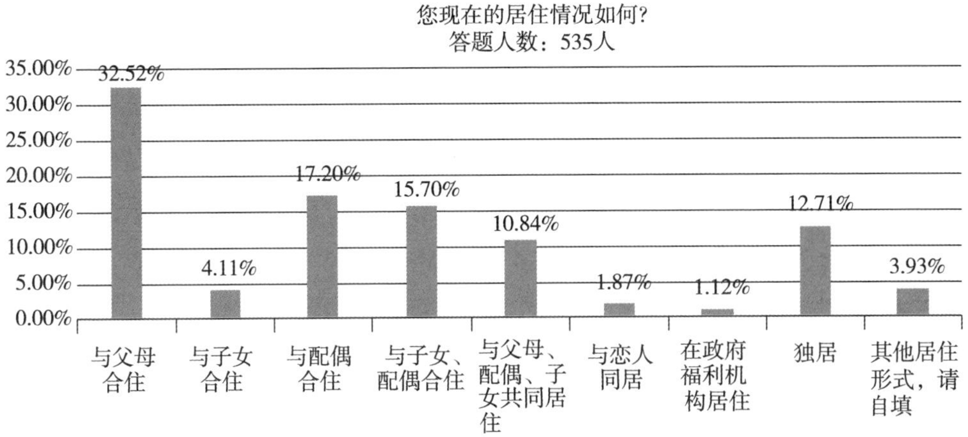

图 2　残障女性居住情况统计图

（3）家人支持或限制情况

调查显示，438 位受访残障女性在外独立生活时，家人不予限制，且提供适当经济或照料支持，占比 81.87%。97 位受访残障女性受到过家人的限制，占比 18.13%。在这 97 位受访女性中，受到最主要的限制方式是限制活动自由，占比 47.42%，在其他限制方式中，表述较多的有限制工作地点、逼婚、低保费或基本工资被强制代管等情况。此外访谈的案例也呈现出，残障女性的亲人会因担心其受到伤害而限制其活动自由，阻止其外出独立生活。对多数残障女性来说，摆脱家人不合理的过度控制和争取家人的支持是她们走向独立生活的第一步。（见图 3）

（4）与家人关系状况

调查显示，超过一半的受访残障女性表示与家人关系非常好，占比 52.34%；32.34%的受访残障女性认为与家人关系良好；觉得关系一般、不好和非常不好的受访残障女性总计占比 15.32%。（见图 4）

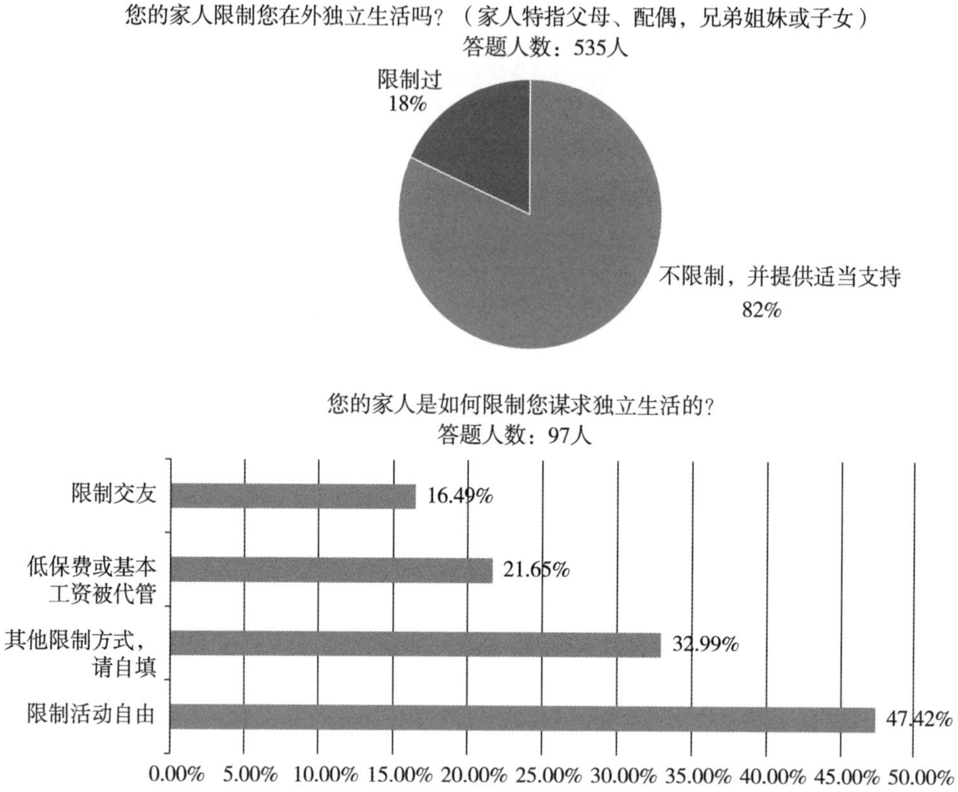

图 3 调查对象家人支持或限制情况统计图

2. 社区参与情况

（1）参与社区活动情况

调查显示，在过去一年里，参加过 2 次及以上社区或公益组织举办活动的残障女性占比 40. 19%；参加过 1 次活动的受访残障女性，占比 21. 12%。以上两种情况，人数总计 328 名，总占比 61. 31%。从未参加过社区或公益组织举办的活动的残障女性，有 207 位，占比 38. 69%。总体来看，残障女性整体社区参与度不高。（见图 5）

（2）不参与活动的原因（多选）

在从未参与社区或公益组织举办活动的 207 名受访残障女性中，28. 5%的受

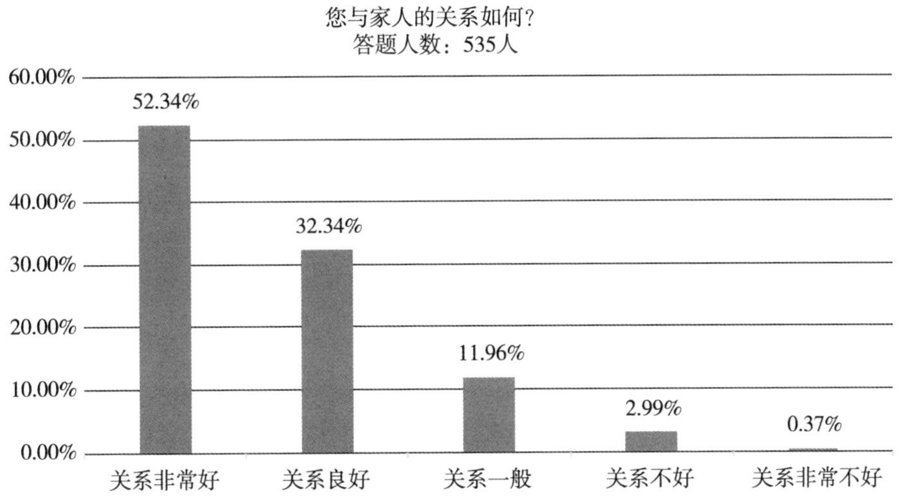

图4 受访对象与家人关系情况统计图

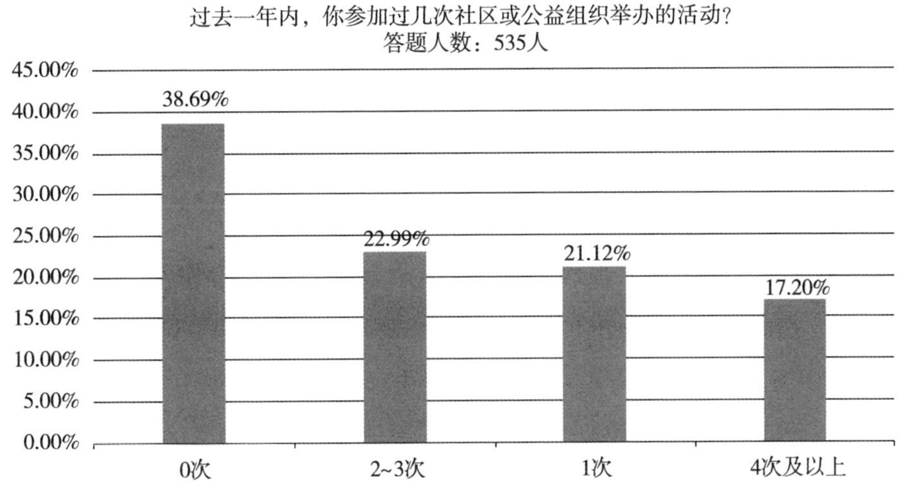

图5 残障女性参加社会活动情况统计图

访者，表示不参与活动的主要原因是，社区没有无障碍设施；27.05%受访残障女性表示，自己没有时间；16.91%的受访残障女性是由于没有人陪同。在30.43%的残障女性填写的其他原因中，主要包括“无障碍设施不健全”“外出困难”“自己时间冲突”等。（见图6）结合上述调查结果，在残障人士社区公益服务领域，助残机构可以从提升活动场所的无障碍程度（如设置简易坡道），考虑残障妇女参与活动的时间要求（如将活动时间改成周末），提升活动的多样性和创意性等方面，吸引社区残障女性群体参与，提高残障女性的活动参与度。

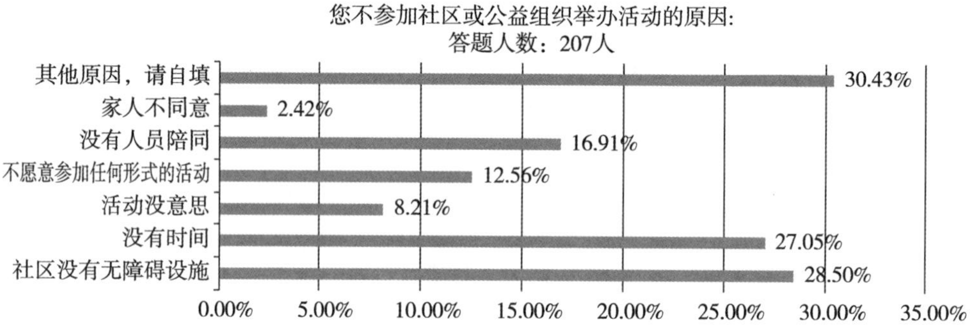

图 6 调查对象不参加社区或公益组织举办活动的原因统计图

（3）促使残障女性参加活动的主要因素（多选）

调查显示，在参与过社区或公益组织举办活动的 328 名残障女性中，想学习自我成长、充实日常生活是促使残障女性参与活动的主要因素，选择人数均占比70%以上。其次，希望通过活动提升残障人的影响力或在活动中交到朋友，人数分别占比 68. 94%和 68. 09%。此外，活动主题和形式有趣，活动无障碍设施建设好，也是促使残障女性参与的重要因素。（见图 7）在访谈案例中，部分受访女性表示，没有途径和资源接触到公益机构举办的活动，成为她们无法参与活动的最主要因素。因此在残障人社区公益服务领域中，除进一步推动以上正向因素的作用，也需加强活动宣传，使活动信息尽可能多地传播到残障社群中。

（4）社区支持诉求（多选）

在社区支持诉求的统计中，61. 31%的受访残障女性希望社区多开展融合活动，占比最高；49. 53%的受访残障女性希望开展康复医疗救治；再次是希望配发辅助器具，人数占比 46. 73%。此外，功能恢复训练指导、开展关于残障人交友的心理课程、开展生活自理能力训练均成为残障女性的重要诉求。（见图 8）由以上数据可知，融合活动是残障女性社群的最重要诉求，体现了残障女性社群融入社会的迫切愿望。

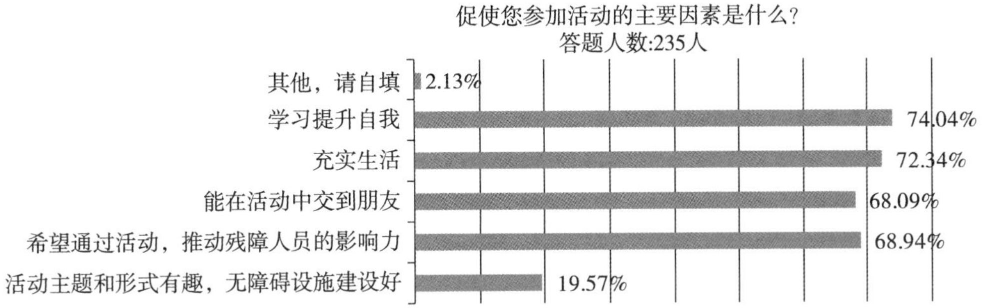

图 7　残障女性参与社区活动主要因素统计图

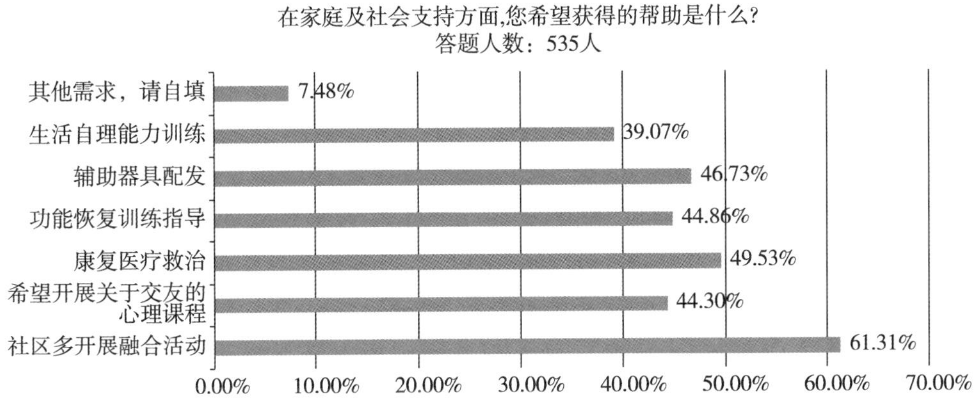

图 8　调查对象在家庭及社会支持方面希望获得的帮助统计图

3. 社会交往

（1）主要接触人群（多选）

调查显示，受访残障女性接触的主要群体是家属，占比 88.04%；其次是残障朋友，占 60.93%；经常接触邻居和同事的残障女性分别占 41.50%和 44.49%；30%多的残障女性经常接触志愿者群体、网友和非残障朋友；主要接触残联工作人员的受访残障女性占比 21.31%；接触社工组织人员、社区干部和家长组织的相对较少，人数分别占 14.77%、13.08%、7.48%。（见图 9）。由图 9 可知，大多数残障女性的交友范围较为狭窄，交友途径较单一。

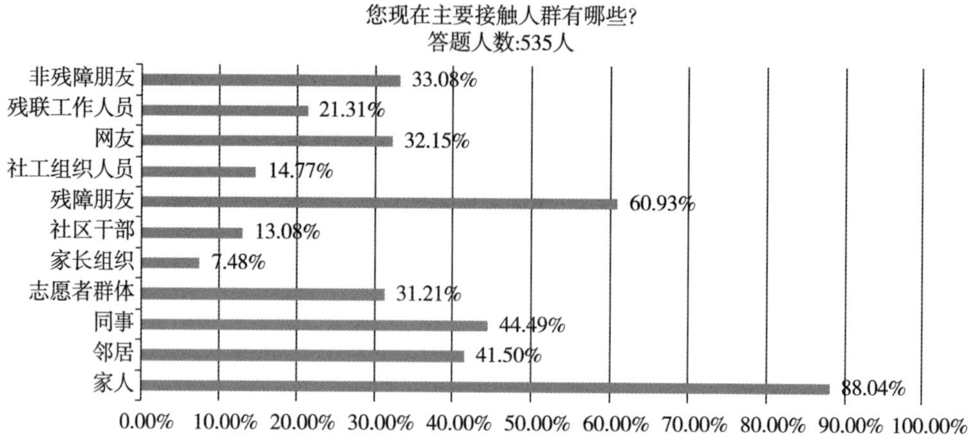

图 9 调查对象主要接触人群统计图

（2）扩大人际交往圈的意愿

调查显示，超过一半的受访残障女性表示希望扩大自己的人际交往圈，其中32.90%的残障女性对此需求迫切，只有极少的残障女性不希望扩大自己的人际交往圈。（见图 10）

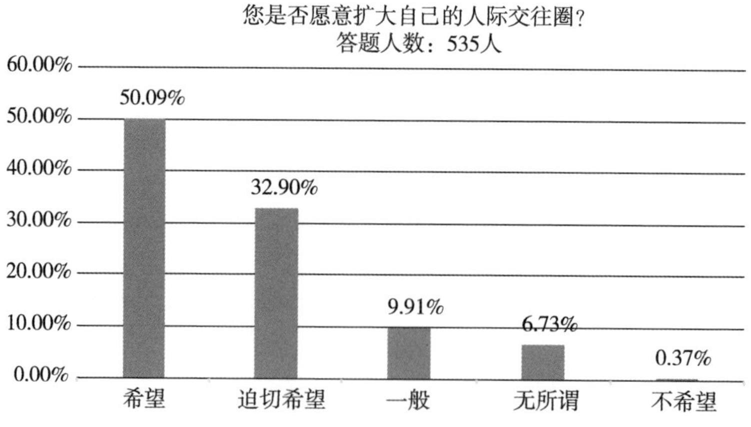

图 10 调查对象扩大自己人际交往圈意愿统计图

（3）交友困难（多选）

调查显示，经济收入所限无法满足日常交友花费成为大多数受访残障女性交友困难的主要因素，其次是缺乏交友平台，再次是缺乏交友信心，及社会对残障人士的不包容。（见图 11）由此，助残服务组织可在提升残障社群的经济收入、心理辅导、建设交友平台方面着力，改善其社会交往困难的状况。

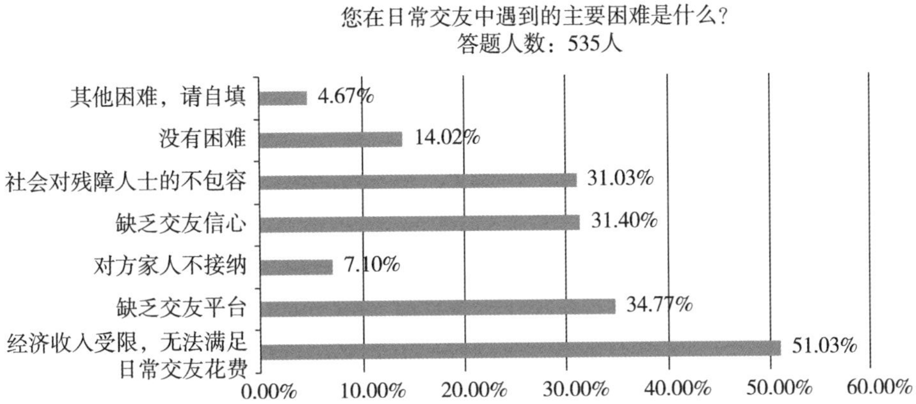

图 11　调查对象在日常交友中遇到的主要困难统计图

（4）婚恋交友途径（多选）

在了解残障女性婚恋交友情况时，发现经亲戚朋友介绍找到对象，是主要途径，占比 41. 68%；经生活偶遇、日常社交活动寻找伴侣、网上聊天交友的，分别占到 35. 89%、35. 14%和 31. 21%；只有 9. 16%的残障女性通过婚恋网站和婚恋活动寻找伴侣。（见图 12）由图 12 可知，家庭网络不仅是残障女性经济及情感上的主要支持网络，也是残障女性扩展交友渠道，建立两性情感链接的重要渠道。

（5）在婚恋交友方面希望得到的帮助（多选）

在统计婚恋交友需求中，需求最多的是希望参加社会交往沟通技巧培训的课程，选择人数占比 57. 57%；其次是希望参加形象提升课程，选择人数占比 48. 97%；再次是希望得到有关财产和婚姻法等方面的法律援助，选择人数占比 40. 56%，此外，希望提供专业的婚恋指导，提供针对残障人士的线上、线下婚恋平台也是不少受访女性的婚恋交友支持的诉求。（见图 13）结合数据可知，助

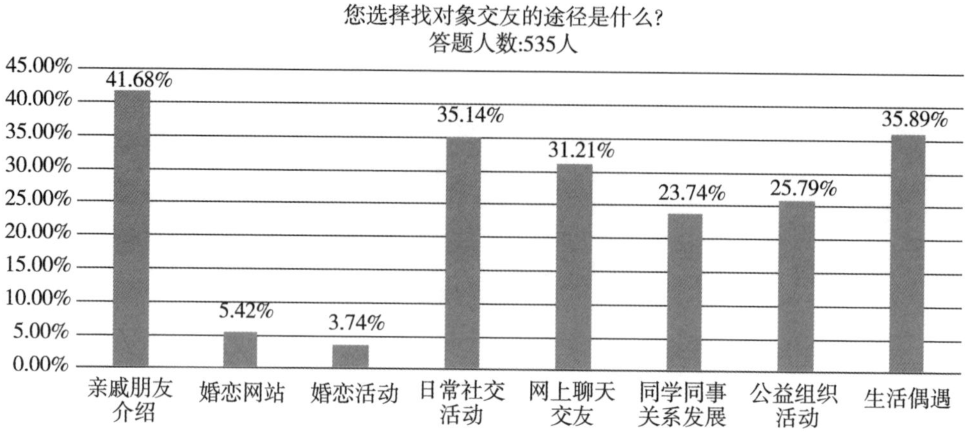

图 12　调查对象婚恋交友途径统计图

残服务机构可在沟通技巧培训和形象提升课程上重点着力，以回应突出需求。

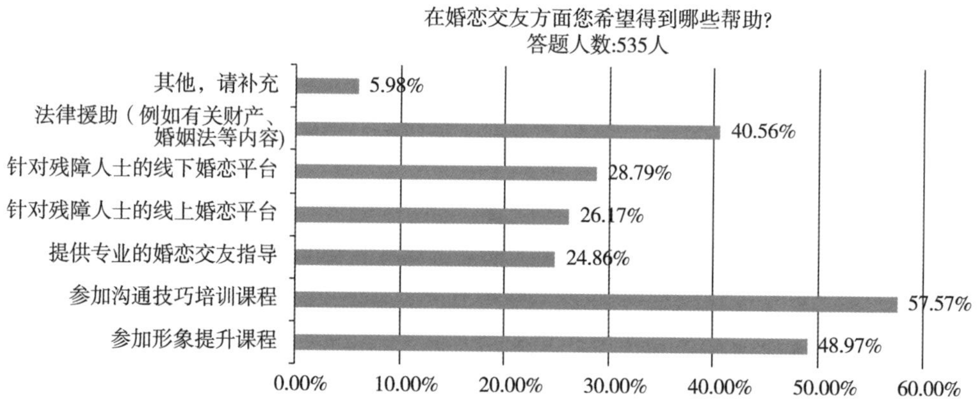

图 13　调查对象在婚恋交友方面希望得到的帮助统计图

4. 性别观念及亲密关系

（1）性别暴力知晓情况

在统计受访者性别暴力知晓情况时发现，44.49%的受访残障女性对性别暴力听说过，有一些了解；27.29%的受访残障女性听说过性别暴力，但并不了解；

还有 15. 70%的受访残障女性完全没听过性别暴力；对性别暴力表示非常了解的残障女性只占 12. 52%。(见图 14)

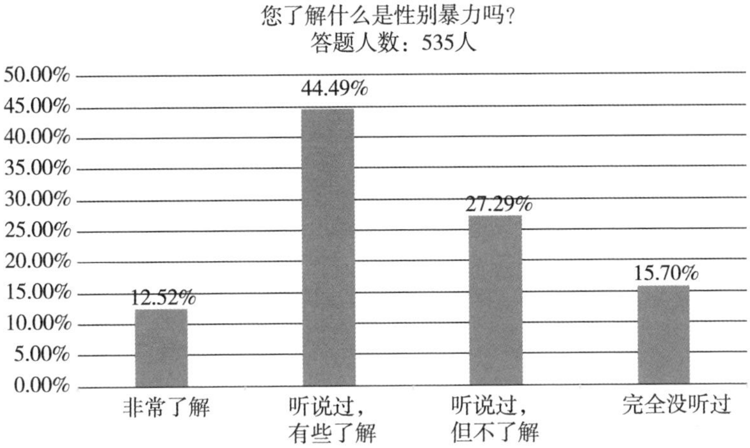

图 14　调查对象对性别暴力了解情况统计图

(2) 亲密关系状态

调查显示，接近一半的受访女性有较为稳定的夫妻或恋人亲密关系，42. 24%的受访女性没有这种亲密关系，还有 11. 03%的受访女性虽然有这样的亲密关系，但不稳定。(见图 15)

(3) 遭遇伴侣伤害行为情况

调查显示，在有亲密关系的 309 位受访残障女性中，25. 89%的残障女性偶尔会遭受到伴侣的不理睬或漠视；14. 56%的残障女性偶尔会遭受到伴侣的侮辱或谩骂、诋毁或嘲笑；3. 24%的残障女性有时会遭到伴侣的威胁、恐吓、胁迫；3. 88%的残障女性偶尔会遭到伴侣网络或手机的跟踪监视；5. 50%的残障女性偶尔会遭到伴侣以自我伤害、自杀相威胁；10. 36%的残障女性偶尔被限制社交活动；3. 24%的残障女性偶尔被限制人身自由；3. 56%的残障女性经常遭到伴侣在离婚时不分财产，不给赡养或抚养费；12. 62%的残障女性偶尔与伴侣发生推撞、撕扯、拳打等肢体冲突；3. 24%的残障女性偶尔会遭到伴侣使用硬物或尖利物体进行伤害；偶尔遭遇强迫性亲吻、抚摸的，占 7. 44%；遭遇强奸或强奸未遂的占

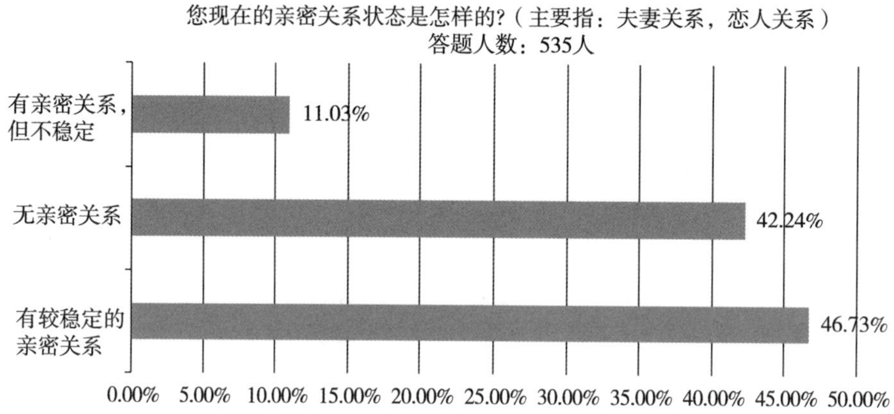

图 15　调查对象现在的亲密关系状态统计图

1. 94%；被伴侣强迫堕胎的占 1. 29%；与伴侣分手或离异后还与自己纠缠不清的，占 1. 94%。（见图 16，为更加清晰地展示比例，没有遭遇以上行为的比例不再显示，图片中显示的各行为比例总和并非百分之百）

（4）遭遇伤害时的求助行为（多选题）

调查显示，在有过以上遭遇的 183 位受访者中，选择向父母或亲人求助的，占比 37. 16%；选择向朋友求助的，占比 22. 95%；选择直接报警的占比 14. 75%；选择向政府相关部门（如妇联、残联）等求助的占 13. 11%；选择向律师求助和向社工组织求助的分别占比 8. 74%和 7. 10%；此外，有 4. 37%的受访对象选择向媒体求助。值得注意的是，有 42. 08%的残障女性并没有采取过任何行动。（见图 17）由此可知，默然承受依然是有过以上遭遇的残障女性的第一选择，残障女性维护自身权利的意识和能力并不乐观，亲人和朋友是她们寻求帮助的重要对象。

（5）未采取行动的原因

统计发现，在有过以上遭遇，但未采取行动的 123 位残障女性中，35. 77%的受访者未采取行动的原因是不想让别人看笑话；31. 71%的受访者认为亲密关系难免磕磕绊绊，忍忍就过去了；21. 14%的受访者认为求助也没有用；11. 38%的受访者认为如果抗拒的话，可能会面临更加严峻的生活困境。其他考量原因有矛盾产生并非一个人的过错，自己也有部分责任等。（见图 18）

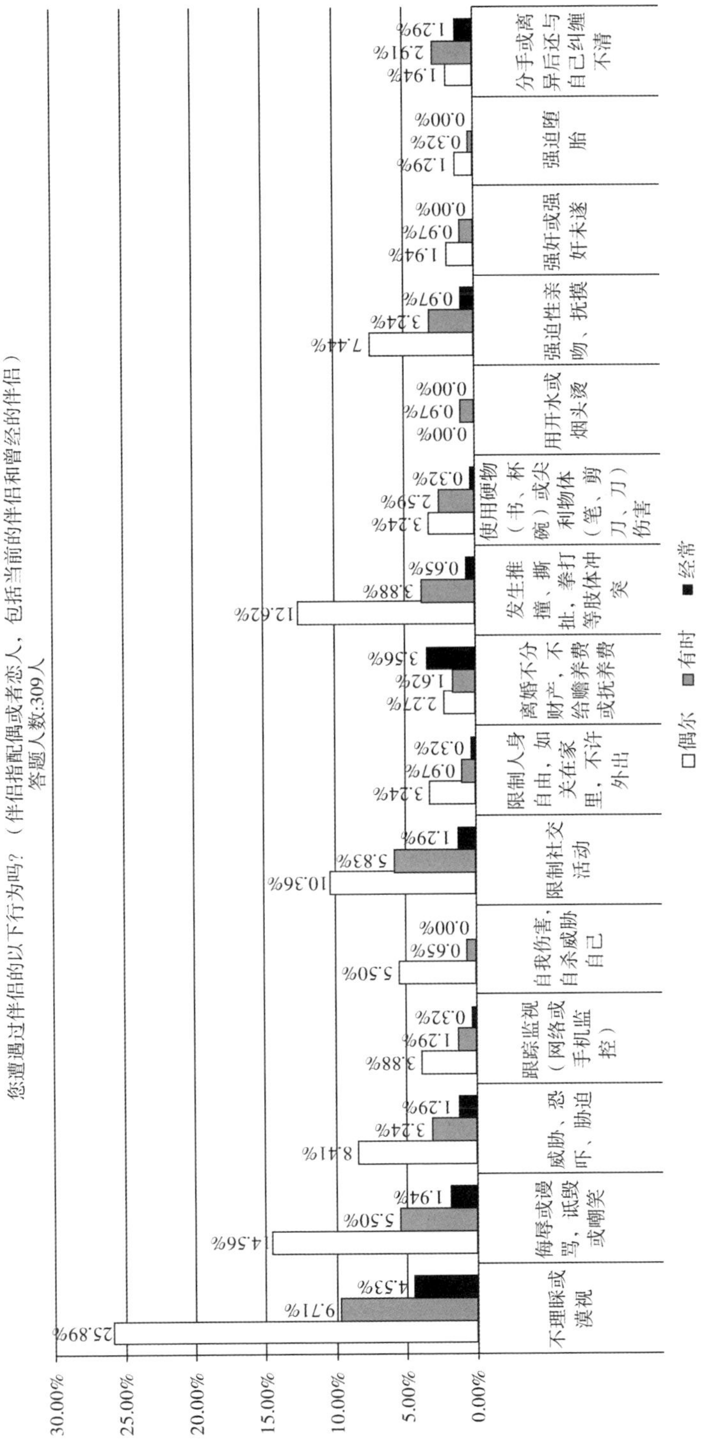

图16 调查对象遭遇伴侣伤害情况统计图

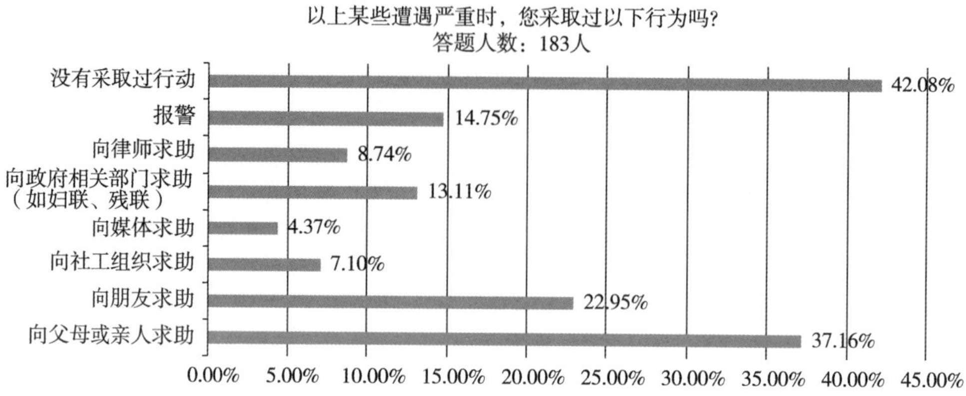

图 17 调查对象遭遇伤害时的求助行为情况统计图

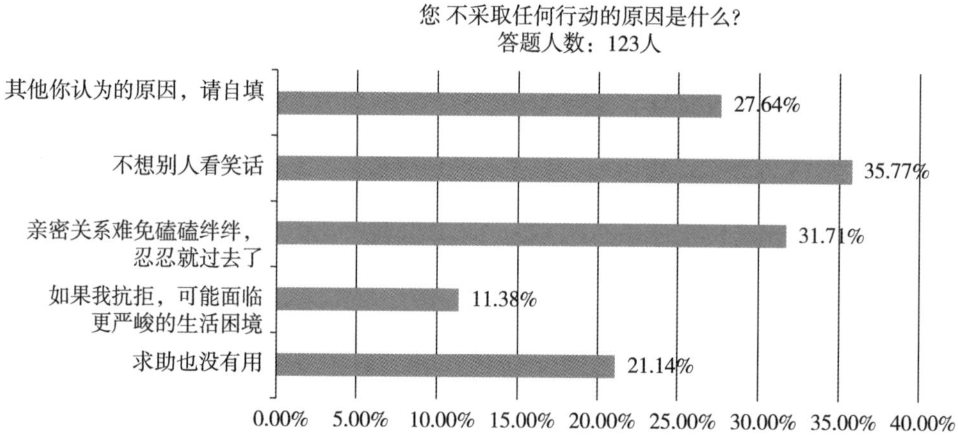

图 18 调查对象在遭遇伴侣伤害时未采取任何行动的原因统计图

（6）生育意愿

调查显示，在有亲密关系的 309 位受访女性中，绝大多数受访者愿意生育且自身条件适合生育；少部分受访者愿意生育，但自身条件不适合生育；6.80%的残障女性不愿意生育，也没有生育。值得注意的是，有 2.91%的残障女性愿意生育，但遭遇过被阻止生育的情况；2.27%的残障女性不愿意生育，但被迫生育。以上两种现象，均是残障女性的生育权等不到保障的体现。（见图 19）

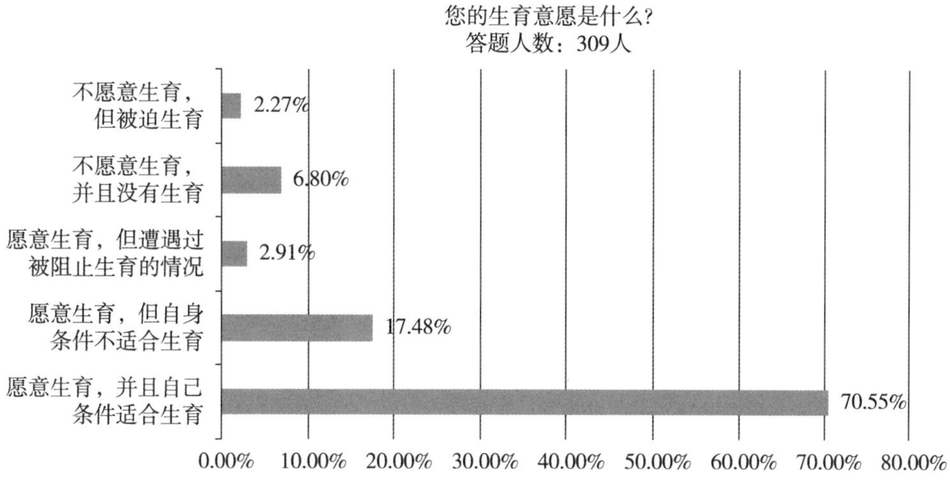

图 19　调查对象的生育意愿情况统计图

（7）生活期待

在生活期待方面，31.59%的受访残障女性希望在社会上获得平等待遇；29.16%的想要找到稳定的工作；想要自主创业的占19.81%；想结婚找到好归宿的占12.15%；只有3.18%的残障女性想要获得政府救济；而想要得到除配偶以外的家人照顾的，只占1.31%。由图可知，获得社会公平对待和获得体面工作就业，依然是多数残障女性的最大诉求。（见图20）

5. 就业

（1）目前工作状态

调查显示，47.48%的受访残障女性目前处于工作状态；28.22%的受访对象曾经工作，现在待业；20.37%的受访残障女性一直待业；受访残障女性是学生的占比3.93%。（见图21）

（2）当下工作种类

调查显示，在当下拥有工作的254位受访残障女性中，超过一半的残障女性在公司或单位入职；11.42%的残障女性选择正在自主创业；7.87%的依靠开网店；5.12%的是个体户；3.54%的离退休或做些零工。（见图22）

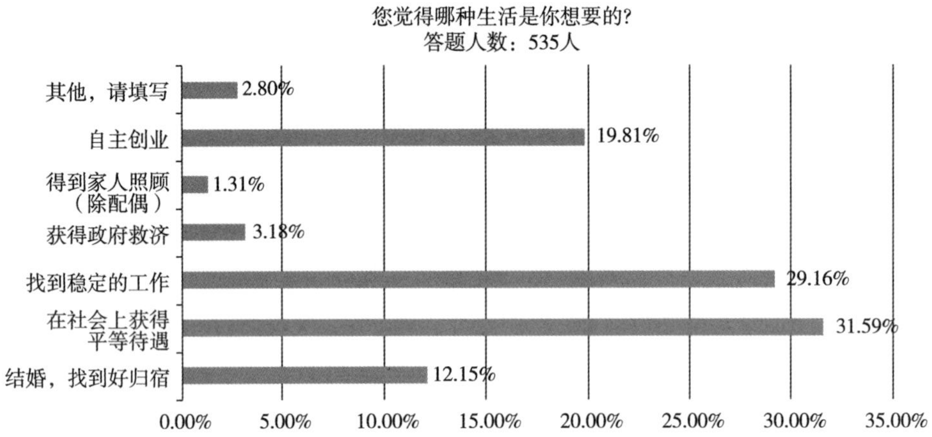

图 20　调查对象生活期待情况统计图

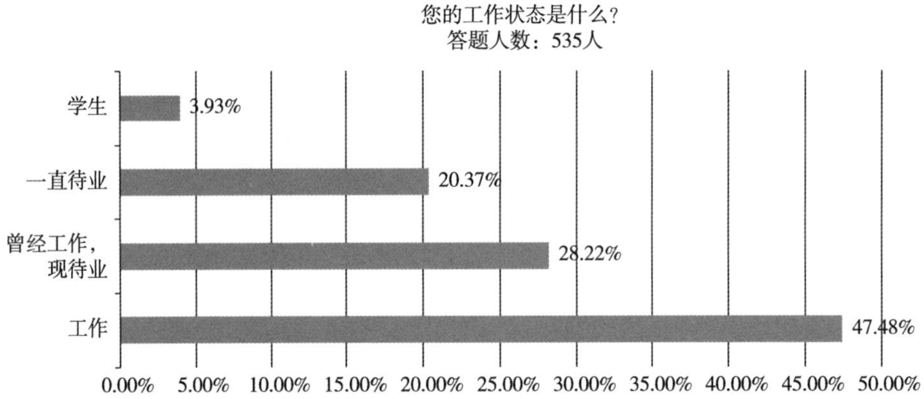

图 21　调查对象目前工作状态情况统计图

（3）就业相关需求

调查显示，在 535 位受访残障女性中，69. 35%的残障女性希望获得就业机会推荐；71. 96%的残障女性希望获得职业技能培训；53. 46%的则希望学会职场沟通技巧；50. 28%的需要企业提供合理便利；47. 29%的需要企业完善无障碍设施；37. 76%的希望得到就业辅导员协助；37. 38%的希望得到职场礼仪培训。其他需求包括希望企业能提供无障碍宿舍等。（见图 23）

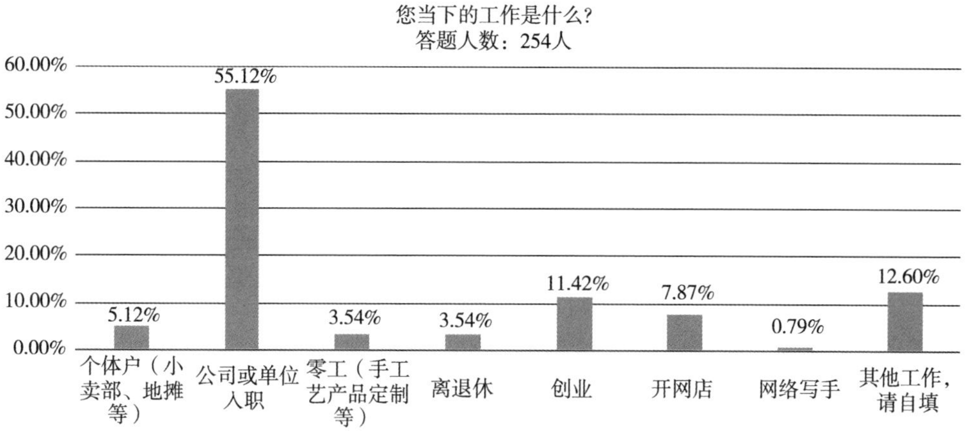

图 22　调查对象当下工作种类统计图

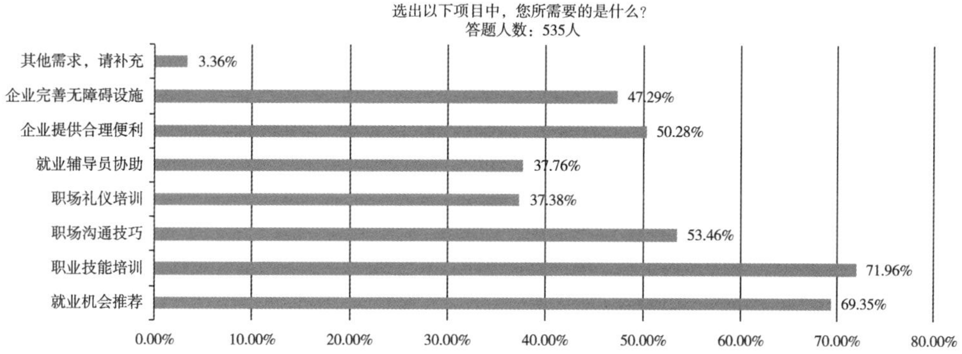

图 23　调查对象就业相关需求统计图

（4）社会组织促进就业情况

在统计社会组织促进就业状况时，发现助残社会组织、社区社工组织和相关职能部门在促进残障就业方面均发挥了较为显著的作用。其中助残社会组织作用最大，其次是社区社工组织，最后是相关职能部门。（见图 24）

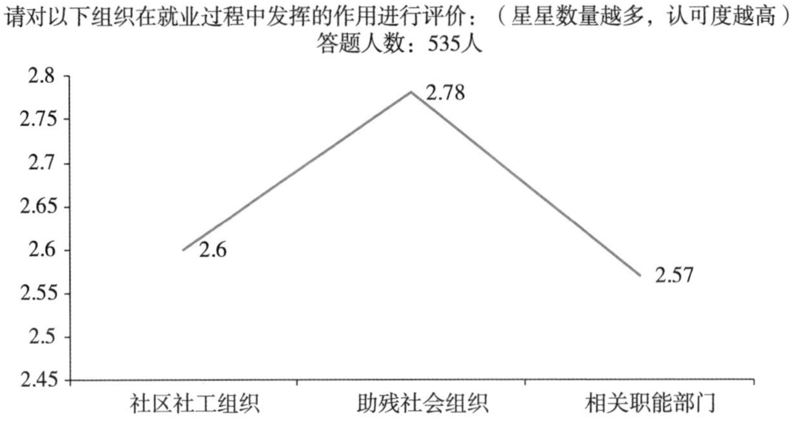

图 24 有关组织在残障就业中发挥作用评价统计图

三 数据总结分析

通过对残障女性社群基本情况的调查，可以发现残障女性在整体生活处境中存在社会支持不足、婚恋交友困难、生育保障不完善、就业困难等困境。

（一）社会对残障女性的支持不足

个体并非生活的孤岛，任何人离开社会支持系统，都难以生活下去，残障女性群体面临的社会支持不足，已成为阻碍其融入社会、实践自我价值的重要因素。社会对残障女性的支持不足主要体现在以下几个方面。

首先，残障女性群体受教育权利得不到有效保障。数据显示，受访大部分残障女性受教育程度不高，在普通学校就读的受访残障女性，受到高等教育的比例仅占 21.72%，（见图 25）不足全国总体高等教育毛入学率 48.1%①指标的一半。同时部分残障女性也因缺乏合适的特殊学校、经济或身体限制等原因既不能入校，也未能接受校园入家指导活动，呈现没有任何形式学习活动的现象。（见图

① 教育部：《2018 教育事业发展有关情况》，载教育部网站（2019 年 2 月 26 日）：http：//www. moe. gov. cn/fbh/live/2019/50340/twwd/201902/t20190226_371310. html 。

26、图 27）与此现状相对的是残障女性群体对得到教育支持的强烈诉求。受访群体中希望对残障学生的受教育费用进行减免的女性占比 57. 76%；希望能为残障学生免费提供辅助器械的占比 51. 40%；希望普校放宽入学条件的占比 48. 97%。(见图 28)

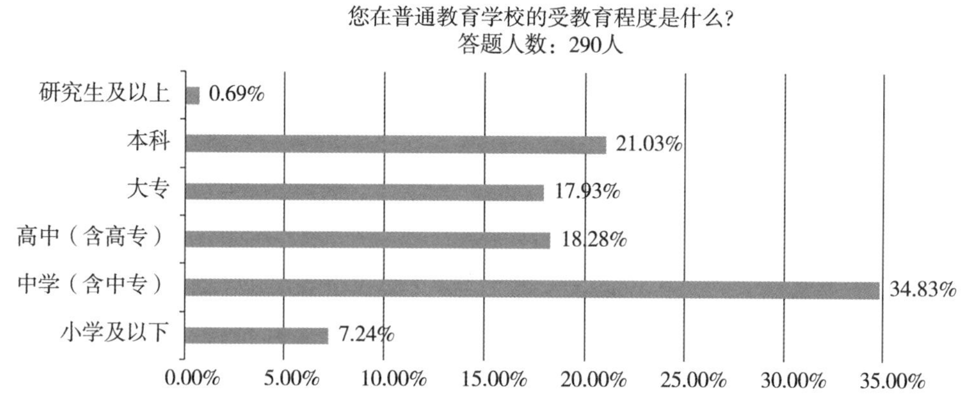

图 25　调查对象在普通学校受教育程度统计图

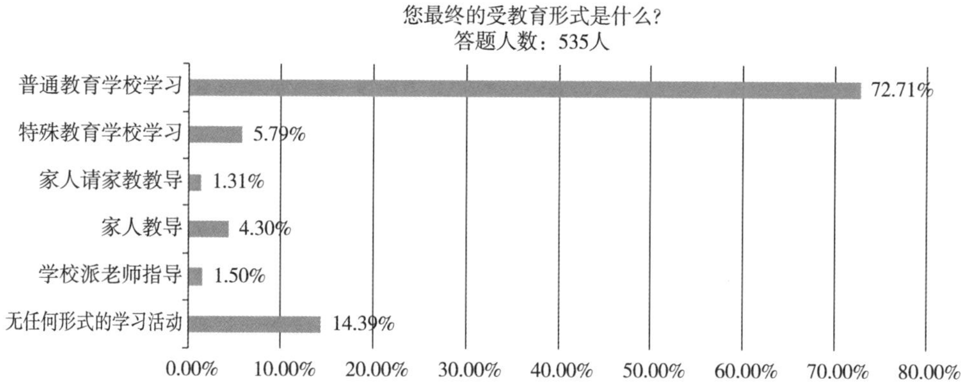

图 26　调查对象最终受教育形式情况图

其次，社会无障碍支持不充分。数据显示，受访残障个体所在社区无障碍环境较差。虽然部分社区有坡道、盲道等无障碍设施，但可使用率较低。无障碍环境不完善已经成为阻碍残障女性走出家门，参与社会活动、社区活动、公益活动的重要因素。(见图 29)

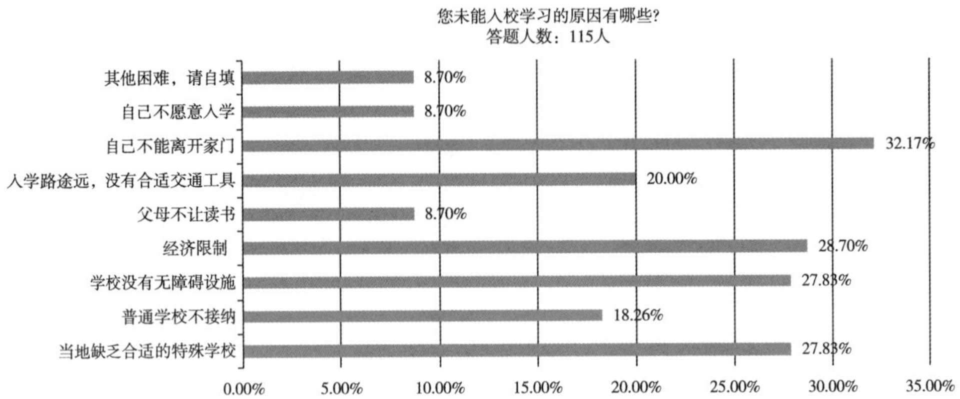

图 27　调查对象未能入校学习原因统计图

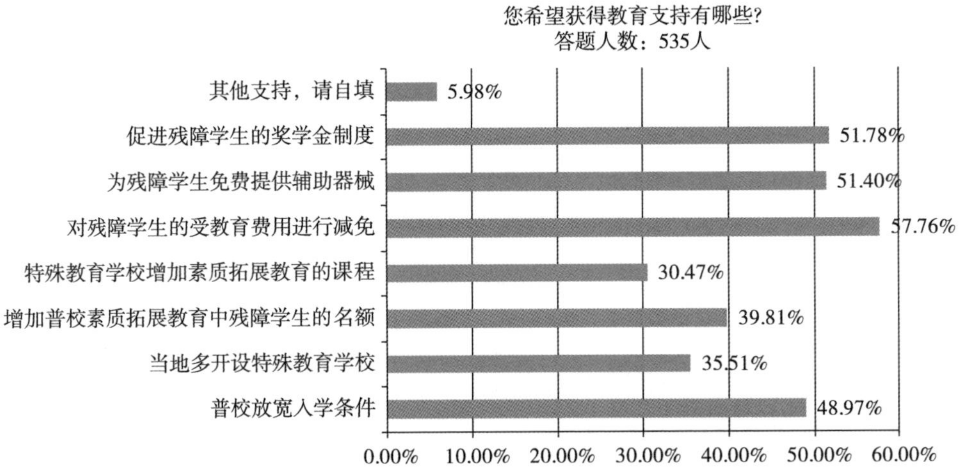

图 28　调查对象希望获得教育支持情况统计图

最后，缺乏社区融合活动，且有助于社区融合的康复医疗救治和必备辅助器械供给不足。数据显示，希望开展更多的社区融合活动是受访残障女性最大的社会支持诉求。虽然政府相关部门为残障群体配备了辅助器械，但总体来看，这部分残障群体仍为少数。受访残障女性群体的社会支持诉求中，除去开展融合活动外，诉求最高的集中于希望开展康复医疗救治和辅助器具配发上。（图 30）

九年制义务教育，是个体最基本的受教育权，残障女性群体当然也包含在

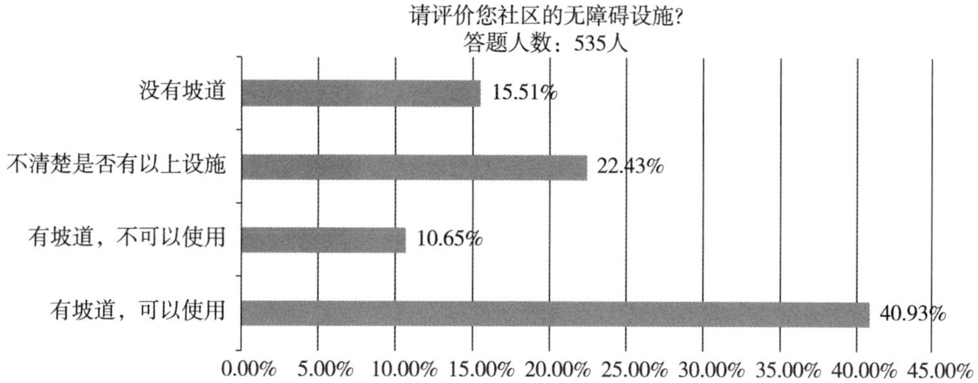

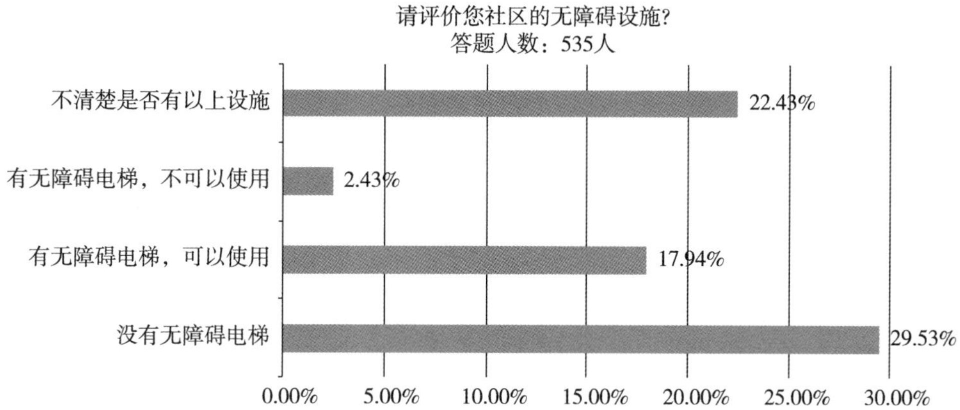

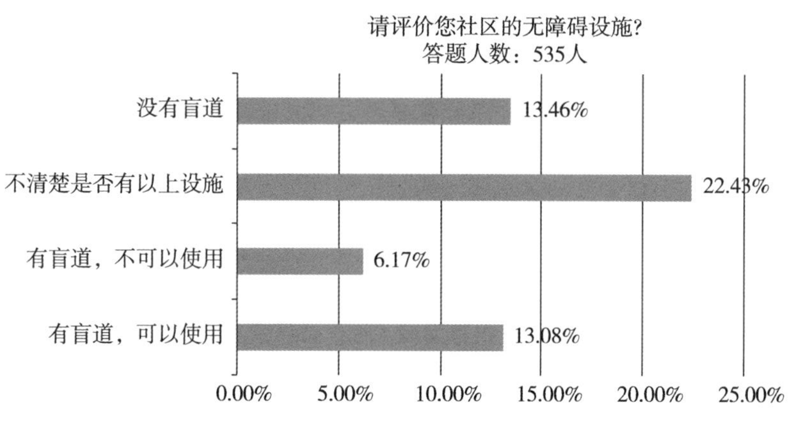

图 29　调查对象所在社区坡道使用情况、无障碍电梯、盲道使用统计图

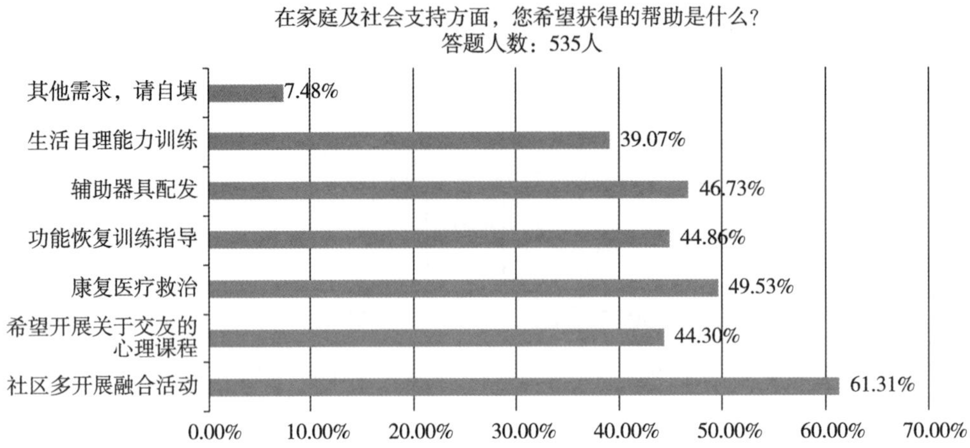

图 30 调查对象在家庭及社会支持方面希望获得的帮助统计图

内。提升社会对残障女性的支持，首先需要开展多种形式的教育方式，充分保障残障女性的受教育权。其次要在无障碍环境建设、社区融合、康复医疗支持、辅助器械配发等层面，支持残障女性群体接受教育。

（二）残障女性的婚恋交友存在困境

残障女性在婚恋问题上存在三大困境，首先是婚恋交友难，其次是步入婚姻难，最后是家庭经营难。在婚恋交友的需求统计中，13.64%的受访残障女性参加过专门为残障女性组织的婚恋活动，79.45%的受访残障女性希望针对残障人士的婚恋活动能够进一步扩大宣传。（图 31）由数据可知，助残服务机构开展针对残障女性的婚恋交友服务切实必要。

结合数据分析，造成残障女性婚恋难现象的主要原因有以下四个方面。首先，残障女性整体收入较低。在婚恋交友困境统计中，超过 50%的受访残障女性表示因经济收入受限，无法满足日常交友花费，成为其在日常交友中遇到的主要困难。受访残障女性的整体收入在 1000～2000 元，收入水平较低。（见图 32 和图 33）

其次是社会接纳程度低。31.03%的受访残障女性认为社会对残障人士不够

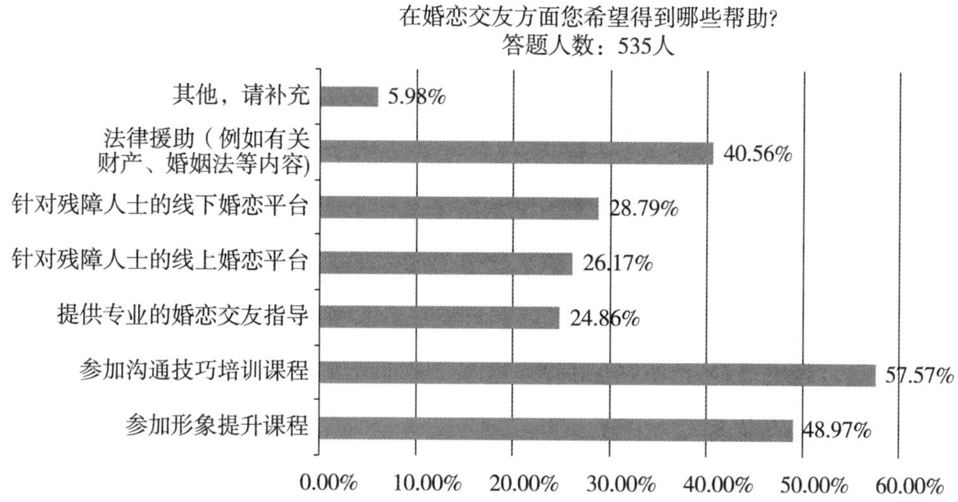

图 31　调查对象在婚恋交友方面希望得到的帮助统计图

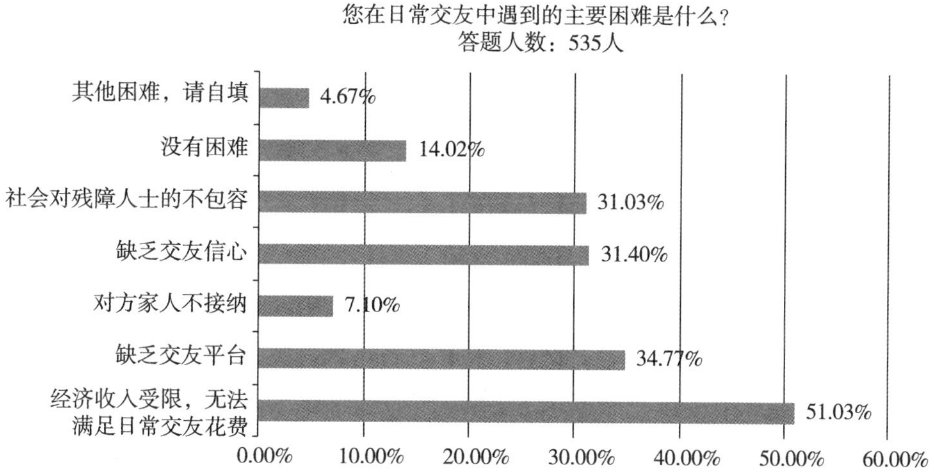

图 32　调查对象在日常交友中遇到的主要困难统计图

包容；7.1%的受访残障女性认为，亲密关系中对方家人不接纳，是自己日常恋爱交友的主要困难。以上数据显示，社会对残障人群的固有偏见也是残障人群无法顺利步入婚姻殿堂的主要因素。(同前文图 11)

再次，残障群体自身的心态也是不可忽略的因素。31.4%的受访残障女性缺

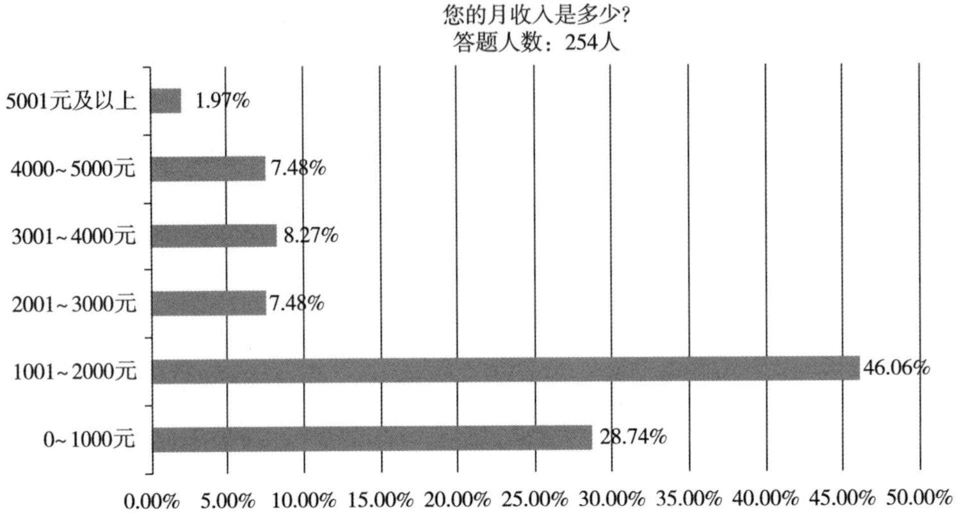

图 33　不同生活区域障碍群体的经济收入

乏交友信心。最后，缺乏交友平台也是造成残障女性交友困难的因素之一。34.77%的受访残障女性认为自己缺乏交友平台。(同前文图 11)

此外，社会对残障人士婚姻的不重视，也是造成这一群体婚恋困难的另一重要原因。值得欣喜的是，目前众多公益机构开始关注残障群体婚恋交友问题。一些机构组织开展的相亲交流会，成为残障群体参加活动的首选项目，举办的相关活动常存在名额爆满，被迫需要限制参与人员的情况。综上所述，要改善残障人士婚恋交友困难，需要相关服务机构拓展残障女性就业空间，提高残障女性经济收入，举办促进社会融合活动，开展残障女性心理课程，拓宽残障女性交友平台。

(三) 残障女性的生育保障有待提升

生育权是每一名女性的基本权利，然而对残障女性来说，在有条件能够生育的前提下，依然面临各种困境。

首先，社会对残障女性是否享有生育权存在质疑。近期网络中关于残障女性讨论热烈的一个话题是，残障母亲到底应不应该生下孩子？不考虑个体因素，仅在群体层面上论述生育权的问题，足以看到社会对残障母亲的包容度低。

其次，残障群体决定是否生育的自主性不足。在统计不同障碍群体面临的生活遭遇时发现，受访肢体障碍群体中，11.25%的女性被过早安排相亲，3.31%的女性被催生多个孩子；受访听力障碍群体中，3.7%的受访女性过早被安排相亲结婚，4.08%的受访女性被催生多个孩子；受访视力障碍群体中，12.24%的被过早安排相亲。结合访谈案例，进一步发现残障女性被迫过早通过相亲步入家庭，生育孩子的主要压力来自家庭。家庭一方面是残障女性生活的主要支持方，另一方面也成为影响残障女性实践自主权的限制方。(见图 34)

再次，受访残障女性一方面参加婚前体检、定期产检意识不足，另一方面部分受访残障女性在就医体检及产检中也遇到困难。数据显示，4.21%的残障母亲不清楚婚前体检是什么，32.63%的受访残障母亲没有做婚前体检；23.16%的受访残障母亲没有参加定期产检，31.38%的受访残障母亲仅参加了一部分流程(见图 35)。产检过程中，医院无障碍设施不完善，缺乏陪同人员，听力障碍群体缺乏合理便利等问题，都成为残障母亲面临的困境。(见图 36)

最后，“完美妈妈”的形象给残障女性带来压力。在生育问题担忧的统计中，除去自身经济受限、难以完成家长职责外，超过 20%的受调查者担心因为自己并非“完美妈妈”而影响到孩子性格。此外，访谈案例中，部分受访残障母亲表示作为一个残障母亲时常怀有自责。(见图 37)

综上可知，由于社会的包容性不足及对残障女性生育保障的支持力度不足，残障女性在生育问题上常面临被迫生育或需要对抗社会舆论压力的情境。

(四) 企业缺乏保障残障妇女就业的环境

就业是个体获取基本生活保障，实践自我价值的重要方式。从就业需求来看，部分残障女性群体需要家庭及伴侣照料，这使得家庭照料压力及经济压力增大，更大可能使家庭陷入经济困境，此时对有就业能力和就业意愿的残障女性群体来说，能够获得就业机会，不仅是个体自立的需求，还是改善家庭经济状态的重要方式。然而在实践层面上，企业缺乏保障残障妇女就业的环境，残障女性群体的整体就业环境不容乐观。

首先，社会及企业的无障碍设施不完善。在统计残障女性的就业需求方面，

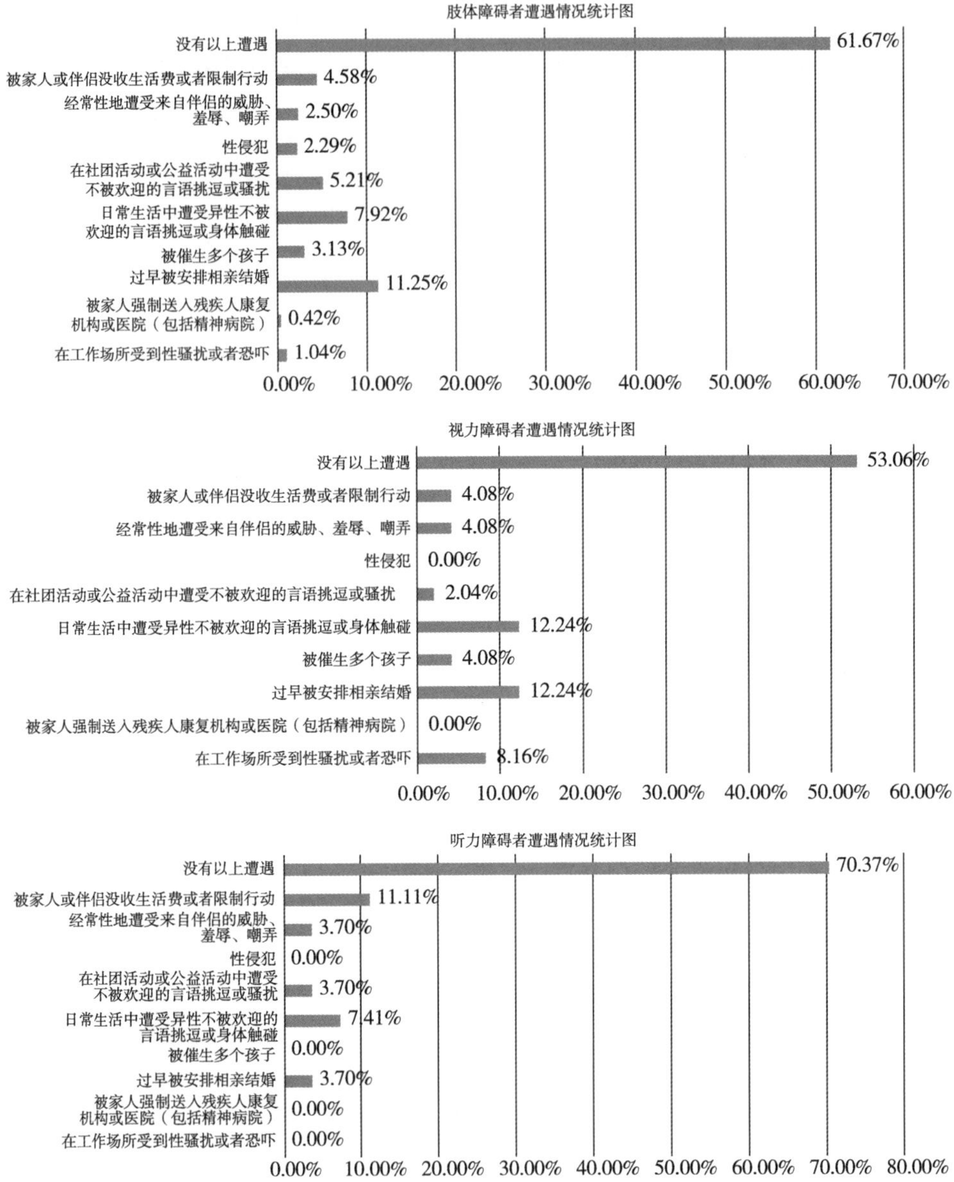

图 34　不同障碍女性的生活遭遇

希望能够提供合理便利，完善无障碍设施的诉求，分别占比在 50.28% 和 47.29%。而在就业障碍的统计中，45.05%的受访人员表示企业的无障碍设施不

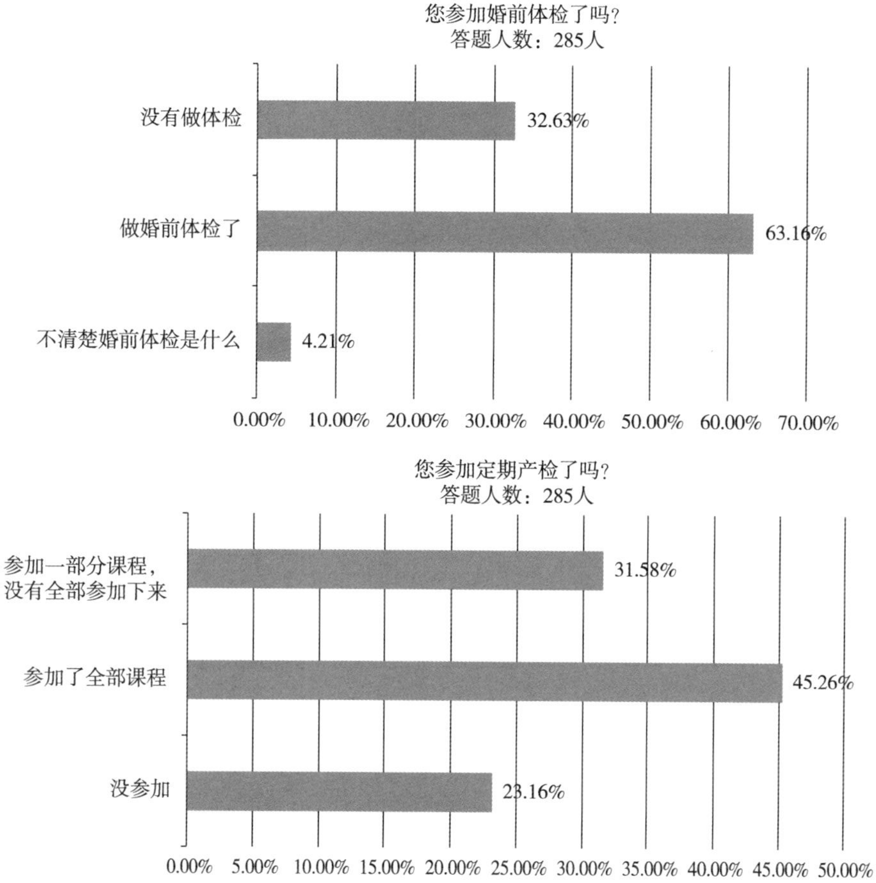

图 35　调查对象参加婚前体检、定期产检情况统计图

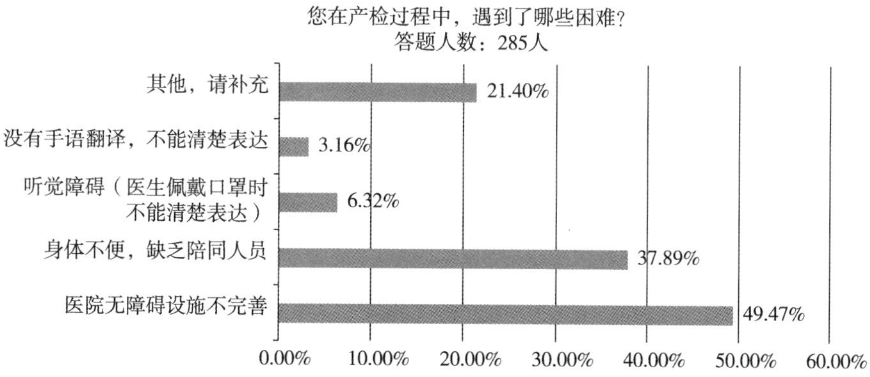

图 36　调查对象产检遇到困难情况统计图

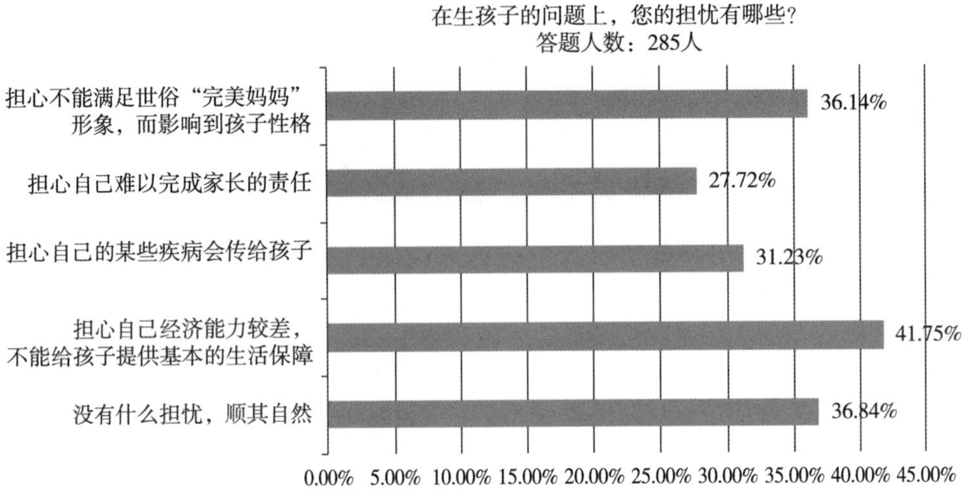

图 37 不同生活区域残障女性的生育担忧统计图

完善，成为阻碍其就业的重要因素。(图 38 和图 39)

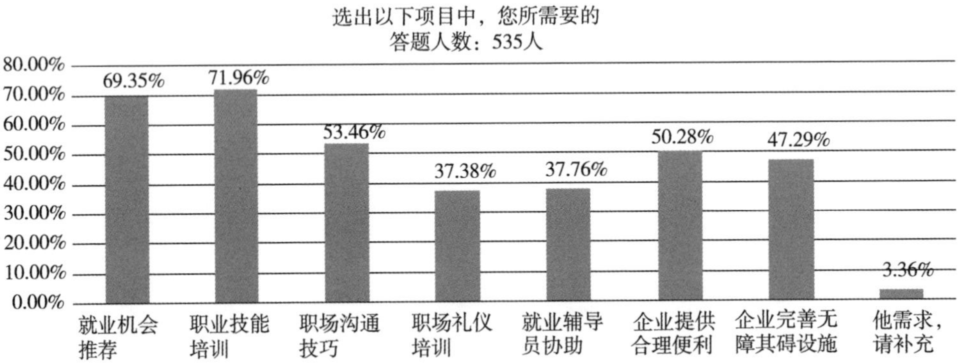

图 38 调查对象就业相关需求统计图

其次是就业中遭遇到不平等对待。数据显示 55. 14%的受访女性表示因为残障遭遇过不平等对待。(见图 40) 访谈案例中，部分受访者表示，在能够完成本职工作且没有工作失误的情况下，依然面临着随时可能被辞退的风险。部分用人单位存在不与残障女性签订就业合同的现象。

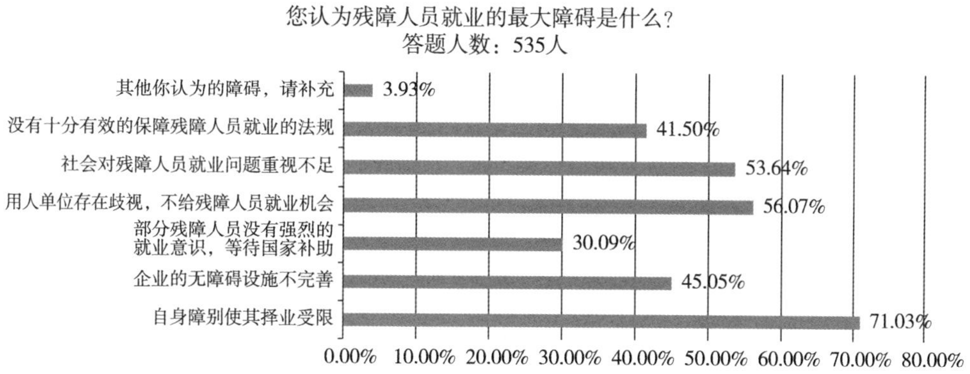

图 39 残障人员就业最大障碍情况统计图

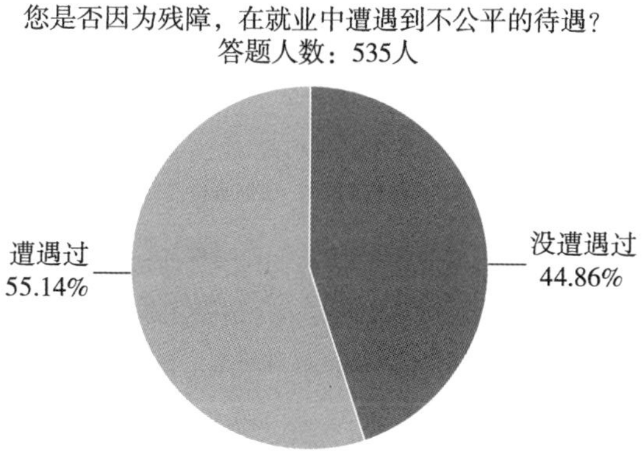

图 40 调查对象在工作中因残障遭受不公待遇情况统计图

最后是经济收入水平较低，存在同工不同酬现象。数据显示，受访残障女性整体收入水平较低，普遍收入在1000~2000元，就业形式包含企业就业、零工、创业。访谈案例中显示，同等工作内容中，残障女性收入水平相比非残障者均较低。残障群体中也流行这样一种自我调侃："不要钦佩我们创业，那是因为我们想就业但无法就业。"（图41和图42）

综上可知，残障女性就业问题依然不乐观，支持残障女性就业，推动残障人士事业发展，需要全社会的共同努力。值得注意的是，除去公益机构外，越来越多的企业关注到残障群体的就业问题。部分企业开展为听力障碍群体配备手语翻

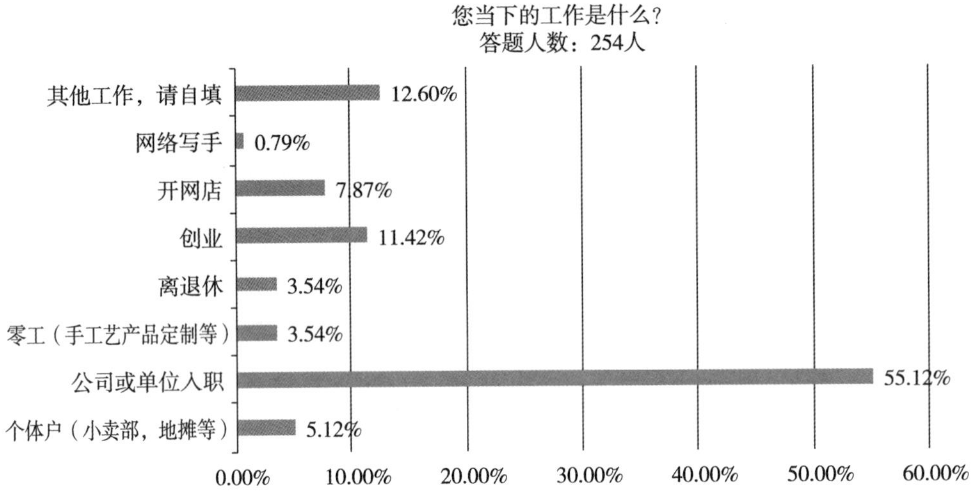

图 41　调查对象当下工作种类统计图

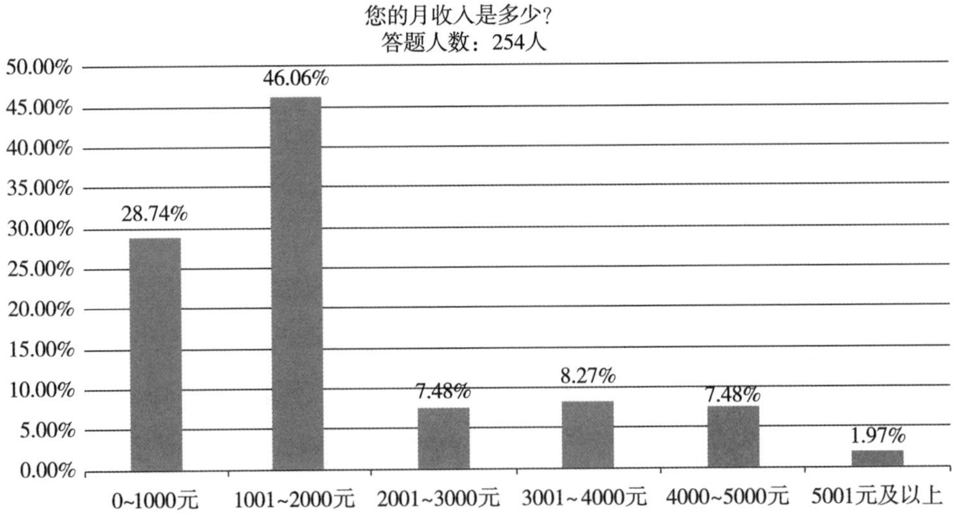

图 42　不同生活区域障碍群体的经济收入

译，组织公司员工业余学习手语，为视力障碍群体提供影视讲解，为肢体障碍群体提供更加人性化的坡道、洗手间和工位等积极行动。对残障群体更加包容，不仅是法律要求的行为规范，更成为企业建设自身文化的重要部分，成为企业吸纳更多有知识、有能力、有社会责任感的员工的重要手段。

四 访谈案例分析

数据能够呈现社群整体现状，访谈能够解释数据背后的故事和意义。为充分了解残障女性群体的生活遭遇，此次调查，我们深度访谈了 30 位残障女性。其中有 10 位受访者愿意公开分享她们的故事。这 10 位受访残障女性，年龄在 20~45 岁，有 NGO 工作者、普通职员、个体户、自由职业者、游乐园职员、大学生等。她们中有的刚刚成年踏入社会，有的已进入职场多年；有还未谈过恋爱的单身者，也有情感经历丰富的女性。她们分享的案例有助于我们深入了解受访的残障女性在教育、生活社区、婚姻家庭中遭遇的各种情况，以及这些遭遇对她们日常生活的影响。

（一）无法摆脱的原生家庭

原生家庭，是个体出生后第一个长时间相处的环境。原生家庭对个体的影响是深远的。受访的残障女性，普遍提到原生家庭对她们各自的影响。

> L 今年 28 岁，是重度肢体障碍者。原生家庭对 L 最深刻的印象就是父母说得最多的一句话："你好好活着就行，我们没有更多期待了。"

D 对原生家庭最大的感受是不被认可和时刻怀有的不安全感。

> D 原本是独生子，但因为自己身体障碍，父母觉得她以后难以独立照顾自己，需要有个依靠。于是母亲怀孕生下了妹妹。妹妹出生后，她感觉不再是父母的唯一，也没有受到父母的重视。由于父母并不善于处理二胎关系，她和妹妹的关系也很紧张，长大后的她一直尝试和父母和解。

M 今年 40 岁，患有成骨不全症。她对原生家庭最大的感受是疏离。

M说，自己长期和爷爷奶奶生活，长大以后当回到自己父母家，不知道怎么和父母做情感沟通，对自己的弟弟妹妹也有距离感。成年以后她自学心理学，才慢慢学会如何去表达自己的情感，如何和亲人沟通，但目前自己和胞弟胞妹关系依旧需要改善，M说和父母之间的沟通，和姊妹兄弟之间的情感联系是很多有残障孩子的二胎家庭都存在的一个困惑。

在受访的30名残障女性中，有8位受访者均提到原生家庭对于残障孩子的低期待或零期待。这种低期待或零期待，导致残障孩子内心怀有强烈的不安全感和不自信。部分受访者表示，情绪极度悲伤时，经常想到过自杀，甚至尝试过自杀。父母对其的低期待和自身强烈的不安全感一直是其成长的苦痛。此外，除了低期待和幼儿的不安全感外，部分拥有残障子女的家庭，也有父母过度保护残障孩子，过度溺爱，或者对残障子女有异常严格的要求等亲子关系问题。尽管每个家庭都有自身存在的问题，但在残障人士的家庭，因为残障，一切现象被放大，残障将幼儿“特殊化”。原生家庭依然是诸多残障人士无法走出的心理痛点，是残障人士始终要面对与和解的对象。

（二）被公益活动吸引的人生

木木今年25岁，是矮小症人士，目前在游乐园工作。在找到这个工作之前，她因为身高问题被诸多公司拒绝。后来，在一次公益活动中，木木认识了和她有相似经历的矮小症朋友。他们带她去参加公益活动，介绍适合矮小症人士的工作给她。

木木说，当她遇见了属于自己这个障碍类别的社群朋友时，才发现自己也不是特例，社群朋友的鼓励和支持，帮助她找到工作，丰富的社群活动也让她重新找回生活的热情。

H今年40岁，但她说，她的人生其实才刚刚开始。35岁之前，H从未走出过家门，父母也因为她的身体问题，阻止她出去上班。35岁那一年，H偶然间参加了一次服务残障人士的公益组织的活动，看到与她有相同身体状况的朋友都能独自工作和生活。她鼓起勇气说服父母，执意要上班和独居。

H 目前在公益机构工作，在当地组织了很多公益活动。她说，现在的她努力工作和生活，是为了填补 35 年的空洞人生，希望自己努力工作，服务更多有需求的人士，做更好的服务项目。

Y 今年 25 岁，刚大学毕业后不久，目前服务于为残障人士工作的公益机构。

Y 说："我在公益机构时间不久，但在这里可以学习和了解到的东西是我以前都学习不到的。在这里我也找到了志同道合的朋友，我们秉持相同的价值观，希望尽力为弱势群体提供各项发展机会。我也是残障人士，是弱势群体的一员，我的工作让我觉得我作为残障人士也是可以给予他人帮助的，也是可以找到生命的意义的。"

助残公益活动在残障社群中的影响是深远和意义非凡的。残障人士由于社会的刻板偏见，被认为无能力且需要被帮助，无法成为社会生产力的贡献者。同时由于社会的不认可，没有提供她们参与社会生活的无障碍设施和包容环境，她们也会自我贬低，产生不自信和无能感。在访谈和问卷调查中，我们发现参与助残公益活动成为不少残障人士获取朋友支持、提升能力的重要渠道。在公益活动的过程中，残障人士互相交流，倾吐心情，彼此帮助。同时，对服务于助残机构的残障人士，她们也会依据自身的经验，开展更多、更有效的社群服务。残障女性参与和执行助残公益活动的过程中，感受到他者的支持力量，感受到被关注、被支持的重要价值，这帮助她们更好地融入社会，同时努力倡导以获得社会的支持。

（三）接纳身体的慢慢长路

身体是个体的一部分，是个体精神的载体。身体的展示，也是个体表达自我，呈现自我的重要方式。部分受访残障人士，由于疾病或其他原因，经常不能有效或自主调整身体的样子，对身体的认识和接纳变得异常艰难。

Q 是生活在山西的脊髓损伤患者，因为一次事故，Q 的生活发生了翻天覆地的变化。在Q治疗期间，她无法感受自己的身体，而治疗结束后，很长时间内，她也很难接受自己需要坐轮椅的事实。“有时候觉得自己的身体不是自己的，我怎么会突然就要坐轮椅呢?”

P是一名听力障碍的女性性少数者。她对自己的身体也有着各种困惑。P说：“我是非常不满意我的女性器官的，比如乳房。我希望我是一个平胸，这样我就看起来更加像男孩子。”

因为难以认同自己的女性身体的一部分，同时渴望柏拉图式的精神恋爱关系，因此在亲密关系里，P时常缺乏安全感，不敢袒露自己的真实心声。同时，因为听力障碍和性少数的双重身份，P时常找不到自己的身份认同。

S是一名瓷娃娃，在身体认知和女性身份的议题中，她会感觉到自己常不在讨论的范围内。

S说：“作为一名瓷娃娃，因为小时候多次骨折，我不觉得自己的身体有女性化特征，比如窈窕的曲线和我这个矮小的身材怎么也不搭边，所以我没有考虑过女性身份这件事，反而健康稳定的身体对我更加重要。比起所谓的女性性别，我会更加关注自己的身体健康。不过，女孩子也都是爱美的，我一般坐轮椅都会买各种各样的小裙子遮住我畸形的腿，而且看起来也好看。”

此外，有一些视力障碍人士，因为看不到自己的身体和身材是什么样子，无法通过视觉判断食物的摄入量，可能会摄入食物过量，体重脂肪堆积过多，造成亚健康肥胖状态。

视力障碍Z女士说，“我从来都没有想到我居然可以在不知不觉中胖到140斤，因为我也不知道自己的体形，过年回家我妈才和我说我有多胖。”

身体形象的塑造一直是主流妇女领域探讨的话题，但是当残障这个身份介入主流妇女的议题中，当残障的身体无法匹配主流妇女身体的审美标准，大多数残障妇女比普通女性的心理压力要更大。因为对于大多数普通女性来说，身材是可以控制和改变的，而对于大多数肢体障碍的残障妇女来说，不完美的身体是不能够被改变的，也无法通过减肥或者塑形等一系列活动改善。社会对“美”的单一标准，和“完美”女性的过度吹捧，导致残障女性对自己的身份和身体很难认同。因为害怕外界异样的眼光，她们很难勇敢走出家门，而且在亲密关系里，由于对身体的自卑感，她们也很难敞开心灵，信任对方，与对方形成稳定的亲密关系。

（四）抵制骚扰刻不容缓

被骚扰是很多女性面临的问题，受访的几位残障女性，和我们讲述了她们遭遇的一些经历。

生活在山西，今年 35 岁的脑瘫女士 N 讲述了她的经历。

> “我那个时候在乡下，晚上天特别黑，路灯也不好，我拄个拐在前面走，后面有个人尾随着我。我当时很害怕，就一个劲地往前赶路，好不容易走到有路灯的一家院子面前，我看到那个人的影子。他戴个帽子看不清脸，朝我走过来脱裤子。我当时吓得尖叫，院子里面那家人出来了，说他是神经病，把他赶走了。我当时想我是一个拄拐的，他要真的对我有什么企图，我也跑不掉。我特别害怕。就是从那个时候开始，一般晚上没有特别的事情的话我就不出门了。

一位需要坐轮椅的肢体障碍人士 F 女士也讲述了她的经历。

> “虽然我是一个坐轮椅的女孩子，但是女孩子都爱美，我一直都喜欢穿各种各样的小裙子。但在我 16 岁以后我基本上就不穿裙子了，为什么呢？因为我 16 岁的时候，我的同桌把手伸到我的内裤里面了。这件事让我意识到，我自己没有办法保护好自己。这个事情除了我爸我妈，基本上没有人知道。普通女孩子遇到这种事情，也许就会尖叫或者有别的什么反应，但我的反应就是不敢叫，也不能叫，因为我叫了别人也不信。大家不认为有人会去

骚扰坐轮椅的女孩。如果事情闹大了，我在班里是会被孤立的。当时一个状态是，我知道从此以后我只能穿裤子了，而且感觉自己的人生已经没有希望了！”

视力障碍人士也会面临性骚扰的困境。

视力障碍W女士说：“视力障碍女性按摩师群体，很容易受到一些顾客的骚扰。我在工作的时候，会找到一些应对的办法，避免这种情况的发生。比如说，如果有顾客提出过分的要求，或者出现骚扰的倾向时，我们会离得远一点，同时叫我们的老板和同事或者朋友帮忙。”

除上述分享的案例外，综合所有受访对象发现，残障女性的性骚扰者不仅包括公共交通上的路人，而且还包括身边较为熟悉的人。如前面案例中提到的家乡街道附近的邻居或者是同学，或者有一些血缘关系的人。性骚扰的发生场所大多是没有人的小胡同、公共交通工具、隐秘封闭的场所，比如按摩的房间或者住室。性骚扰给受害者带来的心理创伤是非常大的。例如，前面案例中提到的，从16岁以后都不敢再穿裙子，觉得人生没有希望的F女士。这种心理创伤会对个体产生长久而深入的恶劣影响，影响个体生活的方方面面。对这种心理创伤，开展后期治疗的过程是漫长和艰难的，部分情节严重的受害者，可能终其一生也无法摆脱曾经的噩梦。

（五）普通也不普通的爱情故事

爱情是很多人都希望拥有的美好经历，残障女性也不例外。对于爱情的认知或态度，不同的残障女性，因其经历和观念的不同也有所差别。受访大部分女性对爱情持随缘、被动的态度，她们常表示的话语是“随缘就好”。有一部分残障女性对拥有爱情持悲观态度，对建立亲密关系不抱期望。部分受访者表示，“我已经不相信爱情了，我们一起孤独终老吧”。

除大部分持悲观和被动的态度外，有一小部分残障女性对拥有爱情持乐观态度，她们相信爱情是自己争取来的，生活中也会积极主动争取她们喜欢的人。

N女士是一名肢体障碍女性，她在一次海外旅行中遇见了自己的异国丈夫。因为经历类似，N女士积极主动地与对方沟通，分享各自的生活，由于彼此情投意合，两个人走到一起。

除以上情况外，突发事故造成的身体障碍也会对已经建立的亲密关系产生重大影响。

两位因为脊柱瘫痪造成残障的女性表示，因为受伤，自己原本的亲密关系断裂，生活和情感得不到支持和抚慰。她们都有尝试自杀的经历，但因为念及孩子，最后都放弃了。受伤不仅带给她们生活中的困难和不便，更让她们感受到周边亲人的情感变化。例如，因为失去劳动能力，家人的拒绝和不接纳。

综合而言，大多数的残障女性面对感情采取的是逃避型策略。她们在未确定被对方喜欢时，通常不会主动表现出喜欢。她们常说："害怕自己处理不好亲密关系，担心自己对感情，抓得越紧，失去得越多。"值得欣喜的是，越来越多的助残服务机构和自组织，开始关注到残障女性的情感需求。助残服务机构和自组织开展的形象气质培训、社交技能培训、心理建设培训等活动受到残障女性群体的欢迎。此外，部分自组织社群定期开展的交友活动，也为残障女性群体建立情感链接提供帮助。除公益机构和自组织外，社区的支持也是非常重要的，社区在助力专业助残服务机构，通过对资金、场地等的支持，促使其更多地开展活动，帮助服务对象建立社区支持体系。

（六）进入职场要自信

有效就业是个体独立生存的主要基础。对多数残障人士而言，就业依然是巨大的挑战。除前文提到的创造无障碍设施和包容的就业环境外，残障人士就业的自信心也是重要因素。

L今年35岁，福建人，现在是福州一家公司的行政文员。L在22岁时受伤，此后近10年一直在家复建。

> 在聊起为何不工作时，L说："因为身体不合适上班的节奏，不能久坐。久坐对我们脊髓损伤是非常大的挑战，我觉得自己没有办法胜任普通工作。"

但L在一次复健活动中，认识了独立工作，但身体状况比自己更为严重的小妹妹。

> L说："看到她能够工作时，我觉得我也一定可以。后来，我就不断学习用轮椅独立生活，尝试独立外出，锻炼自己的能力。后来当地区残联的工作人员给我介绍工作，我就鼓起勇气去做，一直做到现在。"

在工作过程中，L也会主动寻求帮助，提出相关需求。

> "我们公司厕所是蹲厕，我经常用尿垫会有味道，所以我找了我们主管反映说我不方便去卫生间，希望公司能改建一个马桶，老板采纳了我的建议。对此，我也特别谢谢公司，后来公司怀孕的女同事也觉得马桶也便于她们的生活，还很感谢我。

我们从数据和个案报告中都了解到影响残障女性就业的最大挑战之一就是自信心的缺乏，她们除了需要职业培训等各种技能的丰富提升，也需要打破对自身障碍的认知，学会独立，然后在工作过程中建立自信。

五 推动针对残障女性的公益服务建议

（一）构建残障女性的社会支持网络

在《我国残疾妇女社会支持网的结构与重建》一文中，贵州大学公共管理学院副教授高圆圆将社会支持分为正式支持和非正式支持，正式支持来自工青妇团体、非政府组织、残疾人社会保障等专业社会机构的精神鼓励与生活保障，非正式支持，来自其家庭成员、亲戚邻居、朋友同事等相识人的情感支持和经济协助。

想要完善残障妇女的社会支持网络，必须由法律、媒体和社区民间机构三方合作，建立专门维护残障妇女权利的法律法规。消除歧视是第一步，应通过媒体宣传，加强人们对于残障妇女的理解和认识，提高残障融合观念和社会性别意识。残障人社群机构和心理咨询中心可以为残障妇女提供安慰、支持和鼓励，帮助她们自我接纳。庇护中心能为残障妇女提供创业支持资金或满足其居住等基本需求。

（二）普及残健融合和性别平等意识

残障人士受到社会不平等待遇的终极原因是整个社会的残健融合平等意识没有深入人心，社会性别的科普教育也有待推广。《中国妇女发展纲要（2011—2020年）》提出"教育工作全面贯彻性别平等原则""性别平等原则和理念在各级各类教育课程标准及教学过程中得到充分体现"等目标，而《联合国残疾人权利公约》所规定的一般原则中，也明确规定男女平等是主要原则之一，其用意旨在提高国家政府部门和社会公众对于残障态度的正确认识。在公益服务机构当中，开展科普教育，进行社会性别平等和残障融合理念的倡导，将对其改进针对弱势人群的服务具有重大意义。社会工作机构也可在助人自助、发挥优势视角等理念中，融入残障人平等和社会性别平等的意识，助力公益机构创造更好的公益项目和公益产品，实现社区融合发展。

（三）提升对残障女性的生育服务支持

《中国妇女发展纲要2011—2020年》所载的目标指出，妇女在整个生命周期享有良好的基本医疗卫生服务，降低孕产妇中重度贫血患病率，提升妇女心理健康知识和精神疾病预防知识知晓率，保障妇女享有避孕节育知情选择权，减少非意愿妊娠，降低人工流产率。妇女中的残障人，一个也不能少。但是基于残障女性身体的特殊要求，我们看到残障女性和普通女性在生育服务支持这一方面依旧有一定差距。在2017年中国妇女发展监测报告中，全国产检率99.9%，而我们的调查数据中，残障女性的产检率仅为63.16%。因此助残公益机构，需要在未来的社区和妇女服务中，积极关注残障妇女生育生殖健康相关需求，跨越障碍，消除差距。

（四）促进残障女性的就业服务支持

《中国女性发展纲要（2001—2010年）》在经济领域提及两个相关措施："为残障女性提供就业服务和职业技能培训，提高残障女性的就业比例"和"对残障女性进行职业教育，职业培训，为残障女性提供受教育的机会，提高受教育程度，增强其生存和发展能力"。

"十三五"期间加快残疾人小康进程规划，习近平总书记先后两次对做好残障人脱贫攻坚工作作出重要指示，突出强调全面建设小康社会，残障人一个也不能少。同时强调，要把贫困老年人、残障人等群体作为攻坚重点，通过加大投入完善社会保障来实现脱贫。开拓创新型形式多样的残障人就业创业服务体系，开放更多适合残障人的岗位给予残障女性，鼓励残障女性的个体创业和发展具有中国女性残障人文化的女性事业。

（五）鼓励服务残障女性项目的开发和专门助残组织的建立

《中国妇女发展纲要》（2011—2020年）也提出了开展进社区的婚姻家庭教育和咨询，要建立平等、文明、和谐、稳定的家庭关系，预防和制止针对妇女的家庭暴力，加强宣传教育，根据残障妇女身心特点，合理设置残障人职业教育专业。促进妇女参与社区教育。整合、优化社区教育资源，发展多样化社区教育模式，丰富社区教育内容，满足妇女个性化的学习和发展需求。

中国和国际社会都在不断加强推动实现残障人、妇女及残障妇女的社会参与及性别平等。在此基础上促进残障妇女的社群参与，促进残障女性领导力的发展，培训社区活动骨干，鼓励服务残障女性项目的开发和专门助残组织的建立，促进社区残障融合和发展残障视角，也是推动我国残障女性发展的重要方向。

发声和使能：残障妇女应对家庭暴力的经历和启示

冯　媛*

摘　要：通过个别访谈和焦点组讨论，概述和分析残障妇女应对家庭暴力的经历和启示，发现残障妇女遭遇显性和隐形的家庭暴力，暴力存在于妇女的整个生命周期，家庭暴力的根源有着社会生态链，受暴妇女具有能动性。建议加强教育，赋权残障妇女，消除歧视、偏见和暴力；加强宣传，广而告之当事人的权利；加强问责，促进各责任方更好地履行法定职责；加强能力建设，识别和保障残障妇女的特殊需求；加强实施，实现《反家暴法》创设的多项制度的初心。

关键词：残障　妇女　家庭暴力　赋权

残障妇女面临的家庭暴力，过去10来年间中国学术界和残障社群对此有所揭示，如《残障权利研究》有文章涉及了这个议题。① 国际助残联盟（法国）北京代表处从2014年开始的“性与生殖健康”项目和2016年开始的“反性别暴力”项目，致力于赋权国内的残障社群组织，特别是鼓励妇女和性/社会性别少数的参与。受残障影响妇女支持网络（DAWS）参与了项目，在2016—2018年

---

* 冯媛，北京为平妇女权益机构共同发起人，1998年开始从事反家暴的立法推动、培训和服务。

① 马志莹：《因爱之名，以医之义？从权利角度看精神病院住院女性的体验》，载张万洪主编：《残障权利研究》（第1卷），社会科学文献出版社2014年版，第217~249页；陈博、黄士元：《通过社会工作增进精神障碍者个人自主性的深圳实践》，载张万洪主编：《残障权利研究》（第1卷），社会科学文献出版社2014年版，第120~140页。

间通过个别访谈和焦点组讨论，将不同障别、地域、阶层、年龄的妇女的经历集结成《残库 2018——十五个残障、性与家庭暴力的故事》①。为了保护当事人的个人信息，这个集子中所有当事人均采用化名，有些地点和情节做了模糊处理。这些故事的采访者和整理者都是残障妇女。由此，这个过去很少发声的群体终于被听到，并且是通过她们自己直接的诉说而不是由别人转达。

本文主要依据这 15 个故事来概述、分析残障妇女所面临的家庭暴力状况、她们对家暴的认知和改变家暴造成的权利受损的努力，以及这些状况、认知和努力对建立健全政策和法律的意义。

一 背景：残障妇女面对暴力的多重弱势和政策法律的回应

经验和研究都表明，残障妇女，在生命周期的任何阶段都面临多重弱势。

根据首份《世界残疾报告》，残障者约占人口的 15%，而妇女人口中残障发生率为 19%，男性为 12%；低收入和中等收入的国家中 65%~70%的残障妇女生活在农村。性别歧视让残障妇女更容易遭受到家庭和机构暴力，施暴者可能是家庭成员、照料者或陌生人。残障妇女遭受暴力的风险高于残障男性，也高于非残障妇女，但残障妇女得到救助、作为证人、追究加害人的机会比较低。②

残障女童则更加弱势。乌干达一项对 3706 名小学生的调查发现，11~14 岁的残障女童中，有 24%的女童报告在校期间遭遇了性暴力，非残障女童的这个比例为 12%。③ 据研究，残障儿童遭遇暴力的可能性比非残障儿童高近 4 倍，④ 而

---

① 《残库 2018——十五个残障、性与家庭暴力的故事》由上海有人公益基金会出品，国际助残联盟（法国）北京代表处支持。

② United Nations, *Situation of Women and Girls with Disabilities and the Status of the Convention on the Rights of Persons with Disabilities and the Optional Protocol Thereto*, A/72/227, 2017.

③ Devries K., Kyegome N., Zuurmond M., Parkes J., Child J., Walakira E., and Naker, D., *Violence against Primary School Children with Disabilities in Uganda: A Cross-Sectional Study*, BMC Public Health, p. 6 (2014).

④ Lisa Jones, Mark A Bellis, Sara Wood, Christopher Mikton, Tom Shakespeare, Alana Officer, *Prevalence and Risk of Violence against Children with Disabilities: A Systematic Review and Meta-Analysis of Observational Studies*, Lancet (2012).

17 项来自高收入国家 18374 名残障儿童的研究发现，就面临性暴力的风险而言，精神障碍或智力障碍的儿童比非残障儿童高 4.6 倍。

《残疾人权利公约》第 16 条特别提到基于性别的犯罪行为的问题。该条规定，应当为免于被此类行为侵害的自由提供保护，向残障人及其家庭提供教育支持，监测为残障人服务的设施和方案，制定预防战略和恢复方案，起诉涉及剥削、暴力侵害和凌虐残障人的犯罪。此外，《残疾人权利公约》还规定制定针对性别和年龄的支持措施。第 25 条与暴力侵害妇女的问题相关，该条确认残障人有权享有可达到的最高健康标准，不受基于残障的歧视，这包括可以获得考虑到性别因素的医疗护理服务以及与健康有关的康复服务、性健康和生殖健康服务及全民公共卫生方案，而且所有这一切都应该尽量就近在有关个人的所在社区提供。

2012 年，联合国暴力侵害妇女行为及其因果问题特别报告员（简称对妇女暴力特别报告员）向联合国大会提交了《关于暴力侵害残疾妇女行为的报告》，以社会模式来认识暴力侵害残障妇女行为，分析了暴力侵害残障妇女和女孩的表现形式、原因和后果，概述了对此问题的规范框架。对妇女暴力特别报告员在结论部分指出：《残疾人权利公约》《消除对妇女一切形式歧视公约》和其他国际法律文书已获广泛批准。然而，很难评估在预防和应对暴力侵害残障妇女行为方面，这些文书是否得到有效执行。大多数国家缺乏关于残障人特别是关于残障妇女的全面的专门法律、政策或方案。目前有残障人法律的国家没有针对残障妇女一般权利或特别针对暴力问题的具体规定；或许也有关于暴力侵害妇女的专门法和一般补救措施，不幸的是，在涉及残障妇女的方面，这些法律没有得到有效实施。只有极少数国家制定了专门性体制机制、方案或战略，如妇女与残障全国委员会或理事会，不过有些国家根据对暴力侵害残障人行为的研究制定了战略。一些非政府组织进行研究，提供服务和培训，并通过互联网包括互动式网站交流信息和经验。

中国已初步建立保障残障妇女免遭暴力的法律框架。一个突出的进展是 2016 年 3 月 1 日实施的《中华人民共和国反家庭暴力法》（以下简称《反家暴法》）宣布对残障人和未成年人、老年人、重病患者、孕期和哺乳期妇女进行特殊保护。时任联合国教科文组织驻华代表辛格先生认为，中国《反家暴法》明文对残障人士进行特殊保护，在世界上是领先的。① 为保护受害人，《反家暴法》创设了强制报告制度、临时庇护和短期生活救助制度、告诫书制度、保护令制度、撤销监护权制度。所有这些制度，尤其是对某些障别的残障人士适用的强制报告制度和撤销监护权制度，如果有效发挥作用，将能让先进的法律规定在实践中预防和制止对残障妇女和女童的家庭暴力。

二 状况：15 个故事告诉我们什么

残障妇女和她们所面临的家庭暴力都是复数。她们年龄悬殊、地域不同、阶层各异、境况有别，残障妇女遭遇和应对家庭暴力的经历，和人们的想象、和非残障妇女也相似相异。

（一）显性和隐形的家庭暴力

刘平出生在富裕之家，出生后被诊断出患有先天性疾病，长大后可能无法像普通人一样行走，加上又是女孩，襁褓中就被爷爷遗弃在从上海开往苏州的火车上。后来刘平和父母团聚，过了 10 多年的幸福生活。

之后刘平又被自己从小带大的养女虐待。养女肆无忌惮地花钱、经济上无休止的索取导致刘平卖掉了父母留下的房产。养女心情不好时会埋怨说："为什么是你捡到我，如果我活在别人家，可能比现在生活得更好。"平时养女对刘平也缺乏尊重。有一次，养女自制了一种面膜想让刘平试试，当时在病中的刘平拒绝了，养女便径自将面膜涂抹在刘平的私处，还觉得这样很有趣，刘平对此倍感屈辱。如果刘平稍微批评养女两句，养女就威胁要离家，刘平便会因担心无人照顾而忌惮。养女并不是每天照顾刘平，经常三四天才给刘平做一顿饭。有次养女煮了一锅面条让刘平一次性吃完，尽管刘平已经两天没吃饭，刘平也不可能一次吃完一锅面条，结果，养女责骂刘平不知好歹，还用擀面杖抽打刘平的后背和大腿。

---

① 参见《中国决定立法制止对家庭中残疾人的暴力行为》，联合国教科文组织官网：https：//zh. unesco. org/news/。

在刘平的故事中，爷爷的遗弃和养女的抽打，是人们一眼能识别出的暴力。而直接加诸刘平身体的暴力其实还包括不能按时按量吃饭、强迫吃面、强迫用面膜、不经同意私处被涂抹面膜等。养女一不合意就说要离家、成天埋怨生活不够好、吃不完一锅面就要责骂，是养女对刘平精神上的威胁、控制和伤害；养女一意孤行将面膜涂在刘平私处，是和性相关的强迫；养女无休止的金钱索取，是一种经济剥削和控制。刘平遭遇了身体、精神、性和经济这四个方面的家庭暴力，这些暴力形式并非彼此孤立地发生，而是交叉、复合进行，并且身体、性和经济的暴力也会带来精神痛苦和伤害。而这种情况，15 个故事中也并非仅仅为刘平一人所遭遇。

（二）暴力存在于妇女的整个生命周期

从 15 个故事窥斑见豹，我们得以了解作为妇女同时也作为残障者，残障妇女的生命周期中不同阶段都会遭遇到哪些形式的暴力。

从出生开始，刘平因为是女孩并有先天性疾病而被遗弃，小然和晓玲的家人不带她们出门，晓玲、圆圆和依莲被禁止上学。此外，我们还从别的地方知道有残障女童缺吃少穿，有的妇女因为残障婴孩的出生而被家庭打骂，甚至被离婚。而这些，属于对儿童的照顾不周，或属于让儿童被迫目睹对亲人的家庭暴力，或者被迫和母亲分离，都是儿童期容易遭遇的暴力形式。

青春期，残障妇女在家庭中会遭遇到一些新的侵害。不能完成学业是常见的权利剥夺。在 15 个故事中，小诺、淑婷两位都没有完成义务教育。小诺、淑婷还往往被进一步和社会隔离，包括限制出行和不让见人。每当家里来人时，春梅的父亲会把春梅藏起来，不让春梅出来。春梅自己的感受是，不让见人对自己的伤害，比身体遭受的暴力更难接受。随着女孩长大，可以帮助家里赚取收入，也就是残障女性遭受家庭经济剥削的开始。例如，晓玲刺绣卖的钱自己从来都得不到，家人总是说，“你不用出门，要钱也没什么用处，就给家里当做补贴吧”，因此晓玲每次卖了作品都得不到报酬。性方面的暴力也在残障女性的青春期增加，如有智力和其他障碍的依莲遭受父亲的性侵。此外，笔者还接触到这样的案例：性/性别少数的妇女遭遇“矫正性强暴”，即为让女儿变成异性恋，家人安排相亲、促成女儿被强暴，或父亲对患抑郁症的同性恋女儿实施强暴；还有的父母拒绝跨性别孩子的自我身份认同，否定跨性别孩子选择自己人生的权利；残障女童获得和青春期发育有关的知识、信息和服务的权利也往往被剥夺，残障女性被视为无性人或不能享有性和身体自主权的人，这些都是对残障妇女的性权利的剥夺，属于性暴力的表现。

成年后，不让残障妇女继续深造、工作、支配劳动所得、得到家产，或迫使残障妇女跟人约会、同居、结婚，或者阻止残障妇女和所爱的异性或同性在一起，甚至强行拆散，这些都是家庭暴力，而这些家庭暴力往往是以“爱你”“为你好”的名义。我们看到，小禾在父母的压力下结婚，后来发现婚姻不如意想离婚，遭到父母坚决反对，离完婚还被父母逼着复婚。进入婚姻或同居关系中的残障妇女遭遇的各种家庭暴力，既包括被拳打脚踢，甚至腹中的胎儿被一脚踢掉，也包括被当作发泄性欲的对象或生育工具。如伟伟产后“只做了五分钟母亲”，婆家就不让伟伟再碰孩子，如晓玲所生的几个孩子甚至被丈夫卖了赚钱，还有的残障妇女被逼出去工作或不让工作。家庭暴力还包括不让离婚，有的提出离婚就被禁闭在房子里，有的残障妇女的伴侣用自残来要挟控制。

进入中老年的残障妇女，有些没有独立的收入来源，极易受到精神虐待和身体虐待，包括缺衣少食，或者遭遇来自家庭成员的财产剥夺、劳动剥削和经济控制。前述刘平的故事就是一例，在此不再赘述。

（三）社会生态链

所有这些形式的暴力直接加诸残障妇女本身，但受害者不止她们自己，残障妇女的孩子作为目睹者也是直接的受害者。月牙的故事就是这样。一个晚上，月牙丈夫酒后去月牙父母家，用酒瓶砸门，对此警察表示“不便多管”，保安到后，月牙丈夫又对保安破口大骂。加上另一次事件，月牙的孩子有了心理阴影，非常害怕见自己的爸爸。此外，还有对孩子看不见的伤害。伟伟从没有机会抱过自己的孩子。只要伟伟一靠近孩子，婆家就像防瘟疫似的将孩子抱走。伟伟向丈夫倾诉了很多次，但是丈夫也觉得，伟伟看不见，带不好孩子。这是直接针对伟伟的暴力，剥夺了伟伟作为母亲的权利，这也是对婴儿的暴力，因为剥夺了婴儿和母亲亲近、受母亲照顾的权利。孩子在这样的环境中长大后，比一般孩子更难摆脱暴力的影响。

这 15 个故事也让我们看到，家庭暴力的根源不仅仅存在于家庭，还存在人际、社区、社会、国家、观念、制度等多因素的交叉作用。如家人不送残障女孩去幼儿园，其实往往是怕她因残障被旁人指指点点和被其他小朋友笑话。女性嫁到夫家的婚居模式造成一些父母不愿投资残障女儿的教育和发展，以及家庭和社会都否认残障女孩的价值。学校和教师基于传统性别观念对残障女生和男生的不平等对待。如云凡的故事中，在“早恋问题”上对待男生和女生的双重标准造成对云凡的伤害和云凡的辍学。因此，消除对残障女孩的家庭暴力，也需要在家庭之外着力。

无论是在生命周期的哪个阶段，残障妇女在面临家庭暴力的侵害时，常常无法仅仅依靠个人的能力来打破。无论是小时候不让上学、长大后面临的婚恋逼迫和性方面的暴力，还是没有自主工作权、遭遇经济剥削与控制，家庭暴力也往往是社会压力、歧视和不公的载体。有时这些压力、歧视和不公会被残障妇女和残障妇女的家人内化，觉得只能“认命”，除了忍气吞声难有办法。如父母干涉女儿的恋爱和婚姻，要求或不准女儿和残障人士共同生活，往往也是基于社会观念和环境中对残障者的陈规定型和歧视。因为社区、社会，乃至政策和法律，都不能切实帮助残障妇女实现自己的权利。成年人监护的规定以强化“家长”的观念和替代性决策为要素，直接导致了很多具有民事行为能力的残障妇女无法自主决策。这种情况下，剥夺妇女决策权的家庭暴力被合法化或合理化了。

这些故事中呈现出的多重歧视，特别是性别和残障的复合歧视，让我们看到个人、家庭、社区、社会和结构性因素在分别和共同、交叉地发挥作用，因此残障妇女在家庭暴力面前，难以靠一己之力去招架。

（四）受暴妇女的能动性

残障妇女并没有逆来顺受。15 个故事的女主角几乎每一位都在千方百计摆脱暴力、活出自己。朋友是残障妇女重要的支持。春梅几次协商离婚不成，在朋友的帮助下带着女儿离开家乡，到新的城市打拼，最后在朋友的劝说和法院的调解下离婚，开始新生活；小禾好不容易离婚了，又被母亲送回去复婚，但小禾还是认为，残障妇女这个身份不是自己可以一忍再忍、委曲求全的借口。在朋友的帮助下，小禾找到了社区居委会。居委会了解到小禾的情况后，为小禾申请了困难交通补助，也经常到家里慰问老人，安排志愿者为孩子辅导功课。这些支持，让小禾不再觉得是自己一个人与生活抗争。

淑婷在遭遇阻止她继承家产的分家风波和暴力冲突后，进一步坚定了脱离家庭的决心。淑婷不顾兄长反对，在父母的帮助下，只身来到北京。从原来花 7~8 个小时自己起床，到只用 2 个小时就从床上移动到轮椅上，淑婷通过进一步学习和训练，不仅生活自理自立，不再需要别人照顾，而且成为同侪训练员。两个手连抓握能力都没有的淑婷，自己做饭，做所有日常的事情，还自学考上了大学，继续学业。哥哥们都十分佩服淑婷。淑婷说，她期望通过讲述自己的经历给更多人带来力量：无论你曾经有多么糟糕或者经历着怎样的绝望，都不要放弃自己，鼓足勇气，继续前行。

这些例子让我们相信，即便身带残障，妇女在家暴面前也并非被动承受或无能为力，她们有改变命运的主动性和行动力，并得到家人、朋友、社区、社会的理解和支持。

三 挑战：结构性失灵让受暴者孤掌难鸣

家庭和社会，本应是保障残障妇女生存和发展的两大结构性因素，但是，对遭遇家暴的残障妇女来说，家庭和社会各自或共同的作用让她们更加容易受到伤害，更加难以摆脱和反抗暴力。

（一）家庭：对残障和性别的偏见与歧视让个体失去权能

有些家庭暴力常常不是刻意为之，不少对家庭成员的侵权行为反而是以爱和为对方好的理由发生的。例如，月牙的父母不因残障而嫌弃月牙，但是，父母在爱的执念下，反对月牙和恋爱对象发展关系，一心让月牙和“正常人”结婚；丈夫三次对月牙动刀，父母都阻止月牙离婚；丈夫因酒后伤人被判刑，父母仍然反对月牙离婚。陆明的父母认为，陆明的丈夫是一个非常不错的姑爷，如果夫妻间有什么不合，那肯定是陆明的原因。陆明要离婚，父母说如果陆明离婚他们也不活了，丢不起人。伟伟婚后，婆家人不让伟伟工作，理由是“一个视障女孩子，去哪儿都不方便，也不安全，现在又结婚了，就更应该待在家”。用伟伟婆家人的话说，如果伟伟是个男孩子他们就不管了。对精神障碍者更是如此。实证研究表明，很多精神障碍妇女被强行入院，就是家人以爱的名义无视她们的权利。①

这种情况造成残障妇女在感情、婚姻、性和生育上难以自主。家人的择偶观左右了本人的决定。家人要么想让残障妇女找残障人结婚，觉得两人“一样”就等于两人会平等相处；要么想让残障妇女找其他障别的人或“健全人”，觉得孩子残障就是失能，就需要“补全”缺陷。家人认为残障妇女一定要“成家”，结婚是必需而不是选项，哪怕婚后女儿遭遇家庭暴力，形式上完整的家也聊胜于无。那些急于摆脱暴力关系的残障妇女，则认为离开暴力之家才有自由和安宁。如伟伟清楚地看到：“这段婚姻已经走到最后。如果能早一些结束，对于双方都是好的。”“我出来以后至少有自己的空间了，我就觉得我像一只小鸟终于从笼子里飞出来了。”陆明和燕子则觉得目前自己一个人的生活是更好的。

对残障妇女的性暴力，有时也以“爱”或“为你好”的理由发生。如小禾好不容易和施暴的丈夫离婚，但离婚后不到 20 天，小禾又被母亲送回丈夫身边，因为在母亲看来，就算是为了孩子，小禾也要保住这个家，何况小禾这样的条件还能找什么样的。无奈之下，小禾和丈夫又复婚了。这样形同强迫的结婚、同居或复婚，以及压力之下的被迫怀孕、被迫堕胎、被迫绝育、被迫分手等，都是对残障妇女（无论是成年还是未成年）的性权利的暴力侵犯。

被性侵或遭遇婚内强迫性性行为、被当作生育工具、暴力导致流产，或者强制性绝育，骂残障妇女“没人要”，这些都是直接的、攻击性的暴力。此外，还有另一种消极形式的暴力，是否定和剥夺残障妇女性和生育方面的权利。消极性的暴力也有很多形式，甚至是在为她们考虑的名义下进行的，如：残障妇女要么被家庭和社会视为无性人，在性和生殖保健方面的需要被漠视或否认，让残障妇女无法获得有关自身身体、性和性保健的知识；无法获得怀孕和生育或避孕节育方面的信息和服务，无法获得性传播疾病的预防和处置、妇科保健；不允许有亲密关系或不准成婚/组成家庭；不允许怀孕或生育。无论是强加给残障妇女的攻

---

① 马志莹：《因爱之名，以医之义？从权利角度看精神病院住院女性的体验》，载张万洪主编：《残障权利研究》（第 1 卷），社会科学文献出版社 2014 年版，第 217~249 页；陈博、黄士元：《通过社会工作增进精神障碍者个人自主性的深圳实践》，载张万洪主编：《残障权利研究》（第 1 卷），社会科学文献出版社 2014 年版，第 120~140 页。

击性的性暴力，还是这种无视残障妇女的性存在的否定性的性权利剥夺，都特别容易发生在功能性残障的妇女（无论是成年还是未成年）身上。① 残障妇女如果居住在边远地区，又属于其他少数群体，例如宗教、文化或性少数，权利受损则可能更甚。无论是直接实施的各种形式的攻击，还是否定或剥夺残障妇女的性和身体自主权、生育的自决权，都是对残障妇女权利的侵犯，这些直接违反了《残疾人权利公约》第 12、23、25 条。②

其他报告③显示，残障妇女作为妻子和母亲，孩子致残的原因常常不公平地被归咎于她们，仿佛残障妇女生了残障孩子，就是残障的制造者。残障妇女往往作为家里的残障孩子的主要照顾者，甚至是唯一的照顾者。但残障妇女的作用很少被看见。残障妇女的照顾工作被认为是理所当然，得不到充分的认可，照顾重担常常让残障妇女心力交瘁。残障妇女在走投无路的情况下，甚至只有拿被照顾的残障者撒气。在 15 个故事中，艳红、园园的妈妈，都反映出这个问题。

总之，家庭中那些施暴的人往往是与残障妇女关系最密切的人，包括父母、兄弟、恋人或伴侣、孩子、公婆。残障妇女和这些施暴人有感情上的联结、法定的关系、经济上的依存，有些情况下，残障妇女还仰赖这些施暴人生活上的照料。对以爱的名义、以照顾者和保护者的角色施害的情况，使得家庭这个最切身的个人支持系统失灵，这也导致侵害残障女性的性和生育健康及权利的暴力，以显性和隐形的方式普遍存在并难以摆脱。

（二）多重障碍让暴力发生和持续

1. 残障触发失权、失能

在 15 个故事中，有的（如依莲）家庭经济条件不是问题，但只因残障，家里就不让上学。有人是因病因残而受暴，如淑婷因为突发疾病而初三辍学，杨晴因为失明而丧失原来的家庭地位，被丈夫和公公骂，原有的工资卡被销户，丈夫

---

① WHO and World Bank, *World Report on Disability*.

② WHO and World Bank, *World Report on Disability*.

③ 有人杂志，其实咨询：《程开妹：照顾一生》，载一加一残障人公益集团编：《残库 2015——十个女性与残障的故事》2015 年版，第 49~61 页。

把工资全收起来，杨晴被剥夺了经济自主权，花钱要请款。杨晴说要起诉离婚，丈夫却满不在乎，还言语刺激杨晴。因残受暴让残障妇女的弱势不能通过教育、获得工作和收入而得到改变，而是持续陷入弱势甚至面临不断叠加累积和强化的弱势。受暴致残的残障妇女往往遭遇着变本加厉、更难摆脱的家庭暴力。

2. 社会隔离和陈见

晓玲的娘家没有人帮晓玲说话，觉得嫁出去的女儿就是泼出去的水，周围的乡亲也默许为正常，甚至还会在晓玲大着肚子时问她："这是第几个啊？上一个卖了多少钱？"残障歧视容易让家人将残障妇女和社会隔离；施害者为了便于控制、威胁受暴妇女，也常常阻断她们和他人（有时包括和娘家、和亲友）的联系；从夫居的习俗，让很多残障妇女（特别是农村妇女）作为"外人"脱离自己的原生家庭和社区，而在夫家也很难从村委会、居委会或邻里获得更多有效的帮助。这些都让残障妇女在日常生活、经济和精神上都更加依赖施暴者，致使残障妇女更加难以改变或脱离暴力性的家庭关系。

3. 基层组织的无为和低效

残障妇女往往更需要社区的支持，但现实中这些需求往往得不到有效回应。如陆明家门口的台阶，平时就使陆明有诸多不便，最痛苦的是，陆明离婚后，前夫仍然不断骚扰陆明，通过掌握陆明的作息时间，趁陆明开门时出现，让腿脚不便的陆明没法逃脱，也无力阻止前夫进门，这样，前夫就可以继续索取金钱以及采取别的强暴行为。陆明找过社区、基层残联，希望提供合理便利解决门口台阶的困难，但多年无果。刘平的遭遇要好些，当地残联和居委会在了解刘平的情况后曾多次介入，每次调解完，刘平女儿的态度会有所改善，但时间一长又故态复萌。

4. 公安执法不到位

很多残障妇女都已经有权利意识，并在受暴后首先求助于警察。月牙的丈夫夜里酒后去月牙父母家用酒瓶砸门，两位老人不敢开门，随后打 110，但警察觉得是家务事，不便多管。有时警察出现但没有解决问题，反而让家暴更加隐蔽、受害人更加难以求助。例如，陆明也曾经报过警，但是当警察来家里调解时，丈夫非常顺从地配合警察的劝说，说愿意好好跟妻子过日子，可当警察走后，丈夫依然隔三岔五地跟陆明要钱，不给钱就打人，拿了钱就不见踪影，等花完再回来。不仅如此，在陆明报过一次警后，丈夫似乎有了防备，当陆明再次准备报警时，丈夫便会把手机抢走或摔坏。即使《反家暴法》已经从 2016 年 3 月 1 日开始实施，但实践中，有的警察不重视家庭暴力的报警，出警时在记录、取证、处置方面不规范，对施害人的行为未按照法律规定进行告诫或采取其他处罚、拘留等措施，公安机关尚未开展充分的必要培训，也未正式下发实务操作流程。①

5. 法院未能依法行事

尽管我国的《婚姻法》明文规定家庭暴力是可以判决离婚的过错之一，并且《反家暴法》规定法院对保护令申请要立案、在审理中要依法认定家庭暴力，但实践中，由于很多法官未能得到相应的培训，自身的性别观念、对暴力的认识和对法律的理解存在局限，使得受家暴影响的残障妇女在申请保护令、起诉离婚时，往往难以得到法院的支持。在调解离婚时，家庭暴力的过错更是隐而不显，对家暴受害者在财产分割方面的倾斜和家暴损害赔偿或补偿往往得不到考虑；未成年子女抚养方面的安排也常常不能真正认识儿童的最佳利益。如园园成为妈妈情绪的发泄对象，每两个月要被打骨折一次，园园爸爸要孩子的抚养权，法院第一次驳回了园园爸爸的申请。根据对法院 2016—2018 年的 560 份裁判文书的研究②，残障人士的保护令申请有 4 份，其中 2 份提到了申请者多次向政府机构和妇联、村委会等求助却无果的经历③。

---

① 冯媛、曹苧予：《宣传，处置，保护：国家意志尚需增强 | 反家暴法实施 2 周年观察反家暴系列监测报告》，http：//www. equality-beijing. org/。

② 张晴、冯媛：《人身安全保护令作用有待充分发挥——基于对 560 份裁定书的分析》，为平妇女权益机构，http：//www. chinadevelopmentbrief. org. cn/news-22631. html，http：//www. equality-beijing. org/newinfo. aspx？ id=73。

③ 绵竹市人民法院：《严启义与严朝明人身安全保护令纠纷一案民事一审裁定书》；武胜县人民法院：《卢秀娟、任平其他民事令》。

6. 以暴制暴的隐患

当社会的正式系统和非正式系统都失灵时，受暴妇女难免选择私力救济。杨晴通过了司法考试，从受害者变成了律师，杨晴希望自己重回“文明”，成为“有修养”的人。即便这样，在为盲人朋友提供咨询时，杨晴还是建议用刀子说话。杨晴自己也经常拿刀防身，甚至准备了带红字的 T 恤。“带刀勿近，不要碰我，以免误伤。盲了被人欺，女的也被人欺。警察不管，法院乱判。残障妇女也要活得有尊严。”而以暴制暴的结果，常常是双重的悲剧，施暴者付出了健康和生命的代价，而受暴者也往往因为伤害而被法律制裁，需要照料的孩子、老人面临家庭名存实亡或家庭解体的威胁。

正式和非正式制度的失灵，支持系统的缺失，成为残障妇女摆脱暴力的主要挑战，也成为家庭安康、社会安全的隐患和威胁。

四　政策建议：国家作为责任方应采取的行动

15 个案例和有限的研究，固然无法呈现中国众多残障妇女所面临的家庭暴力和应对经历的全貌，但窥斑见豹，这些残障妇女的故事可以帮助我们近距离了解现状、发现需求，进而寻找为贯彻和完善法律应该采取的措施。

2020 年，中国进入全面小康社会建设的收官之年，第二份国家人权行动计划进入尾声，第四个《中国儿童发展纲要》《中国妇女发展纲要》有待发布。2019 年 11 月 27—29 日，联合国在亚太地区举办纪念北京世界妇女大会 25 周年部长级会议，中国残联主席张海迪出席并呼吁更加关注残障妇女的婚姻权和生育权的实现。① 为了更好保障我国宪法和各个相关法律（特别是《反家暴法》）规定的权利，履行我国所加入的有关国际公约所规定的义务（如《残疾人权利公约》《消除对妇女一切形式歧视公约》《儿童权利公约》），针对上述残障妇女经历家庭暴力的现状和权利面临的挑战，结合《变革我们的世界：2030 年可持续

---

① 中国残联：《张海迪赴泰国出席“北京+25 审查”亚太地区部长级会议》，载中国残联网站，http：//www. cdpf. org. cn/yw/201912/t20191202_668908. shtml。

发展议程》，提出以下政策建议。

（一）加强教育，赋权残障妇女，消除歧视、偏见和暴力

从 15 个案例中，我们看到很多妇女因残障而不能入学或不能完成学业。国家的统计数据也表明，在总体上受教育机会已经实现性别平等的格局下，残障妇女受教育的机会仍然大大低于残障男性。① 教育是残障妇女获得生存和发展能力、抵御暴力的重要条件。让每一个残障妇女都能完成义务教育，支持残障妇女得到自己所能完成的进一步教育，是实现教育机会平等的基本任务。此外，教育内容也非常关键。我国的《反家暴法》规定教育机构要开展反家暴教育，联合国 2030 年可持续发展目标中关于教育的具体目标要求："到 2030 年，确保所有进行学习的人都掌握可持续发展所需的知识和技能，具体做法包括开展可持续发展、可持续生活方式、人权和性别平等方面的教育、弘扬和平和非暴力文化人权和性别平等方面的教育、弘扬和平和非暴力文化、提升全球公民意识，以及肯定文化多样性和文化对可持续发展的贡献。"因此，以权利为基础的全面的性教育也应该被纳入各级教育内容。教育方面需要更多的实践和有效的措施，去落实这些规定，向目标迈进。

（二）加强宣传，广而告之当事人的权利

国家机关应该大力宣传相关法律，尤其是《反家暴法》，让残障妇女和女童作为权利拥有者充分了解自己的权利，了解如何行使权利以免遭家庭暴力和获得支持帮助，让残障人士的父母、配偶和其他家人，特别是监护人了解到什么是家庭暴力，自觉避免用暴力的方式对待残障妇女和女童，包括尊重她们的学业、工作和流动性方面的选择，尊重她们的恋爱和婚姻、性和生育方面的意愿，杜绝这方面家长式的干涉造成的权利剥夺。

（三）加强问责，促进各责任方更好地履行法定职责

根据《反家暴法》第 4 条、第 6~14 条规定所涉及的主体，反家暴责任方包

---

① 国务院妇女儿童工作委员会：《2013 年〈中国儿童发展纲要（2011—2020 年）〉实施情况统计报告》。

括以下国家机构、群众团体和社会组织：人民法院和检察院，各级政府的妇女儿童工作委员会，政府的公安、司法、民政、教育、卫生健康、新闻出版部门，乡镇政府和街道办事处（城市县区政府的派出机构），工会、共青团、妇联和残联等人民团体，以及居民委员会、村民委员会，社会组织和社会工作等服务机构，企业事业单位（用人单位），监护人，以及公民个人。据此，国家机关等责任方，应该加强对人员的培训，提升反家暴能力和意识，在尊重家暴受害者的真实意愿、杜绝第二次伤害的前提下进行支持和帮助，对施暴者进行批评和处理，特别要让监护人加强反家暴意识并改善行为。从前述 15 个个案和涉及残障人士的保护令申请事例中可以看到，以国家机构为主体的责任方对家庭暴力的认识亟待到位。以国家机构为主体的责任方应该为求助妇女提供有效的支持和帮助，减少家暴对残障妇女的伤害，并帮助残障妇女遏止和结束暴力。与此同时，应该积极鼓励和支持社会组织和社会服务机构开展工作，让其更好地履行《反家暴法》赋予的职责。

（四）加强能力建设，识别和保障残障妇女的特殊需求

需要加强能力，以便从权利视角识别残障妇女的需求，并为残障妇女提供各种支持和服务。“没有我们的参与，不能做关于我们的决定。”残障妇女的声音需要贯穿到反家暴工作，必须了解残障妇女的特殊需求，据此提供合理便利，并形成工作计划。这就需要国家机关开展数据搜集和实际情况的调查研究，鼓励和支持社群组织，特别是妇女残障人的自组织和支持性组织，并多方增强残障妇女的能力，与残障妇女有效合作，开发和传播针对不同障别人士的宣传资料和服务信息，考虑如何让 110 和其他热线电话能便于听障人士求助，如何提高有关信息、服务（包括庇护设施）对不同障碍的妇女和儿童的可及性，以及如何让服务提供者在有需要时可以得到手语、盲文等支持，如何让从事精神健康工作的机构和个人，特别是医生、咨询人员、社工等具备识别和处理家庭暴力的理念和基本技能。

（五）加强实施，实现《反家暴法》创设的多项制度的初心

当务之急是加强对《反家暴法》的实施。无论是国家机构，特别是执法、司

法部门，还是基层组织，如村委会、居委会、基层妇联、残联，能了解和运用《反家暴法》所创设的制度（如强制报告、临时庇护、告诫书、保护令和撤销监护权制度）。鼓励和支持教育机构、福利机构和救助管理机构以及残联、妇联、共青团等组织履行其强制报告的义务和职责，并协助当事人获得告诫书和人身安全保护令，让这些制度进一步发挥作用和潜力。与此同时，需要推广目前已有的良好经验，如检察机关跨区域督促异地撤销监护权①、救助管理站或居委会作为原告成功诉请监护权变更的判决②。

总之，反家暴需要多机构、多部门、跨地域的协力，需要激活和善用法律措施。唯其如此，才能实现《反家暴法》的承诺——“国家禁止任何形式的家庭暴力”（第3条）和“未成年人、老年人、残疾人、孕期和哺乳期的妇女、重病患者遭受家庭暴力的，应当给予特殊保护”（第5条）。

---

① 林中明：《全国首例检察机关督促异地撤销监护权案件判决》，载《检察日报》2018年1月1日。

② 陶清清：《广东首例：居委会要求撤销亲生父母监护权 法院支持》，载《南方日报》2017年3月23日。

译　介

自由与障碍权利：依赖、独立与相互依赖*

英加·波士塔　哈沃尔·哈尼斯

苏峰山**译

摘　要：人们日益关注障碍权利，就像我们在《身心障碍者权利公约》所看到的，这些关注也挑战了哲学意象。本文探索障碍者生命中依赖、独立与相互依赖的关系，试图扩展自由的哲学意象。本文主张：(1) 传统自由观往往漠视人的差异性；(2) 重障者生命挑战哲学家思维，以至于我们不只要从独立和相互依赖来建构自由的概念，也要从依赖来建构自由的概念。本文探讨黑格尔思想，克里斯提娃对障碍的研究，以及《身心障碍者权利公约》，在这些探索后，我们认为此时尚未能有一个统一的答案。因此我们认为面对障碍课题需有哲学谦怀。

关键词：《身心障碍者权利公约》　依赖　障碍　自由　相互依赖　克里斯提娃

一　引言：所有人的自由？

晚近人们日益理解形塑障碍者的障碍是什么。在障碍者的生命中，不自由相当重要，这样的理解证明了，我们必须在障碍的脉络中重新思考自由这一课题。

---

* 文章来源：Inga Bostad and Halvor Hanisch, *Freedom and Disability Rights*: *Dependence*, *Independence*, *and Interdependence*, Metaphilosophy 47, pp. 371-384（2016）. 本文中文版的翻译与发表获得作者授权。

** 苏峰山，南华大学应用社会学系副教授。

关键在于，针对政治与哲学上的自由概念，重障者所引发的挑战，以及思考这个问题的必要性。为什么我们必须肯认在自由这概念中，差异的相关性，而且表述重障者的特殊样貌与经验。

自由即意味着有所选择。因此，我们或许可以主张这样的自由公式：自由（f）等于选择（o）机会的平方，除以个人便利设施（i）。① 所谓个人便利设施（individual facilitation），我们指的是因应个人需求的物质及社会环境。这条公式试图证明，最少有三个重要面向。首先，自由不只是种消极状态（个人选择），还有其积极样态（个人便利设施）。其次，个人便利设施的欠缺也就等于是自由价值的否定（不自由），这是对于在一个有普遍选择机会的情境的自由价值之否定。最后，个人便利设施的重要意义在于，让我们可以区辨自由的先决条件（各种社会、物质、身体、文化及政治的条件）与个人的自由感受或体验之有无，自由的先决条件与个人自由体验是有所不同的。②

以无法参与日常社会生活的重障者生活为例，就算先决条件所构成的自由是相当受限的，但就个人层次而言，那可能还是不错的便利设施。

这个公式看似毋庸置疑，因此我们把它当作下述主张的起点，自由是一个文化与历史概念，其与理性、认知能力与赋权等概念交织而成，密不可分。我们可以看到重障者的生命特质在于，必须持续依赖他人方能存续。大多数重障者都有其医疗状况或生理限制，这些条件影响其行动、视觉或听觉，而且限制了他们的沟通能力：当然如果有适当的助力介入，这些能力还是有可能运作的。因此，重障者的生命困扰着我们对于自由的理解。他们的生命进而困扰着我们对自由之便利设施这一概念的理解，因为这一概念被划分为三个面向。乍看之下，日常便利设施的增加也就意味着自由的增长：也就是说，我们可以用较为自然或日常的情境来取代偶然、特定的情境，这样将特定情境障碍或限制祛除的做法，是一种可行的说法。

---

① 阿纳·奈斯（Arne Ness）界定福祉（T）的公式：福祉等于欢乐或欣喜（G）的平方，除以苦难（或疾病）。我们的公式是受奈斯的公式启发而来。这个公式试图证明，当我们的投入或欢乐够强时，就越能承受痛苦（不论是生理或心理上的）。

② 下文是由 Inga Bostad 的文章 Den ukjente friheten—frihet, ansvar og anderledeshet（The Unknown Freedom—Freedom, Responsibility and Difference）延伸写成的。

自由、平等、博爱是启蒙运动的三重核心理念，我们将从这三重理念出发，开展对于自由观念的探索，进而探讨这些观念的本质。所以，我们将会检视与自由观念紧密相关的平等及博爱等观念，试着看看这是否有助于我们理解自由观念某些未被清楚阐释的地方。最后，联合国在21世纪所宣告的第一个人权公约即是《身心障碍者权利公约》（*Convention on the Rights of Persons with Disabilities*，以下简称CRPD）①，我们将在CRPD的脉络下检视上述诸面向。我们主张，对于自由，我们需要有多面向的理解，而且试着说明这么做必须要求某种哲学上的谦怀。

二 自由，独立与相互依赖

自由的缺乏常是以限制、束缚与禁制的形式呈现，因此我们可以看到，缺乏自由的经验往往比自由的经验更为强烈有感。② 当这些束缚是被制造出来强加于我们身上，也就是说我们体验到压迫或不想要的依赖时，这种不自由的感受特别真实。因此我们也就不必惊讶，为何传统的自由观特别强调独立一事。

如果细细体察行动的自由（freedom in action）这一看法，自由的概念其更为根本的源头是来自于此观点，来自涉入或体验某些事务。涉入（involvement）此一概念也让我们察觉，我们必须将自由视为人们在社会、制度与日常生活中的互动及关系，依此来思考自由之事。这是启蒙三重理念的重要意涵：自由乃是独立或是不受束缚，自由在丰富的社会互动（博爱）中展现自身，而且只有在社会行动者拥有较对等的权力下（平等），自由才可能持续。

这句话不只是哲学的要求，而是由罗伯斯庇尔（Robespierre）所铸造的革命箴言，由此人们逐渐体认到相互依赖也是构成自由的要素。至少从1821年黑格尔（Hegel）出版《法哲学原理》（*Elements of the Philosophy of Rights*）一书以来，学者大多主张，社会中的自由是由独立与相互依赖共同构成的。在黑格尔有关公

---

① 2006年12月13日，联合国大会通过《身心障碍者权利公约》。

② 西蒙·波伏娃在《第二性》一书中证明了这点，回顾历史，像积极自由、妇女权利，还有自我实现的机会等想法，我们现在认为这些是自由的本质，这往往是因为遭受内外限制而激发出来的。

民社会的研究中，一位自由人“自身即为目的”，但是一位自由人同样必须“藉由他人才能肯定自身且获得满足”，如此一来，自由作为一种普遍的形式，乃是经由社会作为中介作用形塑而成的。这第二个原则意味着，一位自由人“在满足他人的需求的同时获得满足”①。自由作为社会所推动却是自我导向的成就时，是一种独立的形式，但自由作为普遍需求间的相互调适时，则是一种相互依赖的形式。

在黑格尔所开展的哲学背景中（当然不只是黑格尔这么做），本文主张自由的公式应该深化为互为主体（intersubjective）的说法：一个人的自我意识只有当它面对其对立面，也就是他人的自我意识，选择的机会才能成为真正的选择。具体落实的选择体验并非一个人当下的选择体验，而是“合一”的体验，能够维系人类的合一体验。因此，选择的机会（o）是安置于与他人的选择机会（o2）的相互关系中。这也意味只有在个人的便利设施能促进他人的满足时，才能促进自由。所以，只有在与他人自由（f2）的关联中，我们才能体验自由（f）。

黑格尔认为自由事关体验，也就是事关意识。《精神现象学》（*The Phenomenology of Spirit*）主张借由体验精神（Geist），“各种意识”能够“享有完整的自由”：在意识之前的，乃是体验何为精神——精神乃是各种相互对立的独立自我意识之间的合一，这绝对实体乃能享有完整的自由与独立：“我”即是“我们”，“我们”即是“我”。正是在自我意识，在精神这观念中，意识首先发现其转折点，在此它摆脱了形形色色的当下感受，脱离了超乎感官世界却如黑夜般的空洞，而且步入当前精神的阳光下。②

这个辩证的跃升（Wendungspunkt）不只是黑格尔辩证思考的核心而已。黑格尔认为自由揭示了根本的“我们”：当我们朝向自由发展，我们是在相互关系中发展，为了揭示我们是作为历史与人类社群的一部分，我们在相互关系之内发展，我们朝向各种自我意识合一发展。

然而，由于身体的损伤，有些人既不能独立，也无法以互惠或对称的方式满

---

① Georg Wilhelm Fredrich Hegel, *The Elements of the Philosophy of Rights*, Cambridge: Cambridge University Press, 1991, p. 182, translated by H. B. Nisbet.

② Georg Wilhelm Fredrich Hegel, *Phenomenology of Spirit*, Oxford: Oxford University Press, 1977, p. 177, translated by A. V. Miller.

足他人的需求，对这些人而言，上述的哲学意象显然不够充分。对许多人来说，黑格尔所谓精神的阳光只不过是他们的体验摆在阴影下罢了。

毋庸置疑的，重障者可能被压迫、误认或不当对待。许多障碍者生涯所经历的正是不自由。显而易见，如果想要开展或阐明与普遍人性相关的自由观，我们必然要追问：我们该如何探讨依赖性自由，并能将之概念化？

在本文中，我们将试图证明一种三重策略。首先，我们将强调跃升常会是不完整的：就像很多阳光普照一样，黑格尔的阳光能将一些现象带到阳光下，但是其代价却是对其他现象覆以阴影。尽管黑格尔式的观点可能会说，这些阴影只是暂时的，将被再次的跃升所翻转，但我们认为人的差异性将使得这类阳光普照有其根本困境。其次，我们主张，如果我们能好好探讨这类困境，而不受限于既有的自由理论，那么概念化的工作将能有所进展。最后，我们认为若能深入体察重障者的生命，那么在针对自由课题的探讨上，我们的研究将可引进一些特别且细微的讨论。为了要能够呈现这些细微的差别，我们将区分特定的便利设施与普遍的（非特定的）便利设施之不同。

三 差别性自由：经由依赖的自由

虽然人们常说“要尊重善的差别概念”，但是自由主义式的推论往往还是缺乏“对差异的尊重”①。传统的自由观对人的差异尤其无感，大多数以独立或相互依赖的概念者定义自由的论述也是如此。一般而言，独立的概念被用以指称自主个人的普遍意象，不过晚近日益重视相互依赖的概念，其目标也在于获致一个普遍人类条件的理解。②

自由让人类有机会做有所差别的事，过有所差别的生活。如此行事，让自由行动在有所差别的人类之中，实质上有所差别。如果我们了解自由是依赖于便利

---

① Silvers Anita, and Leslie Pickering Francis, *Thinking About the Good: Reconfiguring Liberal Metaphysics (or Not) for People with Cognitive Disabilities*, Metaphilosophy 40, pp. 3-4 (2009).

② 汉娜·阿伦特在她影响深远的作品《人的条件》一书，对此概念的使用有其特定意涵，不过许多画家，作家和哲学家使用这个词时，指的是人类本质中不会改变的部分，那是人类天生固有的本质，不会受到性别、族群、文化或阶级因素所影响。

设施和环境，却不是为便利设施和环境所决定，那么上述说法就更为清楚可知。就重障者而言，依赖于便利设施和环境可以同时是“普遍的”且“有所差别的”。

如果回顾一下在挪威植入电子耳（CI）的历史发展，上述说法就会清楚明白。一开始是在20世纪80年代末期，当时的健康政策宣告，有可能发展说话能力的人可以获得补助植入电子耳。① 在这个阶段，人们认为电子耳是自由的工具（对于非重度听障者而言）。

几年之后，医疗及个人经验指出，就算对于那些不太能发展说话能力的听障者来说，活在声音及声音所环绕的环境中，也能得到极大的乐趣。如此一来，电子耳成为“普遍”自由的工具：科技的辅助促进了每个人有权活在充满声音的环境中。电子耳的补助标准进一步修正：只要是聋人或听障者都可借选择要不要植入电子耳（近几年来更是毫无上限）。② 在技术允许的条件下，其目标是任何有需要的人，都可借由植入电子耳来得到声音。

对重障者的生活而言，电子耳同时也是“差别自由”的工具，就算是再好再有效的电子耳，它总还是差异存在的事实或先决条件，那表示某些人无法让他们被人们理解。就此而言，电子耳是一项自由的工具。然而，在那种自由中的作为，实质上与想象中“普遍自由”的作为是有所差别的。就算在自由的情境既非独立，亦非相互依赖的状况下，电子耳也能够赋予自由。如此作为的特色在于，即使在一个有能力且长期的照看下，它仍可能迈向一个相当不确定的未来，而是否能发展出可供沟通的言语或符号也是未定之数。

这个变异似乎以非常不同的方式来界定什么是可以促进自由的便利设施（facilitations facilitate freedom），这样的变异乃是依赖于人们需求的差异性。让我们来探讨一下轮椅，那是在日常情境中有助于移动的椅子。然而为了要能促进长距离的移动，在技术上，我们常需要其他协助：“特定的”交通运输服务。必须在某种普遍的方式下（空间移动的机会），轮椅才能推动独立式的自由。尽管交

---

① 现在全世界大约有四万名电子耳科技使用者，其中挪威有两百人。

② 这个政策在世界各地差异极大，就算只是在挪威和丹麦之间都大不相同。参见Christensen，Anne Mette Højgrd，*Cochlear Implant and Adults*，Doctoral Thesis，University of Copenhagen，2005.

通服务指向某些“特殊需求”，它同时也以一种相当正常的方式推动了相互依赖式的自由：为了要完成长距离的移动，有赖于服务系统的协助是相当稀松平常的事。

有些人就算自己不能驾驶，也觉得需要可装载轮椅的车子：这样的便利设施方便他走出家里、随时进行户外活动。如果一个人所属的社会关系中，非常重视户外活动，接近大自然，那么从事户外活动的机会，对他而言就是一项重要的选择的机会。由此可见，科技辅具的结合更有助于提升依赖式的自由：如果一个人的欢乐、安全及生活质量，都特别依赖于某些不对称的关系，比如像是照顾或爱的关系，而这些关系并不能成为互惠性的，在这样脉络下，科技的便利设施就有助于提升依赖式的自由。

若要在哲学的层次上探讨这种自由的形式，我们必须追问，当一个人完全且不对称地依赖他人时，对他而言，自由的意义是什么？比起相互依赖式的自由观，这个问题更令人困惑。相互或依赖式自由观阐释且重构了启蒙的三重理念，但这种论述仍无视不对称的关系。

重障者的自我意识通常无法成为他人的自我意识的对立面。重障者的自由还是在与他人互为主体的关系中建立的（f），这个互为主体让他有机会参与可维系人类的合一（o），只是在跟他人的选择机会（o2）之间，这样的机会并不构成一种互惠关系。相反的，重碍者自由的提升，经常是来自于降低其周遭之人的机会（消极的o2）。照护重障者，或与重障者互动，也能够给予他人自由（f2），但这种自由的经验量未能贴合于传统的自由观，不论那是独立式的自由观，或是互惠相互依赖式自由观。由此可知，重障者的自由不只是非典型的“自在”（in itself），而且是属于非典型的、非互惠性的领域中。就此而言，似乎是差异困扰了我们对自由的理解，当我们认识到不对称性与依赖时，更是如此。

四　自由与脆弱：茱莉亚·克里斯提娃

尽管重障者困扰着自由主义政治理论，然而错误搭配、非真正对立、差异等概念还是可以放在政治理论的架构中研究。我们可以在一位“歧异思想家”的作品中，找到可能的研究起点：汉娜·阿伦特（Hannah Arendt）早已质疑，加入一个群体以及批判同一个群体之间的界线。阿伦特这么做时，她预示了贱民的概念与差异的概念：要属于一个群体，或仍然作为一个局外人，其标准端赖于我们的选择。不过如果你一直被定位是个局外人，那么你永远不可能属于一个群体。这是重障者经常面临的处境，因着他们的“弱点”，他们总是被标示为贱民。

不过对重障者而言，阿伦特的分析较能掌握他们为何不自由，却未能探讨他们的自由。要能够充分开展自由的概念，我们必须转向克里斯提娃（Kristeva），她一面沿着阿伦特的思想前进，同时探讨障碍的课题。克里斯提娃认为，只有在我们运用自身的自由去探索与他人关系中的自我时，道德的基础才能具体落实：这个积极性自我探索的自由正是“哲学的本质”，在这样的自由被确定之前，这工作会是永恒的提问。①

有趣的是，克里斯提娃在《自由，平等与博爱以及脆弱》这篇论文中，尝试将依赖、独立和相互依赖等哲学概念与障碍及脆弱等概念衔接起来，借此展开上述的提问。重点在于，克里斯提娃试图证明，如果能够将脆弱与障碍纳入我们的思考中，我们将能充分理解依赖、相互依赖与独立这三个概念，而这三个概念不论是在哲学、政治理论或克里斯提娃擅长的心理分析领域，都是众所皆知的概念。

为了将重障者纳入人际间与政治的博爱概念中，克里斯提娃一开始就主张，脆弱构成一种平等的形式，那可以作为博爱形式的基础：“我的企图心，我的乌托邦在于我相信，反映在障碍者身上的脆弱，那份脆弱深切地形塑我们，或者可以说是潜意识地形塑了我们，如此一来，脆弱是可被分享的（be shared）。这样的人道主义会是一项‘文化革命’，我们可以用以建构后现代所需要的亲近性民主之文化革命吗？”② 克里斯提娃试着证明，脆弱是建构人类条件的要素之一。虽然她认为空喊着“我们都是障碍者”，或者视障碍为日常稀松平常之事，这些未必真正能解决障碍者遭受社会排斥的问题，但她仍然相信，潜意识里障碍深深衔接着脆弱，同样在脆弱中，我们都是平等的。沿着这个论点开展，她进

① 参见 Kristeva Julia, *Hatred and Forgiveness*, New York: Columbia University Press, 2010, p. 30.

② Kristeva Julia, *Hatred and Forgiveness*, New York: Columbia University Press, 2010, p. 33.

一步主张，一种革新的人道主义可以引领至分享，也就是说，根本的平等可以引领至博爱。

虽然克里斯提娃文章的标题中有自由一词，其在内文中的讨论却付之阙如。通篇文章探讨平等和博爱的课题，却只有间接论及自由的议题。不过在出版研究脆弱论文时，她同时写了《在黑暗时代思考自由》一文，那篇文章则未论及脆弱或障碍。在那篇文章中，她开展了双重自由观。首先是康德式的自由观，自由式作为自发，这样的自由是朝向一项因由启动自身（the initiative of self directed to a cause）。其次是苏格拉底式的自由形式，这样的自由是在自我与他人的相遇中浮现而出（occurs in between the self and the other）。①

随着第一种概念而来的是独立形式的自由观，由第二种概念而成的则是相互依赖形式的自由观。就博爱的领域来说，与第一种自由形式衔接的是“善良好客”的对称性概念，第二种形式则强调“面向他人呈现自身”的关系性作为。克里斯提娃批判第一种概念，她认为这是美国的政治形态，她偏好第二种概念，她认为第二种概念更为根本，而且是欧洲整合的构想。

对于探讨重障碍者的自由课题，克里斯提娃的自由论或许只有间接相关，她认为人们在探讨自由时，“可能会侧重个人，或是经济，或是科学的因素”：“我所进行的并非是明确的规划，而是由下述关怀所激发的想法，也就是真正关怀每个人的独特性及脆弱性，这些人包括穷人、障碍者、退休老人以及依赖社会福利过活者”②。一方面，克里斯提娃的研究有助于我们把障碍纳入自由、平等与博爱的意象中；另一方面，她对自由概念化的探讨似乎又有所不足，对于那些重度依赖者，或是心智能力耗弱者着墨甚少：克里斯提娃把重障者纳入自由意象中，却很少讨论他们跟一般人生活的关系。就此而言，她概念化自由的工作并未触及这个面向，即重障者的特殊之处究竟是什么。

那么克里斯提娃所谓“文化革命”的看法，真的能触及重障者的生命吗？虽然我们愈是关注脆弱，就可能提供重障者更多的博爱与自由，可是我们真的是关

---

① 参见 Kristeva Julia, *Hatred and Forgiveness*, New York: Columbia University Press, 2010, pp. 14-16.

② Kristeva Julia, *Hatred and Forgiveness*, New York: Columbia University Press, 2010, p. 17.

注他们的脆弱吗？反映于障碍者身上的是确然的脆弱。这个隐喻意味着，我们所关注的脆弱是外在于障碍者，或者最少不是障碍者特有的属性。如此一来，似乎不是障碍者的脆弱建构出脆弱，反而根本上是一般正常人的脆弱建构了脆弱的概念。

这个吊诡让克里斯提娃的革新之作未竟全功。一方面，她成功超越“他们需要我们”这个意象，她明确指出是我们（非障碍者）需要他们；另一方面，我们实际上改变的是对于我们自由的看法，而不是关于他们自由的看法。

五　CRPD 的情况

当克里斯提娃试图把脆弱纳入她的思考里，她不只进入哲学与心理分析的论述，也踏入关于人权的论述：“所有的人生而自由，有同等的尊严与权利。就在今天，一个真正的文化革命未必是不可能的。”① 其中援引自《世界人权宣言》的文字，我们在 CRPD 中探索各种自由的概念。在 CRPD 序言 b 中，我们看到：“人人享有该等文书所载的一切权利与自由，不得有任何区别。”在序言 n 中：“确认个人自主与独立，包括自由作出自己的选择，这些对身心障碍者至关重要。”随之而来的是第 4 条规定的自由的权利：“缔约国承诺确保并促进身心障碍者充分享有人权和基本自由，不受到任何基于身心障碍的歧视。”

然而，这个“根本自由”所包含的选择有哪些，或者说便利设施有哪些，似乎没有清楚表述。同样不清楚的是，独立的权力涉及那些面向，而独立障碍者的生命特色又是如何。CRPD 前言 e 确认“身心障碍是一个仍在演变的概念，身心障碍是各种因素相互作用的结果，其中一端是功能损伤的个人，另一端则是各种态度上及环境上的阻碍，这些阻碍妨碍他们，致使他们无法跟他人在平等基础上充分且切实地参与社会”。一方面，在 CRPD 中，“充分且切实地参与”意味着，只有当重障者在社会基础（便利设施）上跟其他人是对等的，那么他们可能跟其他人一样有同样的自由；另一方面，身心障碍是相互作用的结果，这个看法则意味着，“充分参与”的措施未必有单一准则，更可能需要殊异的标准。

① Kristeva Julia, *Hatred and Forgiveness*, New York: Columbia University Press, 2010, p. 33.

CRPD 提及这类便利设施的根本特色之一是通用设计，当我们检视通用设计的论述时，就能更清楚掌握平等基础的观念。CRPD 第 9 条第 1 项规定：“为使身心障碍者能够独立生活且充分参与生活各个方面，缔约国应采取适当措施，确保身心障碍者在与其他人平等基础上，无障碍地进出物理环境，使用交通工具，利用信息与通信，包括信息与通信技术及系统，以及享用于都市和乡村地区向公众开放或提供之其他设施及服务。”随着“充分参与”的观念，我们日益清楚自由的关键在于，在公众之内，于某些“普遍”情境中，可被体验到的自由。仍然不够明确的是，CRPD 是否真能确认“身心障碍者的多样性”（序言 i）。序言中有些关于障碍儿童的条文，其中以类似选择的观念补充平等基础的观念，若我们检视这些条文，上述的问题就益形凸显。“障碍儿童应当在于其他儿童平等基础上充分享有人权和基本自由（序言 r）。”用这么严格要求的共同（正常的）选择机会来发展多样性的自由观，这份工作并不容易。在一既有社会中，如果 i（个人便利设施）和 o（选择机会）一般而言都是平等的，那么 f（自由）的变化很可能就成为负值（不自由）。

这些困境可能跟 CRPD 如何理解障碍紧密相关。一般认为其对障碍的观点是以社会模式为主①。这个模式较强调社会阻碍及歧视，反而忽略了人类多样性。如果我们将障碍者的自由界定为祛除阻碍与歧视，那么自由的目标就在于达到一种“基本自由”的情境，也就是障碍者不再需要任何特殊调整的情境。就此而言，这个传统预设了一种无须再辨识人类差异性的情境。

同时，在说明那些必须依赖他人而活的重障者处境上，CRPD 又呈现其复杂且独特的情境，比如第 3 条 h 项：“尊重身心障碍儿童逐渐发展之能力，并尊重身心障碍儿童保持其身份认同之权利。”于此，公约立场较接近关系模式，而非

---

① Stein M. A. and J. E. Lord, *Future Prospects for the United Nations Conventions on the Rights of Persons with Disabilities*, in O. M. Arnardòttir and G. Quinn ed., The U. N. Convention on the Rights of Persons with Disabilities: European and Scandinavian Perspectives, Leiden: Martinus Nijhoff, pp. 21-37 (2009); Blaker Vibeke Strand, *Norway's Ratification of the UN Convention on the Rights of Persons with Disabilities: Highlighting Current Discourses in the Field of Human Rights in Norway*, Nordic Journal of Human Rights 32 (1), pp. 75-83 (2014). Arnardòttir O. M. and G. Quinn, eds., *The U. N. Convention on the Rights of Persons with Disabilities: European and Scandinavian Perspectives*, Leiden: Martinus Nijhoff (2009).

严格的社会模式①。关系模式较强调差异，采用这种观点就较不会形成单一的自由观。

CRPD 显示了这个吁求，却无法响应它。如何给予重障者社会的肯认，CRPD 呈现了两种可能相互冲突的方式。一方面，大家试图扩充先前已有的自由观，以涵纳重障者。这些自由观主要有三类，即自然权利、自由主义权利及尊严权利三种自由观。自由是先于社会构成之前，或是自然的（自然权利），自由立基于一个自由社会中的理性选择（自由主义权利），在一个成熟且民主的社会中，公民会展现对他人的尊重与同情，自由有赖于如此成熟且民主的社会（尊严权利）。

另一方面，人的差异或个人便利设施的意义很容易因此而模糊不清。如果扩充解释只是构想，那么不论是如何保障重障自由的政治学困惑，或是如何理解其自由的哲学，都将沦于不必要的误解。尽管误解、偏见和压迫的确形塑了障碍者的生命，不论是哲学或政治学的层面，如果只是扩充解释已有概念，都不足以肯认重障者的个体性。

六 结论：探索一种不同自由形式之必要

由此可知，依赖的自由观逐渐成为备受关注的课题，虽然现在仍只是起步阶段。重新探讨自由的类型（克里斯提娃），或是提升自由（CRPD），这都是理想，但我们仍未能充分运用依赖这一概念来深化我们对自由的理解。

面对这些困境，我们仍然可能在重障的脉络中，探询且重新思考自由的课题。哲学词汇中很少提及障碍者的自由，但现实社会情境都是处处可见。就如维根斯坦（Wittgenstein）在《哲学探讨》（*Philosophical Investigations*）一书中所说的，我们未必一定能把我们的言行作为转成文字。

语言特别之处在于它紧密衔接了实践、行事以及行为情境等因素。因此就算在理论上要涵盖所有对象相当困难，但我们还是有可能去思考相关课题。比如，

---

① Lid Inger Marie, *Developing the Theoretical Content of Universal Design*, Scandinavian Journal of Disability Research 15 (3), pp. 203-215 (2013).

有许多重障者的自由已经有所提升。尽管许多重障者享有的个人便利设施仍相当有限，但是借由训练规划或特殊教育，许多重障者也有选择的机会。因此我们认为，探索这些课题仍是可能且成果丰硕的。

然而只有在哲学论述愿意对这类探讨敞开时，才会受到影响。克里斯提娃也肯定探索的必要，必须是归纳式的倾听，而非演绎式的应用：在启蒙三重理念（自由、平等、博爱）的人道主义上，加上第四个观念（脆弱），那么分析的倾听将驱使三重理念开始关心分享的课题，在分享的理念中，且因着这理念，欲望与受苦这对双生体才能迈向持续革新自我、他人及其连结的方向①。克里斯提娃从倾听得出上述结论，她一直“从心理分析听到一种吁求”②，但这并非唯一方式。比如林德曼（Hilde Lindemann）就提出，“维系于人性之中”的分析（analysis of holding one in personhood）。

林德曼认为，我们可以把失智症患者和发展迟缓儿童看成同一类③。林德曼很清楚我们可以好好这么做，但也可能做得很不恰当。她了解关键在于企图心：我们必须提供照护关怀（care），但那不只是看护、清理、照料及陪伴，而且要维系每个人的认同。这里概念就像是语意主体（semantic subject）或是语意行动者（semantic agency）④，这个用词阐明了提供个人认同空间一事的价值，协助他们发展且强化认同，找出可以叙说回述的方式，并且让他们有所展现的机会。回顾前述自由公式，这些学者的诠释点出依赖式自由的特色在于社会互动，不过是一种特殊的互动形式：维系于自由中。

一方面，这样的倾听是充满希望的；另一方面，那也让我们必须面对知识论上的困难，同样也有助于我们（部分地）克服这些困难。在此引进克里斯提娃另一个分析范畴，“陌生人”，这有助于了解我们所面对面的困难。克里斯提娃认

---

① Kristeva Julia, *Hatred and Forgiveness*, New York: Columbia University Press, 2010, p. 42.

② Kristeva Julia, *Hatred and Forgiveness*, New York: Columbia University Press, 2010, p. 43.

③ Lindemann Hilde, *Holding One Another (Well, Wrongly, Clumsily) in the Time of Dementia*, in Eva Feder Kittay and Licia Carlson eds., Cognitive Disability and Its Challenge to Moral Philosophy, Oxford: Blackwell (2010).

④ Jennings Bruce, *Agency and Moral Relationship in Dementia*, in Eva Feder Kittay and Licia Carlson eds., Cognitive Disability and Its Challenge to Moral Philosophy, Oxford: Blackwell (2010).

为，人们相遇会让我们必须面临某些未知且不可解的事物①。事实上，如果我们扩张解释这个范畴，那么我们对自己都会是陌生人，这意味着人们在面对自己时，都可能面临某种困难（诸如了解自己、自己的动机、自己的情绪以及自己真实的历史与身体），而我们必须承认有些事仍不可解。我们必须跟克里斯提娃一样重视启蒙，重视启蒙的遗产，但不应该把它看作“一种抽象的普遍主义”②。我们认为她过于重视分享反而间接引发下列的问题：重障者在哲学讨论中触发的困惑终将引领至启蒙的概念。这些困惑将会开启这些概念中黑暗一面，虽然这可能令人不适，却一定会发生。

如果探索自由需要肯认重障者，那必然要关联到某些不可解且一直未能触及之事：接受差异（对我是未知之事物）乃是接受生命某些面向仍是未可知的，这些未可知的可能是他人的生命，也会是自己的生命。演绎上的努力对于加强障碍者权利还是很重要的，但除了演绎上的努力之外，我们更需要归纳上的谦怀。

就哲学家个人层面而言，这份谦怀也有其意涵。当哲学理论看似漠视人类差异，尤其是重障者，这种轻忽或许是与论理主体（哲学家/理论家）密不可分的，他常是落入“正常人”范畴中。就算哲学家努力以关怀之姿倾听，或者让重障者可以表述他们的理论，比如在哲学写作前先与障碍者做私人接触，即使如此，某些知识论上的障碍依然存在。

然而身为哲学家的我们别无选择，必然要涉入这些障碍。就道德与政治面来说，谦冲涉入是必要的。对于自由与依赖的黑暗面，还有重障者的心声，我们越是能敏锐感受，就越可能改变政治的优先性。这样的改变可以再度增加障碍者的机会，让他们的生命是自由而非不自由的。同样在哲学上必要的工作是：我们有责任尽力发展出充分的自由论证，要坚持这份责任，就应该开始把开展这份论证视为首要工作。分析上的困惑，我们使用概念上的黑暗面，这一切不适都不该是借口。

① Kristeva Julia, *Hatred and Forgiveness*, New York: Columbia University Press, 2010, p. 21.

② Kristeva Julia, *Hatred and Forgiveness*, New York: Columbia University Press, 2010, p. 16.

传播信息：用电影分享有关瓦努阿图和巴布亚新几内亚残障儿童的研究成果和知识*

埃琳娜·詹金　艾琳·威尔逊　马修·克拉克
罗伯特·坎彭　凯文·哈菲特
吴汶聪**译

摘　要：尽管国际社会对残障人士包容性发展的兴趣日益浓厚，残障人士依然在很大程度上“不被看见、不被听见和不被考虑”①。尤其是残障儿童仍然被关于残障人士发展的研究排除在外，并且直接源自发展中国家的残障儿童的自我报告信息不足。这种对残障儿童的排除贯穿在研究的所有阶段，包括研究成果的获得。为支持残障人士包容性发展和推动人权进步提供进一步的证据，当在这些国家进行儿童研究时，研究者必须审问研究成果将如何反馈给参与者及其社区，并且寻求一种既无障碍又与当地文化相关的方法。这篇论文报告了关于瓦努阿图和巴布亚新几内亚残障儿童人权的研究项目“太平洋残障儿童之声”，重点关注电影作为一种传播方法。项目研究者发展方法以提高被调查者——各种残障儿童的参与度，并且运用社区发展原则，依靠电影来传播研究结果，这种方法与参与

---

* 文章来源：Elena Jenkin, Erin Wilson, Matthew Clarke, Robert Campain and Kevin Murfitt, *Spreading the Word: Using Film to Share Research Findings and Knowledge about Children with Disabilities in Vanuatu and Papua New Guinea*, Knowledge Management for Development Journal 11 (1), p. 69-84 (2016). 本文中文版的翻译与发表获得作者授权。

** 吴汶聪，西南政法大学人权研究院综合管理部部长，助理研究员。

① UN ESCAP (United Nations ESCAP Social Development Division), *Disability, Livelihood and Poverty in Asia and the Pacific*, Thailand: United Nations, 2012.

者通过听觉、视觉讲述故事的传统产生共鸣。此媒介对当地和国际观众都是无障碍的。

关键词：儿童　残障包容性发展　研究　人权　电影瓦努阿图　巴布亚新几内亚　太平洋岛屿

一　导　言

致力于国际发展的研究者们，力图通过能被应用到改良职业实践和改革政策领域的证据（经验资料）产出①来增强人权。在残障和发展部门（或称残障包容性发展）——世界卫生组织、世界银行和其他主要捐赠者，为了提高残障包容性发展实践，需要更多证据（经验资料）来理解残障人士的经历②。关于生活在太平洋的残障儿童，他们的生活、经历、关注和渴求方面的信息的匮乏是证据（经验资料）真空的一个案例③。有限的可得证据（资料）表明，生活在太平洋的残障儿童常常被剥削或者人权被抑制④。对太平洋地区相关慈善机构、医疗机构的成见，视残障为累赘的观念，连同影响残障儿童的不平等的权力关系，可能会加

① Sumner A., Tribe M. A., *International Development Studies: Theories and Methods in Research and Practice*, London: Sage Publications, 2008.

② Department of Foreign Affairs and Trade (DFAT), *Development for All*, DFAT: Barton, 2015.

③ Office of the High Commissioner for Human Rights, Regional Office for the Pacific, *Human Rights in the Pacific—Country Outlines*, Office of the High Commissioner for Human Rights: Fiji, 2012; Llewellyn G., Makuwira J., Madden R., Brentnall J., Lukersmith S., Mpofu E., Bundy A., Veitch C., Broom A., *Developing a Disability and Development Research Agenda for Asia and the Pacific*, Melbourne, Australia: CBM, 2010.

④ Stubbs, D., & Tawake, S., *Pacific Sisters with Disabilities: At the Intersection of Discrimination*, Suva: UNDP Pacific Centre, 2009. Office of the High Commissioner for Human Rights, Regional Office for the Pacific, *Human Rights in the Pacific—Country Outlines*, Office of the High Commissioner for Human Rights: Fiji, 2012; Spratt J., *A Deeper Silence: The Unheard Experiences of Women with Disabilities—Sexual and Reproductive Health and Violence against Women in Kiribati, Solomon Islands and Tonga*, United Nations Population Fund Pacific Sub-Regional Office: Fiji, 2013.

剧残障儿童在人权方面的负面体验①。

残障儿童常常被排除在儿童研究之外②，尤其是在发展中国家③。这种排除的部分原因是研究者缺乏如何将残障儿童纳入儿童研究的知识④，也有研究者对残障儿童对研究进程贡献力的无视⑤。将残障儿童包含在内的研究方法在知识和文献方面的缺乏进一步延续了知识真空。这不仅导致了将残障儿童包含在内的知识的缺乏，还使得政策与他们不相关或者不可及，进一步加剧了残障儿童在许多发展中国家的环境里被忽视⑥。

然而，研究中缺乏残障儿童的参与只是政策和实践就儿童的观点和关注缺乏信息的原因之一。第二个问题是研究成果的传播。正如儿童常常被排除在研究参与之外，他们也在很大程度上被排除在研究成果的传播之外⑦。如果研究传播意

---

① Stubbs D.，& Tawake S.，*Pacific Sisters with Disabilities：At the Intersection of Discrimination*，Suva：UNDP Pacific Centre，2009；Tavola H.，& Whippy N.，*Pacific Children with Disabilities：A Report for UNICEF Pacific's* 2010 *Midterm Review*，Pacific：UNICEF，2010；Government of Vanuatu with the assistance of UNICEF *Vanuatu：A Situation Analysis of Children，Women and Youth*，UNICEF Pacific Office：Fiji，2005.

② Curtis K.，Roberts H.，Copperman J.，Downie A.，& Liabo K.，*How Come I Don't Get Asked No Questions? Researching "Hard to Reach" Children and Teenagers*，Child & Family Social Work 9（2），pp. 167-175（2004）；Gray C.，& Winter E.，*Hearing Voices：Participatory Research with Preschool Children with and without Disabilities*，European Early Childhood Education Research Journal 19（3），pp. 309-320（2011）. Wright，K.，*Researching the Views of Pupils with Multiple and Complex Needs. Is It Worth Doing and Whose Interests Are Served by It?* Support for Learning 23（1），pp. 32-40（2008）. Mason J.，*Strategies and Issues in Including Children as Participants in Research on Children's Needs in Care：A Case Study*，Australian Research Alliance for Children and Youth and New South Wales Commission for Children and Young People：NSW，2009，pp. 89-95.

③ Wickenden M.，& Kembhavi-Tam G.，*Ask Us Too! Doing Participatory Research with Disabled Children in the Global South*，Childhood 21（3），pp. 400-417（2014）.

④ Kelly B.，*Methodological Issues for Qualitative Research with Learning Disabled Children*，International Journal of Social Research Methodology 10（1），pp. 21-35（2007）.

⑤ Singal N.，*Doing Disability Research in a Southern Context：Challenges and Possibilities*，Disability & Society 25（4），pp. 415-426（2010）.

⑥ Wickenden M.，& Kembhavi-Tam G.，*Ask Us Too! Doing Participatory Research with Disabled Children in the Global South*，Childhood 21（3），pp. 400-417（2014）.

⑦ Gray C.，& Winter E.，*Hearing Voices：Participatory Research with Preschool Children with and without Disabilities*，European Early Childhood Education Research Journal 19（3），pp. 309-320（2011）.

味着“知识在环境和穿越环境中进行转移，带着知识被概念化、工具化‘使用’的期望”①，研究者有义务将研究成果扩散至更广泛的、有用武之地的环境中。这需要制定无障碍传播措施达至研究参与者（包括残障儿童）和最受影响的社区，以及从业者和政策制定者。法辛格（Fassinger）和莫罗（Morrow）呼吁研究者应该体贴并富有创造性，当带着“成果回到社区，以一种有益于参与者和社区的方式呈现研究，使成果对所有社区成员都可适用而不仅仅是积极参与到研究中的人”②。然而，研究成果却最经常借由学术研讨会以及出版物来进行分享。

尽管从捐助者、政府、政策和学术层面来讲，以上分享研究成果的方式可能更有关联和恰当③，虽然这也被亨宁克和斯蒂芬森（Hennink & Stephenson）批评。但是许多参与了数据收集的研究参与人和社区却常常接触不到研究成果。通过研究过程产出的知识和对知识发展作出贡献的参与者对此知识的接触之间存在着明显的断裂，从而限制了研究成果在基层的使用和影响④。

以儿童为重点的研究人员（往往在发达国家），已经开始接受有关儿童参与研究传播问题的批评，包括向儿童参与者报告研究结果，以及让儿童参与者承担研究传播的任务。普雷蒂（Pretty）认为儿童需要被更积极地纳入整个研究过程中，包含了“一系列如让儿童参与到对话、行动、分析和改变的活动中”。⑤ 同样，《国际儿童伦理研究宪章》（*the International Charter for Ethical Research*

---

① Graham I., Logan J., Harrison M., Straus S. Tetroe J., Caswell W. & Robinson N., *Lost in Translation*: *Time for a Map*? The Journal of Continuing Education in the Health Professions 26, pp. 13-24 (2006).

② Fassinger R., & Morrow S., *Toward Best Practices in Quantitative*, *Qualitative*, *and Mixed-Method Research*: *A Social Justice Perspective*, Journal for Social Action in Counseling and Psychology 5 (2), pp. 69-83 (2013).

③ Hennink M., & Stephenson R., *Using Research to Inform Health Policy*: *Barriers and Strategies in Developing Countries*, Journal of Health Communication 10 (2), pp. 163-180 (2005).

④ Keen S., & Todres L., *Strategies for Disseminating Qualitative Research Findings*: *Three Exexmplars*, Forum: Qualitative Social Research 8 (3), Art. 17 (2007); Flicker S., Travers R., Guta A., McDonald S. & Meagher A., *Ethical Dilemmas in Community-Based Participatory Research*: *Recommendations for Institutional Review Boards*, Journal of Urban Health: Bulletin of the New York Academy of Medicine 84 (4), pp. 478-493 (2007).

⑤ Noble-Carr, D., *Engaging Children in Research on Sensitive Issues*: *A Literature Review*, ACT: Department of Disability, Housing and Community Services, 2007.

Involving Children，ERIC）建议研究者考虑如何使得儿童、社区民众和利益相关者接触到研究成果①。这个主题在早期儿童研究纲要中就得到了预示：建议研究者们应发展新办法以实现更广泛和高效地交流研究结果，目的是“改变有关儿童生活的政策和实践……和发展新的方法、方式传播研究结果”,② 尤其是考虑到儿童在研究中既是执行者又是观众。然而，赫纳（Hoechner）警示该领域在西方国家实践的可行性，指出在发展中国家存在一系列或影响儿童参与的额外的因素和风险，这是研究者需要进行伦理考虑的。③

“太平洋残障儿童之声”研究项目寻求发展一种方法，既为生活在瓦努阿图和巴布亚新几内亚，作为研究中被调查者的残障儿童赋能，又使用一系列的方法与来自当地和全球的儿童参与者、所在社区、政府、政策制定者、实践者分享研究结果。这篇论文简要地描述了一种致力于让儿童作为资料提供者参与研究的方法，并且探索了使用无障碍电影作为一种传递知识的方法。与这个项目的方法一致④，这个传播方式使用的理论来自社区发展，特别是当地和国际层面相关的“变革联盟”，以及基于对社会变革的共同愿景在“国际范围内建立网络”。这样一种方法需要研究成果传播给各种各样的利益相关者，以便培养对于研究结果的群体意识，以及有关将研究对象纳入研究过程的方法的能力建设。电影被选为一种无障碍的传播方式是基于它在国际发展实践和研究中的先导使用，这将在下文简要地进行阐述。

二 电影作为研究传播社会变革的工具

长期以来，艺术一直被用作沟通和促进发达国家和发展中国家背景下的社会

---

① Graham，A.，Powell，M.，Taylor，N.，Anderson，D. & Fitzgerald，R.，*Ethical Research Involving Children*，Florence：UNICEF Office of Research，Innocenti，2013.

② Harcourt D. & Sargeant J.，*Executive Summary*，Australian Research Alliance for Children and Youth and New South Wales Commission for Children and Young People：NSW，2009.

③ Hoechner H.，*Participatory Filmmaking with Qur'anic Students in Kano*，*Nigeria*：*Speak Good About Us or Keep Quiet*!，International Journal of Social Research Methodology 18（6），pp. 635-649（2015）.

④ Jenkin E.，Wilson E.，Clarke M.，Murfitt K. & Campain R.，*In Their Own Voice*：*Understanding the Human Rights of Children with Disability. A Melanesian Case Study*，in press.

变革的途径。包括电影在内的创造性或数字媒体已被用作"自上而下地改变人们态度和行为的举措，反过来，也是自下而上参与文化和政治转型的策略"①。在这种情境下，视觉和电影媒体的使用具有了一系列的合理依据。电影是一种视觉叙事的形式，参与者可以审视和决定他们作为个人以及作为故事集合的一部分的影响力②。托马斯（Thomas）、木瓜崎（Papoutsaki）和埃金斯（Eggins）提出视觉信息，如电影，与本土和口述文化相辅相成，并"有能力融入当地的叙事，引起观众的情绪反应，激发思考和讨论"③。拍摄个人故事的实际过程④，以及与其他人分享电影，可以通过使用和"恢复"本地视觉和口头传统，分享他们的知识和经验，从而挑战固有的耻辱或歧视，为受压迫群体赋能⑤。同样，托马斯（Thomas）等人认为，视觉媒体的"视觉、听觉、关联和理解方面可以打破语言和文字障碍，让人们在影响他们的问题上进行对话"⑥。

认识到这些可能性，电影已经被用于国际发展实践，特别是作为社区教育和提高认识的途径。例如，瓦努阿图的娱乐系列节目"爱情巡逻"就艾滋病毒、艾滋病以及家庭暴力等社会问题提出讨论；在太平洋岛国中，提高了有关家庭禁忌

---

① Braden S. & Mayo M., *Culture*, *Community Development and Representation*, Community Development Journal 34 (3), pp. 191-204 (1999).

② Hickam B. & Meixner C., *Transforming Leadership*: *Film as a Vehicle for Social Change*, Journal of Leadership Education 7 (2), pp. 41-46 (2008); Thomas V., Papoutsaki E. & Eggins J., *Visual Dialogues*, *Community Action & Social Change*: *A South Pacific Islands HIV/AIDS Project Application*, presented at the Annual Conference of the Asian Media Information and Communication Centre, Singapore, 2010.

③ Thomas V., Papoutsaki E. & Eggins J., *Visual Dialogues*, *Community Action & Social Change*: *A South Pacific Islands HIV/AIDS Project Application*, presented at the Annual Conference of the Asian Media Information and Communication Centre, Singapore, 2010.

④ Thomas V., Papoutsaki E. & Eggins J., *Visual Dialogues*, *Community Action & Social Change*: *A South Pacific Islands HIV/AIDS Project Application*, presented at the Annual Conference of the Asian Media Information and Communication Centre, Singapore, 2010.

⑤ Braden S. & Mayo M., *Culture*, *Community Development and Representation*, Community Development Journal 34 (3), pp. 191-204 (1999).

⑥ Thomas V., Papoutsaki E. & Eggins J., *Visual Dialogues*, *Community Action & Social Change*: *A South Pacific Islands HIV/AIDS Project Application*, presented at the Annual Conference of the Asian Media Information and Communication Centre, Singapore, 2010.

话题的意识①。这个系列由当地非政府组织万斯莫尔巴格剧院（Wan Smolbag Theatre）制作，尤其是通过对个人故事的讲述增强意识。在埃塞俄比亚（Ethiopia）、贝洛布拉沃（Bello-Bravo）、奥拉纳（Olana）和皮滕德里（Pitendrigh）② 报告了使用动画视频作为社区教育的媒介，旨在改善农业实践和健康。同样，国际非政府组织，如国际特赦组织（Amnesty International），已经利用电影作为与人权相关的宣传和意识提高的媒介③。

电影已被用作国际发展实践中社区意识提升、教育和行动的媒介④，同时电影的使用也在研究项目中出现，作为一种有效的方法来产生知识（即作为一种研究方法）和传播研究结果⑤。借助于这些艺术媒介一方面与传统的研究活动背道而驰，传统的研究活动通常有助于保持"学院与社区的分离"⑥，另一方面提供了一种研究与实践更紧密的联结。这种转变承认了"构成和形成人类状态的多个维度——身体的、情感的、精神的、社会的、文化的维度——以及参与世界的各

---

① Thomas V., Papoutsaki E. & Eggins J., *Visual Dialogues*, *Community Action & Social Change*: *A South Pacific Islands HIV/AIDS Project Application*, presented at the Annual Conference of the Asian Media Information and Communication Centre, Singapore, 2010.

② Bello-Bravo J., Olana G. W. & Pittendrigh B. R., *A Pilot Study Using Educational Animations as a Way to Improve Farmers' Agricultural Practices and Health Around Adama*, *Ethiopia*, Information Technologies & International Development 11 (3), pp. 23-37 (2015).

③ Navaie, S., *Creative Change World Wide*, Arts for Global Development (2006), http://art4development.kianavaie.com/index.php/participate/publications.

④ Navaie, S. *Creative Change World Wide*, Arts for Global Development (2006), http://art4development.kianavaie.com/index.php/participate/publications.

⑤ Abah O. S., Okwori J. Z. & Alubo O., *Participatory Theatre and Video*: *Acting against Violence in Northern Nigeria*, IDS bulletin 40 (3), pp. 19-26 (2009); Thomas V., Papoutsaki E., Eggins J. *Visual Dialogues*, *Community Action & Social Change*: *A South Pacific Islands HIV/AIDS Project Application*, presented at the Annual Conference of the Asian Media Information and Communication Centre, Singapore, 2010; Hoechner H., *Participatory Filmmaking with Qur'anic Students in Kano*, *Nigeria*: *Speak Good about Us or Keep Quiet*!, International Journal of Social Research Methodology 18 (6), pp. 635-649 (2015).

⑥ Thomas V., Papoutsaki E. & Eggins J., *Visual Dialogues*, *Community Action & Social Change*: *A South Pacific Islands HIV/AIDS Project Application*, presented at the Annual Conference of the Asian Media Information and Communication Centre, Singapore, 2010.

种方式——口头的、文学的、视觉的、象征的方式”①。两个例子可用于说明电影在数据收集中的使用。在巴布亚新几内亚，托马斯（Thomas）等人②“让参与者加入视觉对话中”，使用电影记录了数据收集的片段作为艾滋病人的叙述故事。同样，阿巴（Abah）等人对参与研究和社区教育项目的参与者进行了视频采访，该项目探讨了尼日利亚北部的暴力事件③。视频访谈被用作资料以提示后续戏剧和电影发展，这些戏剧和电影被用于研究成果传播和教育的后期阶段④。

电影作为研究传播机制的支持者认为，以视觉格式呈现的研究结果，例如电影，更有可能为高文盲率、具有视觉和口头文化传统的社区⑤（例如美拉尼西亚文化⑥）提供多样性语言信息。这种传播方法寻求使用电影作为公共知识共享的工具，或者正如赫纳（Hoechner）描述发生在尼日利亚的这个过程，为研究参与者（通常是边缘群体）提供机会“宣传他们的观点，并且为辩论增添了新的视角”⑦。同样，托马斯（Thomas）等人将他们在研究传播中使用电影的行为描述为，通过使用早期数据收集阶段所记录的电影片段，将“社区的声音”传达给公

① Thomas V., Papoutsaki E. & Eggins J., *Visual Dialogues, Community Action & Social Change: A South Pacific Islands HIV/AIDS Project Application*, presented at the Annual Conference of the Asian Media Information and Communication Centre, Singapore, 2010.

② Thomas V., Papoutsaki E. & Eggins J., *Visual Dialogues, Community Action & Social Change: A South Pacific Islands HIV/AIDS Project Application*, presented at the Annual Conference of the Asian Media Information and Communication Centre, Singapore, 2010.

③ Abah O. S., Okwori J. Z. & Alubo O., *Participatory Theatre and Video: Acting against Violence in Northern Nigeria*, IDS bulletin 40 (3), pp. 19-26 (2009).

④ Abah O. S., Okwori J. Z. & Alubo O., *Participatory Theatre and Video: Acting against Violence in Northern Nigeria*, IDS bulletin 40 (3), pp. 19-26 (2009).

⑤ Abah O. S., Okwori J. Z. & Alubo O., *Participatory Theatre and Video: Acting against Violence in Northern Nigeria*, IDS bulletin 40 (3), pp. 19-26 (2009).

⑥ Thomas V., Papoutsaki E. & Eggins J., *Visual Dialogues, Community Action & Social Change: A South Pacific Islands HIV/AIDS Project Application*, presented at the Annual Conference of the Asian Media Information and Communication Centre, Singapore, 2010.

⑦ Hoechner H., *Participatory Filmmaking with Qur'anic Students in Kano, Nigeria: Speak Good about Us or Keep Quiet!*, International Journal of Social Research Methodology 18 (6), pp. 635-649 (2015).

共领域。① 在他们的研究中，电影是社区“反馈阶段”的主要机制，与社区教育和反思行动有关：

> 对于社区而言，视频材料的集体观看意味着共享意义和理解的协商。它创造机会来讨论群体中的看法。知识是公开的，通过集体观影，每个人都被带到同一层面进行讨论。②

此外，赫纳（Hoechner）认为，通过电影传播也有可能跨越社会阶层和文化鸿沟，从而使得某些观众听取到从其他渠道不太可能听到的边缘群体的观点。③总之，对电影作为传播方法的意图（和经验）的这些解释，与哈钦森（Hutchinson）和胡伯曼（Huberman）对研究传播的定义以及对知识在各种环境中被“使用”的关注产生共鸣④，另有一额外并且明确的关注点是通过这种方法释放社会变革的潜能。

我们在有关残障儿童的研究中采用了这种传播方法，如下所述。

三 太平洋残障儿童之声

太平洋残障儿童之声研究项目旨在制定一种方法，使残障儿童能够作为线人参与研究。并利用电影作为一种方式，与当地（巴布亚新几内亚和瓦努阿图）和全球

---

① Thomas V., Papoutsaki E. & Eggins J., *Visual Dialogues, Community Action & Social Change: A South Pacific Islands HIV/AIDS Project Application*, presented at the Annual Conference of the Asian Media Information and Communication Centre, Singapore, 2010.

② Thomas V., Papoutsaki E. & Eggins J., *Visual Dialogues, Community Action & Social Change: A South Pacific Islands HIV/AIDS Project Application*, presented at the Annual Conference of the Asian Media Information and Communication Centre, Singapore, 2010.

③ Hoechner H., *Participatory Filmmaking with Qur'anic Students in Kano, Nigeria: Speak Good about Us or Keep Quiet!*, International Journal of Social Research Methodology 18 (6), pp. 635-649 (2015).

④ Graham I., Logan J., Harrison M., Straus S., Tetroe J., Caswell W. & Robinson, N., *Lost in Translation: Time for a Map?*, The Journal of Continuing Education in the Health Professions 26, pp. 13-24 (2006).

的儿童参与者、所在社区、政府、政策制定者和从业者分享研究成果。该项目的目的是探索和提高瓦努阿图和巴布亚新几内亚残障儿童的人权意识。该项目于2013—2015年开始实施，基于迪肯大学（Deakin University），各国残障组织（瓦努阿图残障促进和宣传协会和巴布亚新几内亚残障人大会，the Vanuatu Disability Promotion and Advocacy Association and the PNG Assembly of Disabled Persons）以及国际儿童权利机构（拯救儿童组织，Save the Children）之间的伙伴关系。

该研究涉及来自各国的成年残障人士，他们承担了该项目的当地研究人员的角色。这些成年人是通过当地的残障组织和儿童权利机构招募的，并因其文化和语言知识、社区关系以及他们的残障生活经历而被选中。此外，大多数人都具有以往的研究经验，能够协助开发数据收集工具，在本国进行数据收集和传播，并最大限度地提高残障儿童作为被研究者的积极参与度①。

通过当地研究人员在其家乡的关系，以及残障组织与儿童之间已有的关系，本研究在城市和农村地区招募了5~18岁的残障儿童。总共有89名来自巴布亚新几内亚和瓦努阿图的各类残障儿童参与了该项目（巴布亚新几内亚有46人，瓦努阿图有43人）。所招募儿童有一系列的残障类型，包括沟通障碍（巴布亚新几内亚为52%，瓦努阿图为44%），肢体残障（巴布亚新几内亚为50%，瓦努阿图为47%）和智力残障（巴布亚新几内亚为50%，瓦努阿图为58%），大多数儿童具有一种以上的残障。

该研究提出了一个首要问题："瓦努阿图和巴布亚新几内亚残障儿童的人权需求和优先事项是什么"，并要求儿童在个人访谈中思考三个开放式问题：

（1）你生命中重要的是什么？

（2）你的希望和梦想是什么？

（3）什么会让你的生活更美好或更幸福？

研究人员设计了一套数据收集工具，使儿童能够自我报告与这一焦点相关的经验、关注点和优先事项。这些工具提供了通过视觉、听觉和触觉手段作为替代方式进行交流，帮助儿童在采访期间表达自己的观点。为了表达他们的兴趣和优

---

① Jenkin E., Wilson E., Clarke M., Murfitt K. & Campain R., *In Their Own Voice: Understanding the Human Rights of Children with Disability. A Melanesian Case Study*, in press.

先事项，孩子们可以作图，拍摄或选择照片（例如，一系列与就业和创收活动相关的照片），播放或录制声音，在角色扮演中使用玩偶，并带领研究人员参观他们的社区①。

根据《残疾人权利公约》所涵盖的广泛的生活利益和领域，我们对儿童提供的信息进行了分析，其中的数据主题与公约的条款保持一致，并进一步确定相关条款的主题以反映儿童的优先事项。然后将研究结果汇总成一系列政策报告和学术出版物②，这些成果针对捐助者和政府，也用于制作三部短片（下文讨论）。

这里提供了一个简短的研究结果摘要，为电影的讨论添加背景。儿童在《残疾人权利公约》第5~30条中确定了主题，其中“优先事项”包括娱乐休闲和文化生活（第30条）、教育（第24条）、贫困和生活标准（第28条）、就业（第27条）、家庭和家庭生活（第23条）。从儿童的报告可以明显看出，尽管他们希望现在和将来成为家庭、社区富有成效的成员，但他们面临实现基本人权的诸多障碍。报告中的障碍还包括：家庭贫困以及家庭粮食短缺；健康状况不佳，缺乏保健服务和专家（以残障为重点）的服务；难以获得教育；以及自身残障带来的被嘲讽和虐待的经历。

四 在太平洋残障儿童之声项目中使用电影

认识到传统学术研究成果传播方法的局限性。我们利用额外的、更通俗易懂的方法将我们的研究结果回馈给参与者（即儿童）、他们的社区、政策制定者和服务开发者。为此，残障人无障碍电影以及一个网站，被用于传达研究所确定的儿童之主要优先事项和关注点，以及用于分享有关使残障儿童能够表达其观点的研究方法的信息。残障人无障碍电影为聋人和听力障碍者增加了字幕等功能，以及为视力障碍者增加口述影像。此外，与已讨论的文献一致，项目团队假设电影

---

① Jenkin E., Wilson E., Clarke M., Murfitt K. & Campain R., *In Their Own Voice: Understanding the Human Rights of Children with Disability. A Melanesian Case Study*, in press.

② Jenkin E., Wilson E., Clarke M., Murfitt K., Campain R., Stockman L., Caleb N., James K., Golding M. & Joel L., *The Human Rights Needs and Priorities of Children with Disability in Vanuatu*, Australia: Deakin University, 2015.

也可以作为在家庭、社区、服务提供者和政府层面促使态度改变的机制。孩子们的叙述，当通过这种媒介直接传递时，具有充足的吸引力和说服力，从而具有挑战残障和能力概念的潜力，并且围绕残障儿童的变革愿景，团结每个国家内部以及国际范围的受众。电影呈现了各种各样的残障儿童对未来的愿望和他们融入社会的障碍，包括他们被歧视的经历。

具体来说，该项目委托开发了三部电影：

（1）《唱歌碧龙野餐：残障儿童之声，巴布亚新几内亚》（*Singaut Bilong Pikinini*：*Voices of Children with Disability*，*Papua New Guinea*），13 分钟。

（2）《皮基尼尼托克：残障儿童的声音，瓦努阿图》（*Pikinini Tok*：*Voices of Children with Disability*，*Vanuatu*），15 分钟。

（3）《凡妮莎瓦努阿图》（*Vanessa Vanuatu*），3 分钟。

这些电影进行了专业的拍摄和导演。电影制作人的选取是根据他之前的作品，包括他以尊重的态度在巴布亚新几内亚拍摄的有关艾滋病儿童的生活的作品。因为不可能拍摄所有儿童参与者，一些因为观点反映了人权和主题方面主流发现的儿童（代表不同年龄、残障类型和性别），被邀请谈论他们自己的优先事项和愿望。迪肯大学伦理委员会专门给此类电影制作与参与授予额外的道德批准。制作团队（由导演、制片人/研究协调员、翻译、当地研究员和司机组成）前往与每个孩子会面并拍摄，并拍摄同意参与拍摄的家庭成员。

制作团队要求儿童再现他们之前参与过的部分研究过程，以便用胶片捕捉研究方法及被调查儿童的反应。儿童们被要求再次确认他们在研究中分享的经验和选择的优先事项，并用自己的话重述。孩子们被告知，这种“重新讲述”的目的是在当地、全国乃至全球可以看到的媒介中分享他们的经验，确认他们的声音应该被广泛聆听。孩子们被告知他们被选中，代表了所有参与研究的孩子。在获得同意之前，制作团队向儿童及其家人解释这个过程；在电影工作人员到达拍摄时会再次重复该解释。虽然儿童是整部影片中的关键叙述者，但两部电影还使用了当地研究人员（残障人士）作为叙述者来介绍和解释无障碍研究方法的各个方面。

电影以当地语言叙述，辅之以瓦努阿图和巴布亚新几内亚强大的、作为传统的知识共享方法的口头和视觉叙事文化①。人们预计，在电影中提供给残障儿童以关键叙述者的角色，将促进他们的影响力和能力合理化，同时清楚地描述儿童对未来的抱负以及目前在许多情况下阻碍他们实现目标并为家庭和社区作出贡献的障碍。一位巴布亚新几内亚研究员（残障人士）总结残障儿童在一部电影中作为叙事的一部分的重要作用，他说："如果我聆听残障儿童，我可以学到很多东西。"诸如此类的评价挑战了关于儿童，特别是残障儿童的传统权力角色，强调残障儿童的观点需要被听取和考虑。

五 地方和全球研究传播和意识提升

在项目结束时，电影被呈现给巴布亚新几内亚和瓦努阿图的当地社区。项目就儿童告知研究人员的有关人生优先事项、需求和志向等研究结果，举行了公开会议，以对这些项目结果提供反馈意见。在巴布亚新几内亚，三个社区活动由残障人士组织和迪肯大学主办（两个在庞莫斯，一个在当地），由儿童参与者及其家人、残障人士组织成员、非政府组织、政府和捐助者代表参加。在瓦努阿图，迪肯大学联合拯救儿童、残障人士组织，在研究发生地的两个岛屿举办了类似的活动。参与者代表了与研究密切相关的人（儿童参与者及其家庭，一些残障组织成员），一些之前就对本研究有所了解的利益相关者（例如，参与设置研究许可的政府部门的关键代表），以及其他很少或没有接触过本研究的人（包括区域或社区政府机构的代表，更高级的政府官员和其他感兴趣的公众）。每次会议有20~50人参加，包括儿童参与者及其家人。在这些会议上，无障碍电影被播放，许多残障人士，如有视力障碍的人，能够第一次接触电影。活动包含研究人员、社区和政府代表的演讲和致谢，以及来自家长、社区成员和当地政府代表的更加即兴的陈述。所有研究参与者（89人）都获得了这些电影的DVD。

这些影片还会由国际发展从业人员，在地方以电影的形式进行额外场次的放

① Thomas V., Papoutsaki E. & Eggins J., *Visual Dialogues, Community Action & Social Change: A South Pacific Islands HIV/AIDS Project Application*, presented at the Annual Conference of the Asian Media Information and Communication Centre, Singapore, 2010.

映，此类放映往往有特定缘由和富有机会性。例如，在 2015 年瓦努阿图，电影被展示给政府工作人员（这些人此前与研究无关），其中许多人积极回应儿童所分享的信息，并表达了在工作角色中扩大职责的目标，为残障儿童创造一个更具包容性的环境。在巴布亚新几内亚的电影：《唱歌碧龙野餐：残障儿童之声，巴布亚新几内亚》（*Singaut Bilong Pikinini*：*Voices of Children with Disability*，*Papua New Guinea*）被选中在 2015 年第 6 届巴布亚新几内亚人权电影节展映，同时也在地方放映，作为促进人权的一种方式，结果是巴布亚新几内亚城市和农村地区的大量人群观看了这部电影。

此外，这部电影还作为 2015 年国际残障人日的一部分在莫尔兹比港（Port Moresby）以及 2015 年“20 天活动”活动期间进行了放映。

认识到通过将地方和全球意识提升与行动联系起来实现变革的重要性，国际观众也成为目标（详情见下文），针对国际受众的目的是双重的。首先，众所周知，全球相互联系和决策越来越多地影响地方社区。因此，全球联系必须建立在以地区为重点的社区发展项目中，以实现持久的变革①。其次，越来越多的人认识到需要更多的研究来倾听发展中国家的残障儿童的声音，且旨在了解他们的人权，同时还需要更多有关残障的包容性研究方法。包容性工具和方法之促进旨在于世界各地的其他研究中，分享调整研究工具和程序以将残障儿童纳入研究的可能性。如互联网和社交媒体等技术提供了分享理解、团结社区、建立伙伴关系和倡导全球行动的问题的新渠道②。这代表了我们在该项目中有目的地采用的一种社区发展方法。

借助这些想法，这些电影有目的地在互联网上（专用的无障碍网站 www. voicesofchildrenwithdisability. com 和通过 YouTube）、在多个国家的电影节以及国际商业航线传播。电影已在世界各地展出。在澳大利亚，这些电影于 2015

---

① Ife J.，*Community Development in an Uncertain World*，Port Melbourne：Cambridge University Press，2013.

② Craig G.，Mayo M.，& Taylor M.，*Globalisation from Below*：*Implications for the Community Development Journal*，Community Development Journal 35（4），pp. 323-335（2000）；I Ife J.，*Community Development in an Uncertain World*，Port Melbourne：Cambridge University Press，2013.

年5月在悉尼的TEDx放映（观众人数为2300人，随后在线观看304次）；2015年6月墨尔本联邦广场；以及于2015年12月向澳大利亚堪培拉外交与贸易部所有工作人员公开放映。在国际上，除了在巴布亚新几内亚和瓦努阿图放映外，这些电影还在国际残障人日（2015年12月3日），在纽约举行的联合国《残疾人权利公约》缔约国第八次大会上作为联合国赋能电影竞赛的一部分进行了放映。

坎贝尔（Campbell）等人指出，在发展工作中利用"传播作为干预"策略公布结果时需要谨慎，他提醒从业者们社会变革在长时期内依赖于许多因素①。电影作为传播策略的评估不是这项研究的正式部分，因此，收集的数据是事后和不完整的，所以我们提出的结论只是暂时性的。然而，现有证据如互联网观影群众人数的定量数据（替代指标）；观众对电影影响的自愿反馈（通过互联网和其他放映）；以及一些即兴在电影放映中呈现的讲述该策略的影响的叙事。对这些数据的回顾表明这些电影具有教育意义和改变态度的益处。当然，瓦努阿图和巴布亚新几内亚的残障人组织将其视为关于残障和人权的重要宣传活动。在巴布亚新几内亚，整个项目，包括电影，已使得残障人组织将重点放在儿童和父母身上，并作为残障人组织工作的一部分。这包括向父母和特殊教育教师提供的残障意识培训，以及由残障儿童的父母发起和管理的两个省级宣传小组的发展。在两国的国内活动中，电影的本地参与似乎立竿见影，这些电影似乎培养了一种民族和地区的自豪感，当地人珍视这类以民族语言表达，并特写当地社区成员的难得的观影机会。这与托马斯（Thomas）等②关于电影价值的发现产生共鸣，特别是当本土语言和观点得以表达的时候。在一次瓦努阿图本地的电影放映中，一位村长公开呼吁加大宣传力度，为残障儿童增加人权机会，非残障儿童坚持支持与他们年龄相仿的残障儿童。在巴布亚新几内亚（正如在瓦努阿图），观看电影的几位残障儿童的父母和家人表示他们现在已经开始认识到他们的孩子的权利。其他家长

---

① Campbell C., Nair Y., Maimane S., Sibiya Z., Gibbs A., *Dissemination as Intervention: Building Local HIV Competence through the Report Back of Research Findings to a South African Rural Community*, Antipode 44 (3), pp. 702-724 (2012).

② Thomas V., Papoutsaki E. & Eggins J., *Visual Dialogues, Community Action & Social Change: A South Pacific Islands HIV/AIDS Project Application*, presented at the Annual Conference of the Asian Media Information and Communication Centre, Singapore, 2010.

积极评价这个让他们的孩子得以第一次公开谈论自己的观点的机会。

互联网上的电影观看次数表明这些电影已被广泛访问，字幕和口述影像功能也得到了很好的访问，因此这些电影很可能已经被残障人观看。在三个月的时间内，这些电影在 YouTube 和专用网站上的点击量，已达字幕（为听力障碍人士准备的版本）905 次和口述影像版本 276 次。通过该网站，有关该研究方法的培训资源已与电影一起被下载，结果该项目方法已被其他无关联机构用于柬埔寨和埃塞俄比亚的残障儿童（或者没有残障的儿童）。

六 使用电影作为研究传播媒介的挑战

使用电影作为研究传播的机制（并可能用于改变态度）并非没有挑战。首先，制作商业质量的电影是一个相对昂贵的过程，在发展中国家可能面临成本和资源的挑战。例如，本研究的儿童参与者居住在农村以及城市地区，包括偏远的岛屿。机票费、远程旅行以及到达和拍摄儿童参与者所花费的时间都很昂贵。

其次，在巴布亚新几内亚，安全问题导致了为确保参与者和电影摄制组的安全风险最小化，安保人员的参与产生了额外费用。此外，虽然有机会在电影中包含无障碍，即提供本地语言、英语翻译、字幕和口述影像，但这些进一步增加了成本。在我们的案例中，资金的限制意味着并非所有无障碍需求都可以被满足。例如，这些电影没有手语翻译，口述影像的语言仅限于英语而没有新美拉尼西亚语（Tok Pisin）和比斯拉马语（Bislama）选项。在评估此方法的可行性时，相对成本和收益需要被权衡和仔细计算。

最后，在真实情况下拍摄真实的人会带来特定的道德问题，当涉及儿童和弱势群体时，这些问题更加严重。儿童研究中的道德过程往往要求儿童参与者在整个过程中匿名以实现个人保护。在我们的案例中，在之前的研究中得出的其他传播技术，例如儿童将他们的调查结果报告给小组或会议，被认为是不恰当的。伦理方面的考虑也适用于拍摄儿童并使他们能够通过这种媒介发表意见并分享他们自己的发现。在这种情况下，项目活动需要遵守儿童保护政策①中

① AusAID, *Child Protection Policy*, Commonwealth of Australia: Canberra, 2013.

概述的捐赠者指南，指南中规定了具体的摄影和拍摄限制。为了遵守这些规则并（尽可能高程度地）保持儿童的匿名性，电影导演试验了各种方法和电影角度，以便儿童可以讲述他们的故事，同时对于更广泛的观众来说这些儿童是无法辨认的。

与任何研究传播方法一样，电影只是分享有关残障儿童参与者、其家庭和社区的研究产生的知识的一种手段，我们仍然需要不同的多种手段来提高对发展中国家残障儿童权利、能力的认识。电影虽然在多种情况下被观看，培养了意识并提出了采取行动的呼吁，但电影本身并没有解决在这些背景下遇到的结构性缺点。① 赫纳（Hoechner）提醒研究人员“如果边缘化这些群体的结构性不平等仍然没有被撼动，仅仅‘发出声音’不足以给这些群体‘赋能’”②。我们的期望是，电影和更传统的研究传播方法结合，如报告和出版物以及持续的有针对性的宣传，这将引发社会不同层面的变革，建立在以前和当下的残障人的自我宣传工作基础之上，通过研究促成新的行动伙伴关系。

七　结　论

研究告诉我们，残障儿童基本上被排除在研究活动之外，并且即使包括在内，他们也很少成为研究传播的焦点，这限制了社区残障儿童对研究的理解。在儿童研究中，向儿童参与者及其社区反馈调查结果这一行动是重要的，以体现他们的重要性并尊重他们在这一研究过程中的投入。电影补充了许多文化的口头或视觉叙事方法，并给发展中国家的许多儿童和成年人提供了一种可供分享发现的媒介，而不是依赖书面报告。无障碍的设置使许多残障儿童和成年人也可以观看电影并参与研究调查。尽管我们发现电影是一个可以向参与者、所在社区和更广

① Hoechner H., *Participatory Filmmaking with Qur'anic Students in Kano, Nigeria: Speak Good about Us or Keep Quiet!*, International Journal of Social Research Methodology 18 (6), pp. 635-649 (2015).

② Hoechner H., *Participatory Filmmaking with Qur'anic Students in Kano, Nigeria: Speak Good about Us or Keep Quiet!*, International Journal of Social Research Methodology 18 (6), pp. 647 (2015).

泛的全球受众分享一种创新的研究方法和关键发现的有效途径，但我们还需要进一步评估这种传播机制的影响，以及在发展中国家的残障儿童中使用该方法的细节和困境。

查姆诉土耳其案

刘晗煦*译

（51500/08 号申请）

判决（摘要）①

斯特拉斯堡

2016 年 2 月 23 日

最终生效

2016 年 5 月 23 日

在《欧洲保障人权和根本自由公约》第 44 条第 2 款的规定下，本判决是最终的。

“查姆诉土耳其”案②，由欧洲人权法院第二庭（The European Court of Human Rights，Second Section）审理，经 2016 年 2 月 2 日闭门审议，同日作出如

---

* 刘晗煦，荷兰马斯特里赫特大学法学院博士研究生，武汉市武昌区东湖公益服务中心特邀研究员。

① 本判决书全文现仅存法文版本。本文在英文版本的基础上编译，有删减。原文参见 http：//hudoc. echr. coe. int/eng？i=001-161050，2018 年 11 月 7 日。

② 译者按：本判决对欧洲人权法院的反歧视判例法有重要意义和贡献，有以下几个原因：第一，在本案中，欧洲人权法院“审理了歧视的问题，并裁定在非义务教育的背景下支撑包容性教育”；第二，欧洲人权法院强调了“《公约》第 14 条下的国家积极义务”；第三，欧洲人权法院明示“拒绝提供合理便利可能构成侵犯第十四条”。参见 Disability Discrimination in Education，E. H. R. L. R. 2016，4，pp. 456-458。

下判决：

程　　序

1. 本案基于针对土耳其共和国的申请（编号 51500/08）。2008 年 10 月 22 日，土耳其公民杰达·艾芙琳·查姆女士（Ceyda Evrim Çam，以下简称“申请人”）根据《欧洲保障人权和根本自由公约》（*Convention for the Protection of Human Rights and Fundamental Freedoms*，以下简称“《公约》”）第 34 条提出该申请。

2. 申请人由伊斯坦布尔市执业的律师 M. 波杜尔古先生代理。土耳其政府（以下简称“政府”）由其政府代表代理。

3. 申请人声称其受教育权（《公约》之议定书第 2 条）遭受侵犯并且受到了基于其失明的歧视（《公约》第 14 条）。

4. 2014 年 6 月 11 日，就上文申诉内容与政府对话。对于原申请中其余部分，基于本院《法庭原则》第 54 条第 3 项规定不予受理。

事　　实

5. 申请人生于 1989 年，居住在伊斯坦布尔市。

6. 2004 年 6 月 15 日，申请人申请参加伊斯坦布尔理工大学附属土耳其国家音乐学院（Turkish National Music Academy，以下简称“音乐学院”）的 2004—2005 年度入学考试。

7. 2004 年 8 月 21 日和 31 日，申请人参加了实践甄选考试并演奏乐器巴拉玛①（bağlama）。

8. 2004 年 9 月 7 日，音乐学院的行政部门公布了通过入学考试的录取者名单，申请人名列其中。

9. 申请者即刻向大切克梅杰地区公立医院（Büyükçekmece Public Hospital）

---

① 小型的土耳其鲁特琴，属于撒兹弦乐器的一种。

的医学委员会申请开具医学报告，证明她适合在音乐学院学习。

10. 2004年9月9日，医学委员会在提交的报告中指出，申请人经诊断患有远视，并伴有眼球震颤的症状及双眼严重弱视。该委员会决定将申请人转介到更高级别的权威医疗机构。

11. 2004年9月16日，巴克科伊地区研究和培训医院（Bakırköy Research and Training Hospital，以下简称“巴克科伊医院”）开具的医学报告指出音乐学院可安排申请人在该院无视力水平要求的学科接受教育。

12. 当日，音乐学院院长向申请人发函，内容如下：

> 我们已经多次向你本人以及你的父母说明，由于你未能提供由配备完善的公立医院（原文：tam teşekküllü devlet hastanesi①）所开具的报告，以证明你能够在音乐学院学习……我们无法录取你……希望尽快收到由公立医院开具的关于你在音乐学院入学情况的相关报告……

13. 2004年9月20日，申请人的父亲回复音乐学院院长，告知医学报告已按要求在当日递交给学院。

14. 同日，音乐学院院长向巴克科伊医院的首席医务官员发函。信函内容提到了2004年9月16日该医院医学委员会出具的报告，并告知音乐学院下设的七个科系均对视力水平有要求。信中还提到，要在该学院的任何科系学习，学生必须提交医学报告证明其健康情况合格。音乐学院院长要求该医务官重新准备报告，考虑到该学院各科系均要求必要视力水平的事实情况，明示该申请人是否有能力入学音乐学院。

15. 音乐学院随后拒绝了申请人的入学申请，具体日期不详。

16. 2004年9月24日，申请人的父母以申请人的名义，代为向伊斯坦布尔行政法院（Istanbul Administrative Court，以下简称“行政法院”）提起诉讼，质疑伊斯坦布尔理工大学行政部门放任音乐学院拒绝录取其女儿的决定，同时要求对该项决定缓期执行。申请人的律师在诉状中提出，2004年8月21日其委托人

---

① 意指配备完整医学专科、必要人员和设备并提供必需医疗服务的大型公立医院。

已经在八位老师组成的小组评估下，通过了音乐学院的入学考试。随后于 2004 年 8 月 31 日，在 20 位老师组成的小组评估下，以满分成绩通过了终试。音乐学院的招生标准中规定，招生年龄须在 15 岁以下，有初级教育水平，须具备身体条件演奏入学要求对应的乐器，同时不具备不适合所入学学科的身体残障，并且应通过才艺和技能标准测验。申请人的律师证明其委托人满足上述所有条件。音乐学院基于其失明的理由拒绝其委托人入学，违反相关法律和平等原则，包括宪法第 42 条，关于国家教育的第 1739 号基本法（简称“1739 号法案”）第 4、7、8、27 条，以及关于特殊教育的第 537 号法令第 9 条。律师同时引用了在相同音乐学院毕业的盲生姓名。

17. 2004 年 10 月 12 日，伊斯坦布尔理工大学行政部门提交了辩护陈述书。陈述书指出，申请人的父亲在提交入学申请的文件中并未提及其女儿有视障。该校坚称其父隐瞒了这一事实，假装他的孩子没有残障，试图欺骗该校招生部门；并表示该校的招生入学管理守则第 4 条规定了音乐学院“不接受残障”的标准。而且申请人未能提供证明她有能力在音乐学院就读的医学报告，该项规定适用于所有入学的申请人。陈述书申明，该校拒绝入学申请人并非基于其视障，而是由于她未能在规定时间内提交入学所需的文件。同时提到，尽管申请人提交的医学报告中认为她可以在音乐学院无视力水平要求的学科接受教育，但是事实上该院没有符合这一要求的学科。该校最后指出，由于缺乏合适的设备和具备必要技能的教学人员，音乐学院实则无法为包括视障学生在内的任何残障学生提供教育。辩护书还进一步解释，在 1976 年音乐学院办学之初，该院曾尝试引进针对视障学生的教学设备，但是由于缺乏能够使用盲文的师资，该项尝试最终被搁置。

18. 2004 年 10 月 14 日，行政法院驳回申请人关于缓期执行学院决定的请求，认为其条件不符合 4001 号法案修订后，关于行政规则的第 2577 号法案（简称“2577 号法案”）第 27 条第 2 款的规定。

19. 针对上述判决，在 2004 年 10 月 26 日申请人的父母以她的名义，代为向伊斯坦布尔大区行政法院提起上诉。他们认为根据 2577 号法案第 27 条第 2 款，满足以下两项前提条件即可得到缓期执行：其一，存在不可挽回或难以补救的伤害。其二，所述行政决定明显不合法。其父母指出在该案情况下，音乐学院通过拒绝其女儿入学一定会对其女造成难以补救的伤害。他们还提交了该项决定不合法的证据。上诉书中指出，申请人拥有初级教育学历证书，尽管失明，她具有演奏的乐器巴拉玛所必需的体能。而且她已经通过了音乐学院的入学考试，也获得了医学证明确认她不具有妨碍在音乐学科接受教育的残障。申请人父母认为其女的医学报告不存在争议，因为音乐学院接受了其他学生提交的类似机构所出具的医学报告。其女的医学报告中尽管并未明示申请人是否能够在该院学习，不可证明该报告不正当。而且，他们主张被告行政部门提到医学报告未按时提交不符合事实，因为该报告在 2004 年 9 月 20 日星期一递交至音乐学院，符合该院索取报告的信函中的要求：报告应在收信后的第一个工作日提交。申请人父母坚称申请人符合所有入学要求，并在规定时间内提交了所需文件。拒绝其入学的唯一理由是她的视障。回应被告行政部门对于音乐学院所有科系对学生均有视力水平要求的说法，申请人的父母提供了该学院四名盲人毕业生的姓名。这些学生坚称，和其他盲人音乐家一样，他们的视障不影响乐器演奏。回应音乐学院声称没有老师懂盲文，在现代科技的帮助下这一说法也站不住脚，因为已经发展的技术和电脑系统能够自动实现盲文转换。申请人的父母最后认为，音乐学院作出的争议性决定违反了宪法以及其他国际法机制的平等原则。

20. 2004 年 10 月 28 日，伊斯坦布尔大区行政法院驳回申请人的请求，判定缓期执行的条件不符合 2577 号法案第 27 条第 2 款的规定。法院认为，受争议决定的执行不能造成所谓不可难以挽回或难以补救的伤害，也并未不合法。

21. 2004 年 11 月 9 日，巴克科伊医院的首席医务官员回信音乐学院行政部门，告知已经修订 2004 年 9 月 16 日开具的医学报告。原文中“申请人可以在该院无视力水平要求的学科接受教育”一句被替换为“没有能力接受教育或学习指导”。

22. 2005 年 3 月 11 日，申请人的父母以她的名义，代为向巴克科伊地区检察长提交申诉，控告巴克科伊医院的首席医务官与其他医生修改 2004 年 9 月 16 日医学报告的做法属于滥用职权。申请人父母认为医生没有检查其女，就随意修改医学报告。他们申明，修正的目的是确保在针对伊斯坦布尔大学行政部门的法律程序中对后者有利。

23. 同一天，他们向伊斯坦布尔医学协会（Istanbul Medical Association）提交申请，希望调查争议中的事件。

24. 2005 年 5 月 23 日，伊斯坦布尔总督办公室（Istanbul Governor's Office）的卫生部（Health Department）通过了一项决定，拒绝授权对首席医务官的检控。决定中提到，医学报告的调查结果已根据音乐学院行政部门的要求进行了修订，此举并未有渎职或职权滥用。

25. 2005 年 7 月 4 日，申请人的父母以她的名义，代为向伊斯坦布尔地区行政法院（Istanbul Regional Administrative Court）提出上诉，要求驳回上述决定并授权对争议中的首席医务官采取法律行动。该上诉没有成功。

26. 2005 年 7 月 18 日，申请人父母向伊斯坦布尔地区行政法院提出上诉，要求驳回申请人不能入学的决定。他们认为，根据 2005 年 7 月 1 日第 5378 号法案，第 15 条关于残障人的部分（简称“第 5378 号法案”）禁止教育领域各种形式的歧视。

27. 2005 年 10 月 14 日，行政法院驳回了申请人的上诉。法院的理由如下：

> 伊斯坦布尔大学附属土耳其国家音乐学院的选拔竞赛和入学原则由大学理事会（University Senate）通过……在经过科系和音乐学院的大会讨论之后，由大学教育委员会（University's Educational Board）认定合法。……这些原则包括，通过音乐学院入学竞赛的申请人不应该有任何妨碍其在（招收的科系）接受教育的身体残障。在发给申请人的表格上列举了最终入学所需的文件，并提到了该条件。必须提交由配备齐全的医院出具的报告证明申请人有能力在音乐学院学习。
>
> （申请人）通过入学考试并获得被录取的权利。然而，由于大切克梅杰地区公立医院的报告结论认为，应当向更高的医学委员会提出申请，申请人于是向符合要求的巴克科伊医院申请报告。被告行政部门的辩护意见认为，20 世纪 70 年代音乐学院成立时，曾试验性地招收了一批盲人学生，然而在没有教职员熟悉盲文的情况下，考虑到遭遇的各种困难，这项试验被中止了，从此没有再录取盲人学生。行政部门确实曾写信给巴克科伊医院的首席医务官，寻求其签发医学报告的解释信息，并导致了该报告结论的修订。被告当局拒绝申请人入学的决定并不违法，因为她无法提供由配备齐全的公立医院出具的报告，以说明她有能力在音乐学校学习。申请人对被告的指控不

成立……

28. 行政法院发布的判决由多数表决通过，与该院院长的意见相左。院长在提交的反对意见中引用《宪法》第 42 条以及第 1739 号法令，认为个人受教育和教学的权利不可剥夺。他认为，政府部门有责无旁贷的义务推行有利于教育和教学的环境，并满足盲人的需要。回应被告行政部门在辩护中声称，曾试图在 1976 年招收盲人学生的部分，他认为当时有可能为盲人提供音乐教育。他强调有许多著名的盲人音乐家。剥夺个人的教育权利不符合一个社会和民主国家的法治要求。因此，该院院长认为争议中的行政措施是违法的。

29. 2005 年 11 月 9 日，伊斯坦布尔医学协会理事会（Governing Board of the Istanbul Medical Association）致函申请人的父亲，答复他在 2005 年 3 月 11 日提交的申请（见上文第 23 段）。信的有关部分如下：

> 1. 调查所涉及的两份报告内容相似。
>
> 2. 然而，医院行政部门未能为最初的报告，以及在音乐学院行政部门指示下修改报告的行为做出辩护……这种态度是不合适的。
>
> 3. 音乐学院行政部门于 2004 年 10 月 22 日向医院的首席医务官发函（第 5821 号）……说明："此外，由于这些科系所管理的教学活动是针对视力良好的学生，我们没有适合盲人的教育环境（在资源、设备、技术设施或师资方面）。出于这些原因，让非盲生和盲生遵循共同的课程是不可能的。"
>
> 考虑到相关的国际协定和立法规定，医院修改报告的行为不是造成相关行政决定的原因，也不能因此阻碍盲人受教育的权利……最后，首席医务官虽然修改了报告的格式，（但是）其内容是一样的，因此不能指控他失职。争议中的教育权应诉诸相关行政和司法救济途径。

30. 2006 年 4 月 18 日，针对行政法院 2005 年 10 月 14 日的决定（见上文第 27 段），申请人的父母以她的名义，代为向国务委员会（Council of State）① 就法

① 译者注：土耳其的最高行政法院。

律要点提出上诉。他们提出，这项决定违反宪法、第 1739 号法案、第 5378 号法案以及几项国际文书和宣言。上诉书指出，被告当局辩护称音乐学院在所有科系都做视力要求不符合实际情况，并提供了几位持有该学院学位的盲人学生名单。他们要求根据行政法院院长的反对意见，裁定一审判决无效。

31. 2007 年 1 月 4 日，伊斯坦布尔理工大学行政部门提交辩护陈述。陈述指出，申请人的医学报告曾提到，她可以在没有视力要求的音乐学院科系学习，但事实上学院并没有这样的科系。最后，陈述坚称申请人没有达到入学要求的条件。

32. 在 2008 年 2 月 19 日的判决中，国务委员会驳回了 2008 年 4 月 28 日申请人提出的法律要点上诉，并维持原判。国务委员会认为原判属于行政法院的司法管辖范围，没有违法并遵守了程序规则。在国务委员会的判决中，报告法官赞成关于法律要点的上诉。在该法官关于法律要点的意见中提到，国家检察官同国务委员会讨论了《宪法》第 42 条和第 1739 号法令的第 4 条、第 7 条和第 8 条，并指出教育机构必须考虑到需要专门教学的人，并采取必要的措施来保证他们接受教育。在本案的情况下，他认为决定不招收申请人——一个通过了音乐学校的入学考试，并满足所有合法条件的申请者——藐视有关的宪法和立法规定，因此这项决定应予以驳回。

33. 根据申请人向本院转交的信息，在被音乐学院拒绝后，她继续在一所普通学校接受教育，后来加入马马兰大学（Marmara University）艺术学院音乐系。

……

法　　理

（一）系争条项：《公约》第 14 条连同《公约之议定书》第 2 条

39. 申请人主张其受教育权利受到侵犯。她质疑音乐学校的入学规定，认为其中对视力的要求与教育权不相容。她还认为，国家没有履行其积极的义务，为残障人提供与其他人一样的机会。申请人引用《公约之议定书》第 2 条的内容：

> 任何人都不应当被否认受教育权。在国家行使其所承担的与教育和教学相关的任何功能的过程中，国家应当尊重父母确保此类教育和教学符合其自己的宗教和哲学信仰的权利。

40. 申请人还主张，她因失明而受到歧视性待遇，违反《公约》第 14 条规定：

> 对本公约所规定的任何权利和自由的享有应当得到保障，不应因任何理由比如性别、种族、肤色、语言、宗教、政治或其他观点、民族或社会出身、与某一少数民族的联系、财产、出生或其他情况等而受到歧视。

41. 政府对这些指控提出异议。

（二）《公约之议定书》第 2 条的适用

42. 在本案中，政府提到申请人希望入学的国家音乐学院拥有高等教育机构的地位，并提供为期四年的高等教育课程。此外，音乐学院还教授数学、物理和历史等学科，并提供选修课。因此政府接受《公约之议定书》第 2 条可能适用于本案范围。

43. 本院认为没有理由反对这一结论。尽管《公约之议定书》第 2 条不能解释为要求缔约国建立或资助特殊教育机构，但是任何已经设有这类机构的国家都有义务提供有效进入教育机构的机会。换言之，进入在具体时间内存在的教育机构学习，属于《公约之议定书》第 2 条第一句中所规定权利的组成部分（参阅“卡坦等人诉摩尔多瓦共和国和俄罗斯” ［大法庭判决］，编号 43370/04、8252/05 和 18454/06，第 137 段，《欧洲人权公约》，2012 摘录①，与判例法中的参考文献）。该条款同时适用于小学、中学和高等教育（见“蕾拉莎辛诉土耳其”

---

① 译者注，原文：*Catan and Others v. the Republic of Moldova and Russia* ［GC］，nos. 43370/04，8252/05 and 18454/06，§ 137，ECHR 2012（extracts）.

[大法庭判决]，编号 44774/98，第 134-136 段，《欧洲人权公约》（2005-11）① ）。本案中的学院主要提供艺术类教育，不构成排除评估其适用于《公约之议定书》第 2 条范围的理由。因此，申诉人的主张确实属于该条规定的范围。

……

（三）实体审理

1. 当事人陈述

a. 申请人陈述

45. 申请人主张，失明是音乐学院拒绝她就读的唯一理由，因此行政部门以不公平和歧视性的方式对待她。政府确认，在 2004—2005 年期间没有合适的基础设施帮助盲人接受教育，这与只要她提供了要求的完整文件就能完成入学的说法相矛盾（见下文第 48-51 段）。

46. 申请人还主张，她在规定的时限内提供了所有的必要文件。向音乐学院提交的医学报告充分说明了，她可以在不需要视力要求的音乐学院科系的接受教育。她还认为，其他入学学生的医学报告仅仅提到，（该生）“可参加学院”“可在大学注册”或“可在音乐学院学习”，因此拒绝让她入学登记并无切实的理由，只是基于她失明的事实，证明存在歧视。

47. 申请人申明，政府无视她受教育权的本质。申请人认为，音乐学院虽然曾经为提供盲人教育做过努力，但是考虑到其在 1976 年至 2004 年期间没有为盲人提供教育机会，政府也未能向社会所有成员提供平等的机会，从而未能履行在这方面的积极义务。

b. 政府陈述

48. 援引本院的判例法（案件“关于比利时在教学语言使用法律的某些方面”，1968 年 7 月 23 日，第 3-5 段，A 卷 6 号②；“高尔德诉联合王国”，1975 年

---

① 译者注，原文：*Leyla Şahin v. Turkey* [GC], no. 44774/98, § § 134-136, ECHR 2005XI.

② 译者注：原文为 *Case* “*relating to certain aspects of the laws on the use of languages in education in Belgium*” (merits), 23 July 1968, § § 3-5, Series A no. 6.

2月21日，第38段，A卷18号①；“科尔森、穆斯克·麦德森和皮德森诉丹麦”，1976年12月7日，第21、52段，A系列23号②；“坎贝尔和科森斯诉联合王国”，1982年2月25日，第41段，A卷48号③；“亚纳斯科诉土耳其”，编号14524/89，1993年1月6日的委员会意见，意见和报告第74段，第14页④；“科斯特洛罗伯茨诉联合王国”，1993年3月25日，第27段，A卷247C号⑤；“费叶德诉联合王国”，1994年9月21日，第65段，A卷No. 294B号⑥；比照适用“波德克尔兹那诉拉脱维亚”，编号46726/99，第36段，《公约》，2002年第2卷⑦)，政府解释，相关规定中能够在乐器演奏部门入学或登记入选考试的条件是“（具备）能够演奏入学相关乐器的体能”以及“没有任何身体残障，如妨碍在选定的科系接受教育”。根据这些规定，音乐学院的行政部门要求申请人提供一份医疗报告，以便让她登记入学。然而，申请人没能提供一份报告，说明她“符合在音乐学院学习的资格”。

49. 据政府称，争议中的规则合法且可预测，因为音乐学院录取了有天赋的学生和具体才能的人。此外，上述标准已经公布，可供公众查阅。相关规则没有明确排除盲人，不能构成对该类人群的歧视表达。

50. 政府认为，由申请人提供的报告称，她有能力在不需要视力的科系学习。这一点应当用以考量申请人受教育权的本质，是否以及在何种程度上受到侵犯，并且效力受到削减。

---

① 译者注：原文为 *Golder v. the United Kingdom*, 21 February 1975, 38, Series A no. 18.

② 译者注：原文为 *Kjeldsen, Busk Madsen and Pedersen v. Denmark*, 7 December 1976, § § 21 and 52, Series A no. 23.

③ 译者注：原文为 *Campbell and Cosans v. the United Kingdom*, 25 February 1982, § 41, Series A no. 48.

④ 译者注：原文为 *Yanaşık v. Turkey*, no. 14524/89, Commission decision of 6 January 1993, Decisions and Reports (DR) 74, p. 14.

⑤ 译者注：原文为 *Costello-Roberts v. the United Kingdom*, 25 March 1993, § 27, Series A no. 247C.

⑥ 译者注：原文为 *Fayed v. the United Kingdom*, 21 September 1994, § 65, Series A no. 294B.

⑦ 译者注：原文 *mutatis mutandis*, *Podkolzina v. Latvia*, no. 46726/99, § 36, ECHR 2002II.

51. 政府还主张，2004 年的音乐学院既没有为残障学生设置基础设施（指资源、设备和教学人员方面），也没有针对残障事务出台任何规定。对于申诉人称遭受歧视性待遇的指控，政府指出，歧视意味着在没有客观和正当理由的情况下，区别对待在类似情况下的人。“无客观和正当理由”意味着，对争议的区分并不追求合法目的，或在措施运用与目的实现之间没有合理的相称性（参见“塞迪克和芬斯诉波斯尼亚和黑塞哥维那”［大法庭判决］，编号 27996/06 和 34836/06，第 42 段，《公约》，2009 年①，以及“阿里诉联合王国”，第 42 段。第 40385/06 号决议，第 53 段，2011 年 1 月 11 日②）。政府当局还援引了本院关于缔约国享有的裁量余地的判例法（参见“安德烈亚瓦诉拉脱维亚”［大法庭判决］，编号 55707/00，第 82 段，《公约》，2009 年③）。政府结论表示了解法院与申请人指控内容相关的判例法，并且尊重法院的干预决定。

2. 本院意见

a. 一般原则

52. 关于受教育权，本院重申之前案例中的立场，这项权利在民主社会中对促进人权不可或缺，并发挥着根本性作用（见“维尔亚·维乐伍诉保加利亚”，编号 1632/07，第 33 段，《公约》（2014）④ ）。虽然在此基础上重复申明教育是现代国家最重要的公共服务之一，本院亦承认，教育活动组织复杂且开销昂贵，因此权力机构可投入的资源必然是有限的。在决定如何规范受教育的机会时，一个国家必须在一方面兼顾其管辖下的教育需要，另一方面兼顾其有限的容纳能力。然而，本院不能忽视的事实是，教育与其他公共服务不同，是一项享有《公约》直接保护的权利（出处同上）。

53. 法院重申，在解释和适用《公约之议定书》第 2 条的情况下，必须考虑到适用于缔约国之间的国际法相关规则和原则，并且《公约》应尽可能地按照其他构成国际法的规则加以解释（参见上文“卡坦等人案”，第 136 段）。因此，

---

① *Sejdić and Finci v. Bosnia-Herzegovina* [GC], nos. 27996/06 and 34836/06, § 42, ECHR 2009.

② *Ali v. the United Kingdom*, no. 40385/06, § 53, 11 January 2011.

③ *Andrejeva v. Latvia* [GC], no. 55707/00, § 82, ECHR 2009.

④ 译者注，原文：*Velyo Velev v. Bulgaria*, no. 16032/07, § 33, ECHR 2014 [extracts].

应该考虑《欧洲社会宪章》（*European Social Charter*）或《联合国残疾人权利公约》中规定教育权利的条款。最后，本院强调《公约》的目的和宗旨是作为保护个人的法律文书，其条款的解释和适用应据此提供切实有效的保障措施（出处同上）。

54. 关于反歧视，法院重申歧视是指，在无客观合理的原因下区别对待在类似情况下的人。“无客观合理的原因”是指，对问题的区分并不追求“合法目的”，或者“措施运用与目的实现之间没有合理的相称性”（参见上文引述的“塞迪奇和芬斯案”，第 42 段）。然而，《公约》第 14 条并不禁止缔约国通过区别对待不同群体，纠正他们之间的“事实不平等”。而且某些情况下，如果不使用区别对待措施纠正不平等的行为，可能导致触犯第 14 条［参见其他政府，“D. H. 等人诉捷克共和国”［大法庭判决］，编号 57325/00，第 175 段，《欧洲人权公约》（2007-4）① ］。缔约国在通过评估其他类似情况下差异的存在和程度，以评估其区别待遇合法性方面享有的裁量余地（参见瓦里纳托斯等人诉希腊［大法庭判决］，编号 29381/09 和 32684/09，第 76 段，欧洲人权法院 2013［摘录］② ）。

b. 相关原则在本案中的适用

55. 本院认为，申请人可能受到的歧视性待遇是她申诉的核心。因此，本院认为，首先应按照《公约》第 14 条的规定，结合《公约之议定书》第 2 条，对本案进行评估（参见类似做法，“欧瑟斯等人诉克罗地亚”［大法庭判决］，编号 15766/03，第 143-145 段，《公约》2010③）。本院重申，判例法中已经认定第 14 条的范围包括基于残障的歧视（见“格罗尔诉瑞士”，编号 13444/04，第 80 段，《公约》（2009）④ ）。

56. 本案申请人认为，音乐学院基于她失明的理由拒绝其入学申请是歧视。

---

① 译者注，原文：D. H. and Others v. the Czech Republic［GC］, no. 57325/00, § 175, ECHR 2007IV.

② 译者注，原文：*Vallianatos and Others v. Greece*［GC］, nos. 29381/09 and 32684/09, § 76, ECHR 2013［extracts］.

③ 译者注，原文：*Oršuš and Others v. Croatia*［GC］, no. 15766/03, § § 143-145, ECHR 2010.

④ 译者注，原文：*Glor v. Switzerland*, no. 13444/04, § 80, ECHR 2009.

针对这一点，法院认为，在本案关键时间内生效的多项立法都明确规定残障儿童的受教育权不受歧视。

57. 在上述前提下，本院还注意到，音乐学院的入学条件包括为接受教育提供合格的体检证明。因此，拒绝申请人在音乐学院接受教育的初步理由不是出自法律，而是基于学院规定。在这方面，法院还注意到伊斯坦布尔理工大学行政部门向国内法院提交的辩方陈述中称（见上文第 17 段），音乐学院无法接纳任何残障人士。

58. 因此在本案中，法院必须确定，该国是否裁定在专业音乐教育上，可以排除一类人获得这种教育。特别是，是否存在包括个人或群体在没有正当理由的情况下受到差于其他人待遇的情况，尽管《公约》没有要求给予任何人更有利的待遇（参见“格罗尔案”，第 73 段）。

59. 显然，正如政府所述（见上文第 49 段），音乐学院的入学规定中并没有排除盲人的条文。该规定也确实要求，所有音乐学院的入学申请人都需要提供身体健康状况的医学证明。然而，法院不能忽视该项规定对有身体残障的申请人的影响，特别是该学院解释规定的方式。

60. 本院认为，申请人确实向学院行政部门提供了关于她身体健康状况的医学报告，尽管该报告对其失明的情况提供了一项保留意见（见上文第 11 段）。然而，音乐学校拒绝了该报告，并进而要求起草报告的医务人员进行修订（见上文第 14、29 段）。因此，尽管学院试图证明拒绝申请人的理由是对方不遵守相关行政手续，特别是没有出具配备齐全的医院所编写的医学报告，但是本院考虑到所有上述情况，以及音乐学院院长给巴尔科伊医院的首席医务官的信函（见上文第 29 段），毫无疑问，申请人的失明是她被拒绝入学的唯一原因。

61. 此外，鉴于音乐学院获得了巴尔科伊医院首席医务官对医疗报告的必要修订（见上文第 21 段），本院认定申请人在任何情况下都无法满足体能相关的要求，因为这项要求显然是由学院来酌情释义。本院同时还注意到伊斯坦布尔医学协会理事会关于此事的批评（见上文第 29 段）。

62. 法院认为，政府已经裁定学院设立招生规则的合法性首先是为了招收有特殊才能的学生（见上文第 49 段）。虽然本院认为国内有关当局在认定申请人所需的才能方面有一定的裁量余地，但该争议在本案的情况下不成立。如果音乐学校的目的是为有特殊才能的学生提供教育，那么既然申请人在入学前已经通过了入学考试（见上文第 16、32 段），她已经证明自己具备所有相关能力。

63. 政府还主张，在本案关键时间内，音乐学院缺乏接纳残障学生的适当基础设施。

64. 法院重申，《公约》旨在保证权利的实际效力，而不仅仅是纸上空谈(参见其他有关当局“德尔・里奥・普拉达”诉西班牙［大法庭判决］，编号 42750/09，88 段，《公约》（2013）①，和“迪沃斯基诉克罗地亚”［大法庭判决］，编号 25703/11，82 段，2015 年 10 月；同时参见上文第 54 段）。本院再次重申，本案必须考虑到国际法和欧洲法律的变化情况，例如，任何正在形成的共识或希望达到的标准（比照适用“康斯坦丁・马尔金诉俄罗斯”［大法庭判决］，编号 30078/06，126 段，《公约》（2012）［摘要］②；以及“法里斯诉法国”［大法庭判决］，编号 16574/08，56 段，《公约》（2013）［摘要］③ ）。在这方面，本院认识到普世和不歧视的基本原则在行使教育权利方面的重要性，这些原则体现在许多国际文书中（参见“卡坦等人”案，同上引述，第 77-81 段）。本院进一步强调，这些国际文书承认包容性教育（inclusive education）④ 是保证上述基本原则的最适当手段。

65. 本院认为，对《公约》第 14 条的解读必须考虑到合理便利的规定——“是指根据具体需要，在不造成过度或不当负担的情况下，进行必要和适当的修

---

① 译者注，原文：*Del Río Prada v. Spain*［GC］, no. 42750/09, § 88, ECHR 2013.

② 译者注，原文：*Konstantin Markin v. Russia*［GC］, no. 30078/06, § 126, ECHR 2012［extracts］.

③ 译者注，原文：*Fabris v. France*［GC］, no. 16574/08, § 56, ECHR 2013［extracts］.

④ 译者注：现对 inclusive education 的译法存有争议。此处根据 CRPD 委员会“关于包容性教育权的第 4（2016）号一般性意见”译为包容性教育。该文件对包容性教育的解释为：“委员会强调，必须认识到排斥、隔离、融合和包容之间的区别。……融合是将残疾人安置在现有主流教育机构中的过程，前提是他们能够适应这类机构的标准化要求。包容是一个系统的改革过程，包括调整内容、教学方法、教育理念、结构和战略，以克服障碍，希望向同年龄段的所有学生提供公平和参与式的学习经历，以及最符合其需要和喜好的环境。将残疾学生安置在主流课堂而不辅以结构改革，例如组织、课程和教学战略上的调整，谈不上包容。此外，融合未必能保证从隔离向包容过渡。”

改和调整”——确保残障人有权在“与其他人平等的基础上享有或行使一切人权和基本自由”（《残疾人权利公约》第 2 条）。合理便利的存在有助于修正由不正当的事实性不平等造成的歧视（见上文第 54 段）。

66. 本院认可每个孩子都有其特定的教育需要，这点对残障儿童尤其适用。在教育领域，法院承认合理便利可能采取多种形式，不论是身体还是非身体、教育性或组织性上的，比如学校建筑的无障碍、师资培训、课程适配或合理的设施。在这种情况下，本院无意定义满足残障儿童的教育需要资源的范围。由于能直接和持续地接触到本国的重要力量，一国当局应当能比国际法庭更好地评价当地的需要和相关条件。

67. 然而，本院认为缔约国应考虑到对残障儿童的影响，特别是残障儿童特殊的脆弱性，而谨慎作出相关决定。因此，本院认为基于残障的歧视也包括拒绝提供合理便利。

68. 本案案卷显示，任何阶段的国内有关当局没有试图了解申请人的需要，或尝试解释失明为何会阻碍她获得音乐教育。他们也从来没有考虑过通过空间改造来适应申请人由于失明提出的特殊教育需求（比较参阅“麦金泰尔诉英国”，编号 9046/95，1998 年 10 月 21 日委员会意见，未发表①）。本院只能指出，自 1976 年以来音乐学院并没有尝试采用适应盲生的教学方法。

69. 基于上述考量，本院认为，音乐学院拒绝申请人入学纯粹是基于她是盲人的事实，而且国内当局在任何阶段都没有考虑到使用合理便利，让她能够在该机构接受教育。在这种情况下，法院认为申请人在没有任何客观和正当的理由下，仅仅是基于她的视力残障被拒绝入学音乐学院。因此，本案违反《公约》第 14 条连同《公约之议定书》第 2 条。

……

综上所述，本院判决如下：

……

---

① 译者注，原文：cf. *McIntyre v. the United Kingdom*, no. 29046/95, Commission decision of 21 October 1998, not published.

2. 裁定本案构成违反《公约》第 14 条连同《公约之议定书》第 2 条。

3. 根据本院《法庭规则》第 77 条第 2 项与第 3 项规定，本判决书以法文拟就，于 2016 年 2 月 23 日以书面通知。

评　论

浅谈天宝·葛兰汀的成才之路对支持性就业发展的启示
——观电影《自闭历程》有感

尤梦菲*

摘　要：中国大陆对于发展障碍人士的支持性就业不够普及，且就业形式单一，一些有一定学历和能力的高功能障碍者很难找到与自己才能相匹配的工作。美国畜牧科学家天宝·葛兰汀儿时被诊断为自闭症，并被医生建议送至慈善机构终生托养，天宝的妈妈并没有听从医生的建议，并且天宝一路上遇见了一些人充满创见的支持与帮助，最终取得杰出的成就。借鉴天宝·葛兰汀的成长故事，支持性就业应该侧重支持障碍人士创造实现自我价值。

关键词：支持性就业　发展障碍　天宝·葛兰汀

一　天宝的成长过程及启示

美国畜牧科学家天宝·葛兰汀（以下简称“天宝”）1947年出生于美国波士顿，小时候被诊断为自闭症——一种发展障碍，在社交、语言、感知觉、情绪行为等方面面临着挑战，并被医生建议送至慈善机构终生托养，但是出人意料的

* 尤梦菲，社会融合倡导者，北京外国语大学与英国博尔顿大学联合培养全媒体国际新闻硕士专业研究生，微信公众号“阿斯伯格互助家园”编辑，个人微信公众号“鹤谷阁主人”。

是，天宝最终成为一名畜牧学家，她的发明创新影响了美国的畜牧系统。以下将分析天宝的成长过程及启示。

（一）千里马需要“伯乐”——慧眼识才能够助力成长

唐代的韩愈指出“世有伯乐，然后有千里马。千里马常有，而伯乐不常有”。在普通人看来，一匹马不善于拉车，而伯乐却能看到这匹马可能有着作为战马的潜质，同时也能看到这匹马的特殊需求没有得到满足——“食不饱，力不足，才美不外见”。

为什么说伯乐不常有？因为随随便便指出一匹不善于拉车的马可以当战马很容易，但比起拉车，这匹马是否真的善于当战马，这匹马发挥作用的地方究竟在哪里，这就需要很高的洞察力。而且不是洞察到就够了，还需要发现这匹马的特殊需求并提供支持。

同样，每一个人在不同的人眼中是不同的样子。这个人不论是健康或是有着障碍，一定有着属于自己的个性与长处。“伯乐”对于人的重要性正是在于发现一个人的潜力所在，使这个人拥有更强的自我效能感。特别是当一个人长期处于低谷，被看作弱势群体的时候，更加需要“伯乐”指明方向，照亮前途。

天宝的早期人生有三个重要转折点：幼年时期从“低能儿”到“正常入学”，少年时期从“问题学生”到“科技能手”，青年时期从迷茫到找到方向。三个转折点都少不了“伯乐”的作用。

1. 天宝的母亲——让一个被医学专家看做“低能儿”的孩子活在“正常的”世界

在天宝的人生经历改编的电影《自闭历程》中①，天宝4岁的时候还不会说话，医生给出的建议是“送到慈善机构终生托养”。但是，天宝的母亲并没有听从医生的建议，坚定地选择继续教天宝。

天宝的母亲相信天宝的能力，不把天宝当作“有问题的”孩子看待。天宝在著作《社交潜规则》中说道：“在我小时候，除了一些严重的问题行为之外，妈

① 《自闭历程》是由HBO有线电视频道发行的剧情片，于2010年2月6日在美国上映。

妈从不会因为我有孤独症而降低要求，她认为我有能力去适应社会。”① 天宝的妈妈也能看到天宝的特殊需求：“她能分辨出我的歇斯底里行为哪些是由于疲惫，哪些是由于感官上的过度刺激（如果是这种情况，我就不会被惩罚），哪些是我没有尝试，而哪些只是我在耍‘个性’。”②

天宝的母亲能够相信天宝的能力，并在天宝有特殊需求的方面给予支持。天宝顺利上完了小学。

天宝的母亲非常尊重天宝展现出的兴趣和能力。“我从小就对艺术感兴趣，父母也为我提供了多种艺术原料，我也因创作而得到表扬。记得一次，我画了一幅沙滩码头水粉画，妈妈竟然将它很专业地装裱起来。”③ 天宝的母亲会很好地保护天宝的兴趣，不会用剥夺促进天宝天赋发展的活动（如画画、缝纫）作为惩罚④。值得一提的是，天宝的母亲并没有武断地把天宝作为“绘画天才”进行吹捧，或是立即安排她进行全职缝纫工作，也就是说，天宝的母亲并没有早早地以自己的意志代替天宝本人设定天宝的人生方向。天宝小时候善于画画，青少年时期做过缝纫的兼职工作，这些都对天宝的信心与社会能力发展带来帮助，而广阔的视野使得天宝在很多年之后能够找到畜牧学这个领域，并用自己的视觉思维作出别具一格的创新。

2. 天宝的高中科学老师——让一个被拒绝的学生展现出独特才华

电影《自闭历程》中，天宝高中的时候被学校退学，新的寄宿制学校也因为天宝行为古怪而试图拒收天宝，但是这所学校的科学老师卡洛克（Carlock）先生——也是一位火箭科学家，看出天宝有独特的潜质，力排众议接收天宝，并说“不同，并非缺陷（different，not less）”。

---

① ［美］天宝·格兰丁、肖恩·巴伦：《社交潜规则》，刘昊、付传彩、张凤译，华夏出版社 2013 年版，第 3 页。

② ［美］天宝·格兰丁、肖恩·巴伦：《社交潜规则》，刘昊、付传彩、张凤译，华夏出版社 2013 年版，第 3 页。

③ ［美］天宝·格兰丁、肖恩·巴伦：《社交潜规则》，刘昊、付传彩、张凤译，华夏出版社 2013 年版，第 14 页。

④ ［美］天宝·格兰丁、肖恩·巴伦：《社交潜规则》，刘昊、付传彩、张凤译，华夏出版社 2013 年版，第 14 页。

在学校，天宝受到同学们的嘲笑和欺凌，也成为老师们眼中的“问题学生”，特别是代数老师和法语老师对天宝意见很大，而卡洛克则向他们展示天宝的视觉思维，展示天宝画的图。

面对天宝的情绪问题，卡洛克用科研的思维与天宝对话，指导她用探究科学问题的方式了解自己与他人。

“在这所学校，我依然吊儿郎当不爱学习，直到遇到卡洛克先生。他是我的科学老师，他找到了激励我学习的窍门。他把我的刻板行为转移到对科学的兴趣上，并为我设定了学习目标——成为一名科学家。我对这个目标深信不疑，并为此不断学习。”①

卡洛克对天宝独特思维的发现，使得天宝有了前进的动力。卡洛克并没有替代天宝规划具体的方向，而是用自己的见识告诉天宝，一切兴趣都有可能深入下去，他相信天宝的能力。

电影《自闭历程》中，天宝和卡洛克有这样一段聊天对话。

> 卡洛克：“天宝，你有非常特别的思维，你知道吗？你看世界的方式别人做不到，那是相当的优势。你知道吗？如果你不是如此呆头呆脑，而且你开发你的才智，你可以轻松地上大学。”
>
> 天宝：“我到大学干什么呢？”
>
> 卡洛克：“以你的才智，可以做任何你想做的。只是选个课题。”
>
> 远处一头牛正在吃草，天宝看了过去，“牛。有学关于牛的大学吗？”
>
> 卡洛克：“有。还有马、猪、山羊和绵羊……它被称作‘畜牧业’(Animal Husbandary)。”
>
> “Husband”是丈夫的意思，天宝的眼前浮现出画面，一个牛仔和一头牛穿成新郎和新娘的样子，教堂的钟声响起。天宝笑了。
>
> 卡洛克：“处理关注动物的学科。真的，任何你想要学的，你可以研究人，心理学。”

---

① ［美］天宝·格兰丁、肖恩·巴伦：《社交潜规则》，刘昊、付传彩、张凤译，华夏出版社 2013 年版，第 15 页。

天宝："我将开始理解人？"

卡洛克："好吧，那是个点子。"

在卡洛克与天宝的对话中，卡洛克表达欣赏、提供信息、赋予能量，启发天宝了解畜牧业并逐渐以此作为职业方向。天宝也通过心理学理解人情世故，不但找到了自己与世界相处的方式，也写了很多有关自闭症的文章和书籍。

3. 天宝的姨妈——用灵活的思维启发弱势、捍卫优势

在天宝的成长路上，姨妈也有着重要的影响。天宝的姨妈生活在农村。在姨妈家，天宝接触了各种家畜。这奠定了天宝日后深度钻研畜牧学的基础。

正如天宝在《孤独症大脑——对孤独症谱系的思考》中写道："如果当年不去我姨妈家的农场，我就不知道自己会对牛感兴趣。高中的实验心理学课程中有大量的视觉错觉实验，让我对心理学和牛的行为产生兴趣。"①

在电影《自闭历程》中，天宝高中毕业暑假在姨妈家的农场生活。在农场，天宝善于发现生活和生产中的不便，并提出了许多奇思妙想来解决这些问题。姨妈有着灵活的思维，当天宝还不能接受来到新房间的时候，姨妈换了一种思路，写下"天宝的房间"并且贴在门上，使天宝平静了下来。那时天宝对自己的情绪尚且缺乏感知，姨妈就把天宝在不同情境下的表情拍成照片，教天宝识别了情绪，并且能够更顺利地掌控自己的情绪。

农场里，天宝受到农场里牲畜用的挤压机的启发，自己造出了"拥抱机"，在情绪不佳的时候为自己提供深压觉刺激，让情绪稳定下来。可惜天宝的大学不允许天宝在学校使用这台机器，毁了她的机器。姨妈支持天宝重新造出机器，并送天宝去学校，与学校领导据理力争，为天宝争取了对机器进行实验的机会。这台机器使得天宝能够处理自己的情绪和感官上遇到的挑战，顺利读完大学。

如果没有姨妈的灵活思维和对神经多样性的自然接纳，天宝将失去很多次了解与自己相处、与他人相处的机会。姨妈的支持，无疑是很重要的，这种支持并

---

① ［美］天宝·格兰丁、理查德·潘内克：《孤独症大脑：对孤独症谱系的思考》，华夏出版社 2016 年版，第 182 页。

没有让天宝变成“弱势群体”，而是让天宝得到更多能量，学会做更加强大而独立的自己。

（二）尊重成长节奏，方能静待花开

在生物医学模式下，一类与众不同的人群从小被贴上“自闭症”的标签。随着意识的普及，越来越多的孩子从小被贴上标签。“自闭症”本来只是个医学术语，却被解读出更多的含义，比如，加入任何一个自闭症讨论群，几乎都可以看见一些小龄孩子的家长讨论未来怎么办，感觉未来非常昏暗。

而在二十年前，很少有人知道自闭症。笔者接触到十余位年龄在 20~50 岁的成人，或是自诊为自闭症谱系障碍，或是专业诊断为自闭症谱系障碍，或是因为自己的后代得到诊断才发觉自己也有着谱系的特质。他们都曾遇到过不少困难和挑战。这些成人努力适应着现实，寻找着自己的出路。如果不深究童年，一部分人目前已经不符合诊断标准，但不可否认的是他们从小因为自闭症谱系障碍而面临比别人更多的困难和挑战。另一部分人小时候的“症状”相当严重，至今也仍然面临自闭症谱系障碍带来的挑战。这些成人，包括社会适应良好的成人，他们的障碍并没有被治愈，但是随着经验的积累，他们找到了方法，不断突破以往的能力，拥有越来越强的社会适应性，并有着自己的优势和独特经历带来的独到的人生见解。

天宝也是这样一个例子。4 岁的天宝不会说话，对他人缺乏兴趣，她的诊断并非是高功能发展障碍。青少年时期的天宝也曾经因为严重的情绪障碍而不能适应学校。从童年，到青少年，再到成年，天宝的变化很大。自闭症谱系障碍属于发育障碍，这意味着自闭症谱系人士有着自己的成长节奏。

“拔苗助长”原意为一个农夫为了让禾苗快点长高，就把它们拔高，结果禾苗枯死了，比喻为急于求成，反而坏了事。在教育领域，“拔苗助长”经常被用来比喻急于让孩子成长，而打乱了孩子本身的成长节奏。不同的植物有着不同的成熟速度，不同的动物也有着不同的成熟速度，不同的人同样有不同的成熟速度。虽然每个人的成熟速度不同，但每个人都是在不断成长的。急于求成并不能真的让一个人的成长速度加快。

从在社会上毫无立足之地到成为杰出人士，天宝用了很多年的时间。从高中到博士毕业，十几年间，人可以有很大的成长空间。

在天宝的年代，高中以上的教育并非像现在一样普及。假设天宝初中毕业的时候就进入全职工作，那么天宝出现的问题将会有很多，有情绪的问题，也有理解力的问题等。假如在那时立刻以全职工作为目标，对天宝进行帮助和支持，天宝也许可以勉强适应，但是也因此失去了继续探索的时间，很难有如今的成就。而博士毕业的天宝到了一定的年龄，这个过程中不断地在实践中接触社会，当年的“问题”渐渐不再是问题。天宝的经历给予支持者的启示是，发展障碍人士成长比普通人慢，但同样在不断成长，应该看到发展障碍人士的发展阶段，不要因为目前的“问题”而定性，也需要接纳此时此刻的“幼稚”，恰当推动，不要带着居高临下的态度急于纠正，应循序渐进地等待与促进成长。

二　从新的角度看待“支持性就业”与人生规划

（一）支持性就业的社会意义

美国联邦政府在 1984 年通过的《发展障碍残疾人援助和权利法案》，对支持性就业进行了如下说明：“支持性就业属于有薪水的就业形态。因为工作者的障碍导致他们不太可能得到竞争性的就业机会，因此需要持续的支持来协助他们维持工作场所中的表现。支持性就业可以在各种工作场合实施，最好是和一般非残障者共同被雇佣的场合。所谓持续性支持，可以利用任何活动来帮助其维持有薪水的工作，包括长期的督导、训练和交通协助等。”《残疾人支持性就业的国际经验及本土化策略》一文总结道：“可见，对于无法由一般残疾就业辅导顺利就业的残疾人，可以透过支持性就业服务来帮助他们。因此，支持性就业是针对具有就业意愿，但就业能力尚不足在竞争性就业市场工作的残疾人，由就业辅导员长期且持续地提供个别化就业安置、训练及其他工作协助等，在一般公司或企业中从事领有合理薪资的工作，且薪资与劳动条件均符合相关劳动法规的规定。”①

① 周姊毓：《残疾人支持性就业的国际经验及本土化策略》，载《现代特殊教育》2016 年第 3 期。

中国大陆的支持性就业刚刚起步。2017 年，北京市残联出台了《北京市残疾人支持性就业服务办法（试行）》。《支持性就业：让残疾人就业实现闭环》一文认为，与传统的庇护性就业相比，支持性就业的好处非常多，包括满足障碍人士的就业需求，有利障碍人士建立积极的人际关系，让雇主认识到障碍人士的实际能力和贡献等等，对整个社会来说，支持性就业可以使障碍人士成为社会经济发展的积极力量。①

（二）支持性就业应该以平等尊严为方向

当今是一个教育越来越普及的时代，年轻人的平均学历越来越高。高学历意味着更加广阔的职业选择，更加高薪、更加需要专业技术的就业机会。但是对于高功能发展障碍人士来说，即使取得了社会平均甚至更高的学历，却得不到同等的就业机会。职场中日益强调的社交、语言理解、反应速度等都给发展障碍人士带来巨大挑战，他们因此得不到充分发挥才能的机会，收入也较低。

随着科技的发展，越来越多的职业由于简单、机械而逐渐开始被人工智能取代。普通教育愈发强调创新能力，可是这一切几乎与发展障碍人士无缘。支持性就业仍然局限于一些简单、重复的工作形式。这更像是一种怜悯，而不是平等赋能。

天宝的特别之处在于，抛开“自闭症人士”这个标签，她对社会仍是有很大贡献的，她的职业生涯与普通人的职业生涯一样，她真切地实现人生价值，而不是靠他人的怜悯和帮扶。天宝有着卓越的创新能力，即使她生活在今天，她的贡献也不会被机器替代。

天宝并不是靠“勤能补拙”让自己越变越像非发展障碍人士从而取得成功，天宝的创新精神来自她比别人有着更多挑战，也来自自闭症谱系带给她的不同的视角——她自然而然地想到从牲畜的视角感受现有的畜牧系统，发现问题并加以改进。

天宝的各位“伯乐”一直在用创新的视角和方法对待天宝，这种创新精神传递给天宝，也是一种别样的支持。除去母亲和姨妈的家庭支持，像科学老师卡洛

① 《支持性就业：让残疾人就业实现闭环》，载《西城残疾人》2018 年第 6 期。

克先生这样来自外界的支持，则是帮天宝找到了自己，以及帮天宝找到了不断认识世界的方式。

从天宝的经历中，我们可以看到平等尊严的就业，需要打破“优势”与“缺陷”的刻板印象，从个人的特点中找到合适的定位。

(三)“发现自我”对于平等尊严来说很重要

如果一个人要获得来自他人发自内心的尊重，首先这个人自己对自己需要是尊重、接纳的。尊重自己、接纳自己的前提是认识自己，知道人可以是多种多样的。

一个人认识自我或早或晚。天宝在高中时期遇上卡洛克先生，从而产生了质的改变，换另一个人也许没有这样的机缘，但是当支持性就业介入的时候，如果能给予类似的支持，这个人同样有可能在二十多岁或者三十多岁时认识自我。当一个人处于混乱状态的时候，需要的支持是有人帮助他认识自我，找到自我。否则，不知道自己喜欢什么，想要什么，则难以找到发挥自我价值的地方。

一个没有找到自我的人，不论是否有障碍，都很难在这个状态下找到在社会上的地位。自己尚且不认识自己，更何谈输出哪种价值。这时的支持性就业，与庇护性就业相比，唯一的不同点只在于环境中是否有非残障的同事。如果要实现真正平等地支持性就业，就有必要参考普通青年走上社会、得到指导的历程。在中职生、高职生以及大学生的职业生涯辅导中，“自我认知”经常被提及，而多元智能理论、霍兰德职业测试等，则提供了一些工具和方法论，使得青年人能够更好地认识自己。① 例如霍兰德职业测试将职业人格分为6个类型：实际型、研究型、艺术型、社会型、企业型、传统型，对于个人职业生涯规划和企业的人职匹配来说，了解职业人格类型都很重要。而对于发展障碍人士来说，支持者更是需要破除社会的“信息障碍”，以无障碍的方式引导他们了解自我，帮助企业更

① 何文栋：《职业生涯发展规划从自我认知开始》，载《科教文汇（上旬刊）》2015年第322期；魏蔚：《多元智能理论对高职职业生涯规划教育的启示》，载《教育与职业》2017年第10期；时树奎：《霍兰德理论在大学生职业生涯辅导中的应用》，载《教育教学论坛》2012年第12期；陈彦宏：《霍兰德职业人格测试在大学生就业指导中的应用》，载《中国成人教育》2016年第5期。

好地设计职位，实现人职匹配。

三 支持性就业不应仅仅局限在传统意义上的“就业”

对于每一个普通人来说，选择职业方向也是一件值得深思熟虑的事。年轻人可能会尝试多种选择，以找到真正适合自己的工作领域和工作方式。如果真正做到支持一个有障碍人士就业，其实做的是一份非常高明的工作，不仅要具有人生规划师的眼光，从一个人展现出来的重重细微的特质当中，见微知著，来帮一个从前不被他人认可的人找到自信，进而找到自己的人生方向，而且还需要了解特殊需求人士，能够与特殊需求人士相处和有效沟通。

支持特殊需求人士就业，首先是支持一个人就业，其次才是支持一个有特殊需求的人就业。“人”应当放在“障碍”前面，支持性就业应当顾及发展障碍人士、企业、客户的人文特征，良好的匹配应当让相关方都获益，既不是让企业勉强救济一个残障人士——这样发展障碍人士也丧失独立的人格尊严，也应当避免只关注发展障碍人士就业本身而忽视整个人的发展，使人成为“工具”。

（一）打破框架迎接适性多元——全职、兼职、创业与自由职业

就业让一个人展现自己的价值并得到相应的收入。广义来说，无论这种方式是否传统意义上的“上班”，只要一个发展障碍人士能够得到足以养活自己的收入，家长便无后顾之忧，而发展障碍人士本身也有成就感和尊严感。比起 8 小时工作制，现在的年轻人普遍越来越追求多元化的就业方式，如创业、兼职和自由职业。笔者认为，从权益平等的角度，发展障碍人士同样有权了解多种就业方式，对某一种就业方式表示自己的好恶，并选择适合自己的就业与生活方式。比如天宝选择做一名自由职业者，在职业生涯的头二十年是一名自由设计师，自由职业帮天宝避免了许多社交上的问题。40 岁之后，天宝在大学当兼职教授，同时继续自由职业。

发展障碍人士需要的是了解不同职业方式、能够给予可靠指导、并且了解障碍人士特殊需求的顾问。如同天宝在《你好，我是阿斯伯格员工》的序言中说道，对于一些自闭谱系人士来说，尽管读到了社会平均甚至更高的学历，有自己

的兴趣，可以独自保持专注，可是坐办公室，保持 8 小时的社交形象并忍受他人的走动和其他声音、光线的变化，却令他们筋疲力尽，不在状态。笔者认为，他们需要的是有人辅导他们扬长避短，如改全职为多份短时间兼职、创业或自由职业。①

对于一些有着不错学业和生活自理能力的谱系人士，如果他们本人愿意的话，为与他们有共同需求的小龄自闭症儿童，做关于学业和生活自理方面的教学培训，也可以成为一种生存方式。那么他们需要的支持，或是分工合作，则是协助他们完成联系客户、定价、完成收费、教学准备、服务跟进等。

支持选择何种就业方式，关键在于找到与一个人的天性相契合的就业方式并进行支持。有的人就喜欢按部就班的 8 小时上下班，那是一种幸福，但是对于另外一些人来说，8 小时上下班就不幸福。包容发展障碍人士，提倡多元，那么就业的形式也需要多元化。普通人需要的多元化，发展障碍人士也需要。发展障碍人士需要帮助他们实现梦想的顾问、教练与助理。

（二）注重可持续发展——就业也是一种终身学习

对于个人来说，终身学习可以提升自己的能力和收入，满足更高的精神需求；而对于企业来说，培养员工则可以增加这一名员工的胜任力和贡献力，有助于企业的发展。

发展障碍人士的职业生涯中，同样需要通过终身学习来提升能力，更好地胜任一个领域，甚至成为这个领域的重要角色。以天宝为例，天宝在工作中一直有新的发现、新的成就，一直有新的收获。在专业方面，天宝走得越来越高，成为专家。而在社会方面，天宝领悟了越来越多道理，写下了《社交潜规则》《孤独症大脑》等书。

但是也必须注意到，天宝的工作需要前期足够的学术基础。如果天宝在初中或者高中毕业时候立即全职就业，就不一定会找到这个属于她的方向。天宝从

---

① ［美］露迪 · 西蒙：《你好，我是阿斯伯格员工》，朱宏璐、杨辉、青于兰译，华夏出版社 2016 年版，第 3~8 页。

12 岁开始做一些兼职工作，参与到社会当中，选择过不同的职业①，但是并没有直接确定未来方向，在找到方向之后又用了很多年学习。另一个人可能不适合像天宝一样读高学历，但是也需要很多年来学习，学习自己要学习的东西，使得自己有一些特长。

支持性就业需要考虑终生学习和可持续发展。如果这份工作与人生理想相吻合，工作过程中就需要不断培养深造，铺设职业发展前景。而如果这份工作与人生理想不吻合，则这份工作只是过渡，在此过程中安排出时间和精力进行学习，为将来的理想工作做准备。

（三）推广项目化学习——加强学习和就业间的联系

“基于项目的学习”（简称项目化学习）来源于英文 Project Based Learning（简称 PBL），它是一个系统的学习方法。在项目化学习中，学生参与到延展性的、复杂的、真实的问题解决中，接受挑战，主动探究，创造出某件作品并完成重要知识的学习。②

项目化学习越来越受到人们的欢迎。当发展障碍人士在解决实际问题或从事具体项目的团队中接受学习培训时，他们不但培养了自己的专业技能，而且还形成了团队工作技巧和沟通网络。电影《自闭历程》中，天宝的科学老师卡洛克先生引导天宝在解决实际问题中学习科学知识和人际社会知识，正是一种“项目化学习”。

“项目化学习”不仅有助于更好地理解，同时为学习与工作建立纽带。传统的“填鸭式教学”中，年轻人从学校到工作都需要一段时间才能适应，而对于自闭症谱系人士来说，适应这种变化则更加困难。学习与工作甚至看似对立，学习就没有收入，而工作则没有时间和精力学习。变填鸭式学习为项目化学习，每一段学习的过程中，像工作一样接触社会，了解社会，探索社会。从在社会上找不到一席之地，到找到自己在社会中的位置，这是一个需要学习的过程，需要的是

---

① ［美］天宝·格兰丁、肖恩·巴伦：《社交潜规则》，刘昊、付传彩、张凤译，华夏出版社 2013 年版，第 123 页。

② 许萍：《项目学习，让学习真实发生》，载《中国教师》2016 年第 10 期。

项目化学习。而且，学习同样是一个可以产生结果和收入的过程。在胜任工作之前，合理地安排学习并把学习成果转化为收入，而胜任工作之后，逐渐过渡到行为导向的培训，促进企业建立多元化培训方式。就业的过程，支持发展障碍者逐渐成为对企业有用的人才，也支持发展障碍者实现终身学习、可持续发展。

四 结论与建议

天宝能够实现自己的理想创造人生价值，并对社会有较大的贡献，既得益于遇到慧眼识人的“伯乐”，又因为尊重了成长节奏，循序渐进。天宝的经历带给支持性就业的启示在于，注重平等尊严，先通过引导发展障碍人士认识自我来找到尊严；支持性就业不应该仅仅局限于传统意义上的就业，而应该更广泛地关注多元化的就业形式，以及关注个人的学习和发展，和心理上的支持。

如果要在实际上做到以上这些，笔者建议将支持性就业分为以下四个步骤：

第一步，观察被支持者特质并进行人生学习与成就系统规划设计。

不论被支持者起点的高低，都可以透过细节来洞察到他的个性特质以及可能的未来，如果有条件的话，这一步甚至应该从小进行。洞察到特质之后，以被支持者自己的意愿为主，支持者给予更多信息供其参考。例如天宝喜欢牛，这是她自己的意愿，而科学老师卡洛克先生则向天宝提到这个有关的领域叫做畜牧业。

第二步，项目化学习+心理放松活动。

在找到一个大致的方向之后，结合以上现实的评估便知道，有很多地方需要学习，通过学习可以从现阶段的能力达到新的能力，为就业做好准备，而项目化学习是值得提倡的学习方式。此外，发展障碍人士之前可能有过一些心理创伤，或者习得性无助，通过心理放松来重获自信迎接挑战也是必要的。

第三步，项目化学习+兼职工作+学习时间精力管理。

项目化学习继续进行的过程中，需要越来越多地介入真实职业场景体验，这时可以让被支持者做一些兼职工作，一是便于及时学习调整，二是有助于被支持者更好地了解自己的时间精力分配倾向，为更好地胜任工作以及选择就业方式做好准备。

第四步，多元方式就业+合理便利+社群交流+困惑咨询。

根据被支持者的意愿，选择全职、兼职、创业或自由职业等就业方式，支持者提供恰当的支持，直到被支持者可以在撤出支持的情况下，依然胜任这种就业方式。倘若在企业当中就业，支持者帮被支持者申请合理便利，并引导被支持者自己探索自己所需要的合理便利方案。在就业过程中保持社群交流。此外在面对风险或变动，比如企业搬迁、离职等，当发展障碍者难以应对这些变动的时候，支持者及时提供相关困惑的心理支援，让被支持者在需要的时候能够找到困惑咨询服务。

最后，希望高功能发展障碍者可以更好地实现人生价值，重度发展障碍者的支持性就业也可以有所参考，让人生快乐、幸福、自主、有成就感。

Abstracts

Disability, Law and Society

Convention on the Rights of Persons with Disabilities: Practice and Experience in China

Zhang Wanhong, Liu Yijun

Abstract: By reviewing China's practice through the lenses of the Convention on the Rights of Persons with Disabilities, the essay summarizes China's experience in performing the convention in the following ways: In terms of the disability model, China is transforming from a medical model to a social model. As for anti-discrimination and reasonable accommodation, China has established the principle of "prohibition on discrimination against disability", however, specific regulations on discrimination are still lacking; and the successful experience of reasonable accommodation in National College Entrance Examination needs to greatly expand. Besides, to promote equal recognition before the law, China has been addressing the issue of alternative decision-making and has fostered assistant decision-making. In education, China highlights the development of special education, and has started to focus on inclusive education, actively increasing the enrollment rate of children with disabilities. Finally, regarding disability employment, China has improved the proportional employment system and begins to explore supported employment.

Keywords: Convention on the Rights of Persons with Disabilities; China; Disability

Statistics Analysis Report on the Data of the Personal Safety Protection Order of Persons with Disabilities in Domestic Violence

Liu Jiajia

Abstract: Since four-year implementation of the *Anti-Domestic Violence Law of the People's Republic of China*, there have been 17 public personal safety protection order rulings related to persons with disabilities. Based on 17 valid cases, a statistics analysis of the causes of action, the gender of the applicant, the relationship between the applicant and the respondent, the type of disability of the applicant, the relationship between domestic violence and disability, the number of alarms, the public security warning letter, the type of domestic violence evidence, ruling results, and ruling measures is made. It is found that persons with disabilities face problems in applying the personal safety protection order. More cross research on disability and domestic violence is needed.

Keywords: Disability; Domestic Violence; Personal Safety Protection Order

Research on the Right to an Accessible Environment from the Perspective of Environmental Justice

Yao Tianchong, Zhou Zida

Abstract: The right to an accessible environment is to provide material facilities, information data, public services and other conveniences for persons with disabilities and other broad subjects in all aspects of social life, enable persons with disabilities to better integrate into social life and enjoy the right to a healthy and comfortable environment. As a due right, the right to an accessible environment plays an important role in guaranteeing the independent and accessible life of persons with disabilities. The theory of environmental justice aims to solve the problems of fairness and justice in social life. The application of the theory of environmental justice in the field of protecting the rights of persons with disabilities consolidates the theoretical foundation of the right to an accessible environment as the due right, and solves the practical predicament that the right to an accessible environment becomes the legal right. Therefore, we can realize the protection of right to regeneration for persons with disabilities through the human rights and environmental right of the environmental justice theory.

Keywords: Environmental Justice; Right to an Accessible Environment; Human Rights; Right Attribute

Logic and Reflection on Legal Guarantee of Accessible Life for Persons with Disabilities

Li Qundi

Abstract: For persons with disabilities, accessible life means a kind of interest, which should be protected by law and recognized as the special rights and interests of persons with disabilities. Legal protection of social vulnerable groups is not only the symbol of legal civilization, but also the value orientation of good law, which is more in line with the basic meaning of legal justice. Based on the historical position of protecting and relieving the social vulnerable groups and the increasing voice of protecting human rights, legal protection of rights and interests of persons with disabilities in accessible life is an important legal basis and premise to guarantee the equal inclusion into social life and the pursuit of a better life for persons with disabilities. In order to effectively protect the rights and interests of persons with disabilities, we need to focus on legal protection and concept identification. And the core issues should be to strengthen system protection, confirm the rights and interests of accessible life for persons with disabilities, unblock the specific rights relief channels of persons with disabilities, reduce relief costs, build a consensus mechanism of respect and identification, and raise awareness of rights of persons with disabilities.

Keywords: Persons with Disabilities; Accessible Life; the Generative Logic; Legal Guarantee

Disability and Education

Standing in the "Gap": Reflections on the Path to Improving the Accessibility of a Vocational College

Wang Yongzhi, Shuai Zongqi

Abstract: Focusing on the improvement of accessible environment in schools, through the concept of action reflected in action research, the practical wisdom is abstracted. The word "gap" is used as a metaphorical expression to compare the methods and strategies developed by the work team and divide them into three levels. First, the action must have an opportunity to stand in the "gap". Low fertility gives an important starting point. Second, to dig the "gap" in work practice, and try to find a way to penetrate the "gap". Third, looking for the "gap" is the core of action development. The subject's initiative will reflect the precious value of resistance and autonomy under the constraints of discipline in the system. Thus, improvements in accessibility can only be achieved in schools of this condition.

Keywords: Action Research; Inclusive Education; Accessible Environment

Disability and Employment

The Alienation and Optimization of the Proportional Employment System for Persons with Disabilities in China

Li Xuehui

Abstract: The proportional employment system is an important way to expand employment opportunities for persons with disabilities. China's employment policy for persons with disabilities has gone through the process from centralized employment to decentralized employment, and proportional employment has become one of the mainstream forms of employment of persons with disabilities in urban areas. This study evaluates the actual effectiveness of the proportional employment system based on public data from employing units. It turns out that the effectiveness of the proportional employment system is limited. The practice is alienated into the reality that employing units choose fines rather than employment, and fake the employment, and the policy subject pays attention to fines rather than employment services. The government's responsibility should shift from increasing employment opportunities to offering supportive services in the workplace and optimizing the proportional employment system.

Keywords: Proportional Employment System; Alienation; Employment Rights; Employment Support

The Limitations and Perfection of the Employment Support System for Persons with Disabilities from an Ecosystem Perspective

Zhang Qianxin, Zhuo Caiqin

Abstract: This study analyzes the limitations of the current employment support system for persons with disabilities using ecosystem theory. At the micro-level, each subject reflects limited cognition of the professional competence of persons with disabilities and a lack of support. At the meso-level, supportive policies lack in systematic synergy, and are ill-executed. In the macro-level, laws and regulations need to be perfected, and social culture is full of prejudice and discrimination. This study takes into account both the actual needs of persons with disabilities and the current deficiencies of support, and proposes three ways to help develop a more refined employment support system based on ecosystem theory: The micro-system should focus on improving the competency of persons with disabilities, and the multi-subjects should cooperate to support the goal. In the mesosystem, disabled persons' federations should play a vital role in assisting the government in formulating more comprehensive policies. In the macro system, more scientific and reasonable laws and regulations and a fair and inclusive social culture should be created and built.

Keywords: Persons with Disabilities; Employment; Supportive System; Ecosystem; Employment System

Formal System and the Logic of Life Practice

—A Preliminary Study on Employment of Young Persons with Disabilities in Shanghai from the Perspective of Social Model

Sun Yiting

Abstract: Viewing from a social model, this paper adopts the research method of semi-structured interviews, supplemented by ATLAS. ti8. 0 to conduct qualitative data analysis. It attempts to explain the problems of employment discrimination, exclusion, inequality and injustice encountered by young persons with disabilities in Shanghai. The study finds that formal systems supporting the employment of young persons with disabilities have been gradually increasing, but the systems are not able to alleviate the tendency of persons with disabilities being stigmatized and incapacitated in the logic of life practice. On the contrary, the logic of life practice can impair the effects of the formal system by independent citing, explaining, rewriting, and misinterpreting. In response to this, young persons with disabilities have conducted subjective responses and rebellions, but it is hard to subvert the structural social construction.

Keywords: Social Model; Disability; Employment

Mental and Intellectual Disabilities

The Limitations and Perfection of the Guardianship System in China through the Case of Yan Cheng

Fan Xiaohong　Huang Jiasheng

Abstract: Although there are different forms of guardianship in the *General Principles of Civil Law in China*, it is still insufficient in the protection of the ward. Once there are legislative loopholes or practical obstacles in the connection between different guardian confirmation procedures, it means harm to the right to life and health for the ward. During the epidemic period, the tragedy of young Yan Cheng's death caused by the absence of guardianship is thought-provoking. Based on Yan Cheng's case, combined with the current situation of guardianship legislation and practice, some reasonable suggestions are raised, such as clarifying the procedure of guardianship confirmation, cultivating social guardians and establishing guardianship supervision system.

Keywords: Guardian Confirmation Procedure; Connection of Different Guardianship; Social Guardian Cultivation

Disability, Sexuality and Gender

Survey Report on the Needs of Women with Disabilities

Ren Zhenzhen, Peng Yujiao

Abstract: The report uses questionnaires and interviews to investigate the basic situation and service needs of 535 women with disabilities in terms of their living situations, community participation, social interaction, gender perception, and employment. It points out that women with disabilities face problems such as insufficient social support, difficulties of getting married and dating, lack of maternity protection, and biased employment environment. The report also presents stories of women with disabilities where there are hardships in being reconciled with their original families and themselves, harassment in life, lack of confidence in the labor market, and those who are attracted and changed by public welfare activities. The report finally puts forward suggestions for promoting public welfare services for women with disabilities, such as building a social support network, promoting awareness of disability inclusion and gender equality, improving maternity service support, and developing employment services. Finally, the report encourages the opening of programs for women with disabilities and the establishment of specialized organizations to assist them.

Keywords: Women with Disabilities; Community Needs; Public Welfare Activities for Persons with Disabilities

Voice and Empowerment: Experiences and Implications of Women with Disabilities against Domestic Violence

Feng Yuan

Abstract: Through individual interviews and group discussions, this article summarizes and analyzes the experiences and implications of women with disabilities against domestic violence. It is found that women with disabilities are faced with both visible and invisible domestic violence. Violence can exist throughout the life of a woman. The root of domestic violence lies in the underlying social ecological chain, yet women who are victims of violence also have their initiative. The article then suggests strengthening education, empowering women with disabilities, eliminating discrimination, prejudice, and violence. What's more, promote the publicity about the rights of women with disabilities, hold the responsible parties accountable so that they will better fulfill their statutory duties, and strengthen the capacity to identify and protect the special needs of women with disabilities. Finally, forward the implementation of Anti-Domestic Violence Law to realize its original intention.

Keywords: Disability; Women; Domestic Violence; Empowerment

Translation

Freedom and Disability Rights: Dependence, Independence, and Interdependence

Inga Bostad, Halvor Hanisch

Translated by Su Fong-San

Abstract: The increasing focus on disability rights—as found, for instance, in the U. N. *Convention on the Rights of Persons with Disabilities* (CRPD) —challenges philosophical imaginaries. This article broadens the philosophical imaginary of freedom by exploring the relation of dependence, independence, and interdependence in the lives of persons with disabilities. It argues (1) that traditional concepts of freedom are rather insensitive to difference within humanity, and (2) that the lives of persons with severe disabilities challenge philosophers to argue and conceptualize freedom not only as independence and interdependence but also as dependence. After tracing this need through a Hegelian understanding, via Julia Kristevas work on disability, and finally the CRPD, it concludes that a unified solution might not be possible. Hence, it argues that disability issues necessitate philosophical modesty.

Keywords: *Convention on the Rights of Persons with Disabilities*; Dependence; Disability; Freedom; Interdependence; Julia Kristeva

Spreading the Word: Using Film to Share Research Findings and Knowledge about Children with Disabilities in Vanuatu and Papua New Guinea

Elena Jenkin, Erin Wilson, Matthew Clarke, Robert Campain and Kevin Murfitt

Translated by Wu Wencong

Abstract: While there is increasing international interest in disability inclusive development, persons with disability largely remain "unseen, unheard and uncounted". Children with disability, particularly, remain excluded from research informing development, and there is a paucity of information that is drawn directly from the self-report of children with disability living in developing countries. This exclusion occurs across all stages of research, including access to research findings. When child research is conducted in such countries, to gain further evidence to support disability inclusive development and advance human rights, researchers must question how findings will be reported back to participants and their communities, and seek a method that is both accessible and culturally relevant. This paper reports on the *Voices of Pacific Children with Disability* research project about the human rights of children with disability in Vanuatu and Papua New Guinea (PNG), and focuses on film as a dissemination method. Project researchers developed methods to enhance the participation of children with diverse disabilities as informants, and drew upon community development principles to disseminate research findings via film; a method that resonated with the aural and visual story telling traditions of participants. This medium also included accessibility features that have been utilised by local and international audiences.

Keywords: Children; Disability Inclusive Development; Research; Human Rights; Film Vanuatu; Papua New Guinea; Pacific Islands

Reviews and Notes

The Enlightenment of Temple Grandin's Story on Supported Employment Development

—Film Review on *Temple Grandin*

You Mengfei

Abstract: Supported employment for persons with developmental disabilities in mainland China is not universal enough, and employment forms are single. Some high function disabled persons with certain academic qualifications and abilities have difficulty finding jobs that match their talents. American animal husbandry scientist Temple Grandin was diagnosed with autism when she was a child and was recommended by a doctor to be sent to a charity center for life-long care. Temple's mother did not follow the doctor's advice. Temple met with some people with innovative support and help to achieve outstanding results. Drawing on Temple Grandin's story, supported employment should focus on supporting persons with disabilities to realize self-value.

Keywords: Supported Employment; Developmental Disability; Temple Grandin